시장경제,
만능인가 기본인가

시·장·경·제·바·로·알·기

시장경제,
만능인가 기본인가

초판 1쇄 인쇄 2013년 8월 28일
초판 1쇄 발행 2013년 9월 5일

지은이 서익진 | 펴낸이 박재규 | 펴낸곳 경남대학교출판부

주소 경남 창원시 마산합포구 경남대학로7(월영동) | 전화 055) 249-2074 | 팩스 0505) 999-2115
전자우편 ko10@kyungnam.ac.kr | 홈페이지 www.kyungnam.ac.kr/press

값 13,000원 | ISBN 978-89-8421-355-5-03320

시장경제,
만능인가 기본인가

시·장·경·제·바·로·알·기

서익진 지음

경남대학교출판부

머리말

경제학을 위한 변명

"경제가 뭐냐?"고 물으면 얼핏 쉽게 답할 수 있을 것 같은 생각이 들지도 모른다. 누구나 거의 매일 물건을 사거나 서비스를 이용하고 있듯이 경제 활동은 일상적인 일이기 때문이다. 하지만 정작 이 물음에 답하려고 들면 생각처럼 만만치 않다는 걸 깨닫는다. 더욱이 "시장경제란 뭐냐?"고 물으면 말문이 더 막히지 않을까?

대학에서 오랫동안 경제학을 가르치면서 절실히 느낀 바는 경제학을 4년씩이나 배워도 경제나 시장경제에 대해 나름의 체계적인 이해를 갖추고 졸업하는 학생이 드물다는 사실이다. 하물며 경제학을 체계적으로 배우지 않은 대다수 일반인들이야 말할 것도 없지 않을까. 경제학이 어려워서일까, 학생들이 게을러서일까. 어느 것도 시원한 답이 아니어서 정말 왜 그럴까 하고 생각해보는 계기가 되었다.

무엇보다 경제학은 역사가 가장 오래된 학문들 중의 하나이고, 그래서 상대적으로 일관성 있는 체계화가 잘 이루어져 있는 학문이다.* 그래선지

---

* 경제학의 아버지라 불리는 영국의 애덤 스미스(A. Smith)가 쓴 『국부론』(1776, 원제는 『국부의 본질과 원인에 관한 연구』)에서 경제학이 탄생했다고 본다면 경제학의 역사는 근 260년에 가깝다. 사실은 프랑스의 중농학파 케네(F. Quesnay)가 쓴 『경제표』(1758)가 더 먼저 나왔지만 학문적인 평가를 제대로 받지 못했다. 스미스를 비롯해 비교우위론으로 유명한 리카르도(D. Ricardo) 등 초기 고전파 경제학자들은 대개 철학자이기도 했다. 현대

경제학을 배우려면 수많은 용어나 개념은 물론 기본이론을 먼저 숙지해야 하고, 더욱이 실제 경제 현상의 분석이나 경제 문제의 해결에 도움을 얻기 위해서는 용어와 이론의 단순한 암기를 넘어 논리적인 사고와 추론 능력의 배양이 요구된다. 이러한 점에서 경영학, 무역학, 회계학 등 경제학을 바탕으로 파생된 여러 응용학문에 비해 기초학문의 성격이 강한 경제학을 상대적으로 어렵다고 느끼는 건 아닐까.

물론 강단에서 경제학을 가르치는 교수방법에도 문제가 없는 것은 아니다. 개념이나 이론을 현실과 접목시켜 쉽게 풀어 설명하려는 노력이 부족했고, 수학과 통계학을 지나치게 많이 사용함으로써 학생들이 지레 겁먹게 만들었다. 과거처럼 고졸의 일부만 대학을 진학하고 그래서 대학이 우리 사회를 이끌어나갈 전문가와 리더를 양성하는 역할을 하던 시절에 가르치던 교과목이나 내용이 요즘처럼 고졸자의 대다수가 대학생이 되고 그래서 대졸자가 대부분 평범한 직장인이나 자영업자가 될 수밖에 없는 상황에도 그대로 통할 수는 없다. 사회가 급변했고, 사회가 대학에 요구하는 사항도 달라졌지만 '상아탑'으로서의 대학은 그다지 많이 바뀌지 않았다. 그동안

학문들은 모두 중세철학으로부터 분리되어 나왔다고 하는데, 그 중에서도 경제학은 가장 먼저 독자적인 영역을 확립했던 학문들 중의 하나다. 오늘날 학문의 지나친 분화가 오히려 문제시되고 거꾸로 '학제간(學制間) 연구'와 '통섭'(通涉, consilience)이 강조되는 것을 보면 격세지감(隔世之感)이 든다.

이른바 '수요자 중심 교육'이라 하여 사회가 요청하는 지식과 재능을 가진 인재를 배출하기 위해 대학들이 꾸준히 노력해오긴 했지만 가시적인 성과를 거두지는 못하고 있다고 하겠다.

'경제의 위기'가 일상화된 오늘날 '경제학의 위기'까지 거론되고 있다. 글로벌 경제 불황이 장기화되고 있지만, 경제학자들은 이를 제대로 예측하지 못했고 실효성 있는 대책을 제시하지도 못하고 있다. 이처럼 경제의 회복과 경제학의 복권이 시급하지만 솔직히 둘 다 쉽게 해결될 수 있을 것으로 생각되지는 않는다.

그렇지만 경제 활동 없는 인간사회를 상정할 수 없듯이 경제학 없는 사회과학을 상상하기도 쉽지 않다. 경제학은 개인의 합리적인 경제생활을 돕는 학문이요, 사회의 부富를 만들어내는 학문이요, 나라경제를 이해하고 발전시키는 학문이기 때문이다. 논리적인 사고력과 체계적인 이해력을 제고하는 데 경제학만큼 적당한 학문도 드물다. 기초학문의 하나이므로 어떤 분야에서 일하건 지위고하를 막론하고 경제 지식은 생활과 직업 활동을 위해 누구에게나 불가결한 것이다. 세상이 어떻게 먹고 사는지를 아는 것만큼 중요한 것도 없지 않은가? 너무 저급한 것으로 생각되는가? 아쉽게도 먹고 사는 문제를 해결하지 못하면, 정치건 예술이건, 복지건 자선이건, 어떤 고상한 일도 제대로 할 수 없다. 경제는 세상의 기초이고, 경제학은 세상을 이해하는 지식체계의 기초라 할 수 있다.

한편으로, 그동안 수많은 경제학원론 책이 나와 있고, 나름대로 쉽게 풀어쓰고 실제 사례를 통한 설명도 가미하는 등 노력이 이루어져왔다. 그렇지만 아무리 얇아도 500 페이지가 넘는 방대한 분량은 학생들로 하여금 지레 겁을 먹게 만들고, 전문가가 되지 않을 사람이라면 몰라도 되는 난해한 내용도 여전히 많다. 특히 분량을 줄이는 데는 한계가 있었을 것이다. 경제학원론이란 이름에 값하는 틀과 내용을 유지하기 위해서는 생략하기 어려운 부분이 적지 않고 또 새로운 경제현상과 이론도 소개해야 하기 때문이다.

다른 한편으로, 세간에는 학생이나 일반인을 위해 쉽고 재미있게 풀어쓴 경제 관련 서적도 많이 나와 있다. 하지만 대부분 주식, 부동산 등 재테크에 관한 것이거나 경제 관련 가십거리 등을 대상으로 호기심을 자극하는 방식으로 기술되어 있어 재미는 있을지 몰라도 경제 전반에 관한 체계적이고 올바른 이해를 방해한다는 느낌이 들기도 한다.

이런 상황에서 무엇보다 일상생활에서 많이 사용되는 주요 경제용어에 대한 정확한 이해가 중요하다고 생각된다. 용어나 개념을 모르면 이론을 이해할 수 없다. 이론적 지식 없이는 경제 문제를 진단하고 처방을 내리기는커녕 경제 현상을 이해하기조차 어렵다. 건축에 비유하면 용어는 벽돌에 해당된다. 동일한 벽돌들을 가지고 서로 다른 모양의 수많은 집을 지을 수 있듯이, 동일한 용어들을 가지고 서로 다른 내용의 다양한 이론을 만들 수 있다. 이처럼 기초 중의 기초라 할 수 있는 용어와 개념의 정확한 이해 없이 이론의 습득에만 치중하는 것은 교육과 학습 과정의 본말本末이 전도된 것이다. 현실이 바뀌면 이론도 바뀔 수밖에 없지만 한번 합의된 용어는 그럴 수 없다. 새로운 용어가 추가되거나 기존 용어의 의미가 풍부해질 뿐이다. 더욱이 용어는 가치중립적이지만 이론은 가치지향적인 경우가 많다. 용어는 많이 알수록 좋지만 이론은 많이 알수록 자신이나 남에게 피해를 초래할 수도 있다.

그만큼 경제 용어는 중요하다. 이미 많은 용어사전이 나와 있고, 인터넷에서 언제든지 공짜로 이용할 수 있는 전자용어사전도 있고 검색엔진을 사용해 찾을 수 있는 용어해설도 무진장이다. 따라서 또 하나의 용어사전을 추가해야 할 이유는 없다. 그럼에도 기본적인 경제 용어의 의미를 제대로 설명해주고, 용어들 간의 관계를 명료하게 보여주며, 이를 바탕으로 핵심적인 기본 이론을 이해하고, 나아가 이론을 현실에 적용하는 능력을 키워줄 수 있는 경제 서적은 드문 것 같다. 감히 말하건대 본서의 존재이유를 여기서 찾고자 한다.

그래서 경제학의 주요 주제를 하나씩 보다 자세히 다루면서 독자가 관련 용어들의 의미는 물론 그것들 간의 연관과 차이를 자연스럽게 파악할 수 있도록 해주는 그런 책이 있다면 좋겠다는 생각을 하게 되었다. 경제와 관련된 수많은 주제들이 있을 수 있지만 '시장경제'를 먼저 선택했다. 시장경제가 이미 일반화되어 있고, 시장의 작동방식과 가격 메커니즘에 대한 이해야말로 경제학의 요체라 생각되기 때문이다. 더욱이 '신자유주의'neo-liberalism 사상이 득세하면서 '시장경제'가 남용 내지 오용되고 있다는 감이 없지 않고, 그로 인한 폐해가 가시화되면서 시장경제에 대한 건전한 비판을 넘어 오해가 증폭되고 있는 실정이다. 시장경제의 남용 내지 오용이 시장 근본주의나 시장 만능주의 사상을 전파하고 있다면, 시장경제에 대한 오해는 그에 대한 불신을 조장하고 민간의 경제활동에 대한 정부의 지나친 규제나 개입을 조장하고 있다. 시장경제의 특징과 그 장단점을 제대로 이해하는, 균형 잡힌 시각의 확립이 절실한 시점이라 생각된다.

본서는 대학생과 일반 시민을 주요 독자층으로 씌어졌다. 내용은 대부분 경제학원론에서 다루어지고 있는 것이지만 서술은 전혀 다른 방식으로 하고자 노력했다. 경제학원론에서 간단히 언급하고 넘어가는 사항들 중에서 필요하다고 생각되는 것들은 자세히 다룸으로써 경제학원론이나 입문 과목의 부교재나 참고도서로 활용될 수 있도록 했다. 일반인이라면 경제학과 시장경제론에 관한 입문서가 될 수 있다. 앞으로 틈틈이 경제학의 핵심 개념이나 주요 이슈를 주제로 삼아 시리즈로 펴나가면 좋겠다고 생각하지만, 실현 여부는 불확실하다. 어쨌든 본서가 시장경제에 대한 일반인들의 이해를 높여주고 경제학을 공부하는 학생들에게 조금이나마 도움을 줄 수 있다면 저자로서 그 이상의 기쁨은 없을 것이다.

끝으로 본서의 탄생에는 많은 분들의 도움이 있었다. 경남대 동료 교수인 정성기, 노상환, 김무환, 박갑제님들께서는 초고를 꼼꼼히 읽고 다른 관점이나 의견을 제시하거나 명료하지 않은 부분을 기탄없이 지적해줌으로써 본고의 완성도를 높이는 데 큰 도움을 주었다. 프랑스에서 공부한 인연으로 학문적 교류를 지속하고 있는 김태황, 서환주, 정세은 교수들은 내용은 물론 서술에 대해서도 유익한 조언을 아끼지 않았다. 경제금융학과 조교 이현주 선생은 학과장 업무를 효율적으로 수행할 수 있도록 해줌으로써 본인에게 시간적 여유를 늘려주었다. 끝으로, 경남대학교 서적 출판 심의 위원회 위원들과 출판부 직원들은 부족한 원고를 이렇게 예쁜 책으로 출간될 수 있도록 해준 일등공신들이다. 이 자리를 빌려 이 모든 분들께 감사의 말씀을 전하고자 하며, 그래도 남아 있을 오류나 부족한 부분은 전적으로 저자의 책임임을 밝혀두고자 한다.

2013년 8월

무학산 자락 우거에서

서익진

차례

머리말: 경제학을 위한 변명

제1장 • 인간사회와 경제

1. 경제의 의미와 역사 …… 17
경제의 의미 / 경제의 간략한 역사
2. 경제주체와 경제 활동 …… 34
경제인 / 생산에서 소비로 이어지는 경제활동의 순환구조
3. 기업과 가계 …… 38
기업, 생산의 주체 / 가계, 소비의 주체
4. 경제 문제와 경제학 …… 45

제2장 • 시장경제: 상품과 화폐

1. 유통, 거래 및 시장 …… 51
상품 유통 / 시장의 의미
2. 상품경제 …… 56
생산물, 상품, 제품 / 사회적 분업과 교환의 원리 / 분업의 패턴과 교환비율
3. 화폐경제 …… 65
화폐의 기능 / 화폐 단위와 화폐 형태
4. 시장경제 …… 72
시장의 분류 / 시장경제의 성립 및 작동 조건 / 시장경제의 성격

제3장 • 돌고 도는 경제: 경제의 순환

1.폐쇄 민간시장경제의 순환 86
상품 시장과 생산요소 시장 / 경제성장과 경기변동
2. 개방된 혼합경제의 순환 97
혼합경제: 공공부문의 존재와 역할 / 개방경제: 해외부문의 도입
3. 생태적 경제 순환 108

제4장 • 시장 메커니즘: 가격과 수요·공급

1. 상품의 가치와 가격 119
상품의 가치, 생산비와 지불용의 / 가격의 기능
2. 수요와 공급 126
수요: 개별수요와 시장수요 / 공급: 개별공급과 시장공급
3. 균형점에 의한 가격과 거래량의 결정 136

제5장 • 균형점의 이동과 시장 외부 환경의 변화

1. 곡선의 이동과 균형점의 변동 143
곡선의 이동 / 곡선 이동의 종류와 결과
2. 곡선의 이동을 초래하는 원인 150
시장경제 내적 원인 / 시장경제 외적 원인

제6장 • 시장경제의 평가

1. 완전경쟁시장 모형의 장점 …… 161
자원의 효율적 배분 / 불만 없는 시장 참여자들과 공정한 소득 분배 / 시장경제의 안정성 / '보이지 않은 손'에 의한 사익과 공익의 조화 / 사회적 후생의 극대화

2. '시장 실패'와 그 원인 …… 173
시장경제의 태생적 한계 / 완전경쟁시장 모델의 비현실적인 가정들 / 시장경제가 야기하는 바람직하지 못한 결과들

3. 정부 개입과 '정부 실패' …… 191
정부 개입의 목적과 수단 / 정부 실패의 원인과 사례

끝말: 극단주의를 넘어서 …… 202

장별 복습문제 …… 210

참고문헌 …… 213

주요 용어 …… 215

표 / 그림 차례

[표 1] 사회적 분업 및 교환에 따른 이득의 예시 ······ 58

[그림 1] 폐쇄된 민간시장경제의 순환 모형 ······ 87
[그림 2] 경제성장과 경기변동 ······ 94
[그림 3] 개방된 혼합경제의 순환 모형 ······ 97
[그림 4] 생태적 경제 순환 ······ 109
[그림 5] 수요곡선과 공급곡선 ······ 132
[그림 6] 균형가격과 균형거래량의 결정 메커니즘 ······ 137
[그림 7] 곡선 이동의 4가지 경우와 그 결과 ······ 146
[그림 8] 소비자 잉여, 생산자 잉여 및 순사회편익 ······ 170
[그림 9] 최저임금제의 효과 ······ 197
[그림 10] 임대주택시장의 가격 상한제 효과 ······ 200

인간사회와 경제

제1장

경제학은 경제 현상의 분석과 해명을 일차적인 목적으로 삼고 있지만, 그와 동시에 다양한 경제 문제에 대한 시장적 또는 정책적 해법을 모색하기도 한다. 이론과 실천의 종합을 추구한다고나 할까. 그래서 경제학은 실증적 분석(있는 그대로를 이해하는 것)과 규범적 정책(바람직한 상태를 위한 대책)의 모색을 동시에 추구하는 학문이다. 어떤 상태가 바람직한 것인지 또는 어떤 대책이 옳은 것인지를 판단하기 위해서는 가치판단이 전제되므로 객관적인 해법은 고사하고 모두가 동의하는 해법을 찾기조차 쉬운 일이 아니다. 그럼에도 올바른 해법을 모색하려면 있는 그대로의 현실 분석이 전제되어야 한다는 사실에는 변함이 없다.

제1장

인간사회와 경제

시장은 경제의 일부이고, 경제는 사회의 일부다. 여기서는 경제의 의미와 역사, 경제의 주체와 활동, 경제 문제와 경제학 등 시장경제와 관련된 보다 폭넓은 사항들에 대해 생각해본다.

1 경제의 의미와 역사

경제의 의미

경제

경제經濟, economy란 무엇인가라는 물음에 쉽게 답하지 못하는 까닭은 아마 경제란 용어와 관련된 현상이 너무 많을 뿐만 아니라 이 용어가 여러 가지 의미를 갖고 있기 때문일 것이다.

먼저, 경제란 단어의 어원을 통해 그 의미를 짐작해보자. 경제는 한자어에서 온 말이므로 '經濟'의 의미를 살펴볼 수밖에 없다. 경제는 경세제민經

世濟民이나 경국제세經國濟世의 준말로 "세상을 다스리고 백성을 구제한다"는 의미로 해석된다. 반면, 영어 'economy'의 어원을 따져 올라가보면 "가정을 다스리는 규범"이란 뜻을 가진 고대 희랍어 오이코스oikos와 노모스nomos의 결합에서 나왔다고 한다. 이로부터 다음과 같은 상상을 할 수 있을까? 애초부터 서양은 가정경제를, 동양은 나라경제를 중시했다고 혹은 그래서 서양에서 개인주의가 먼저 발전되었고 동양에서는 집단주의 전통이 여전히 강하게 남아 있다고 말이다. 억지처럼 보이는가?

이제 '경제'란 용어의 정의를 살펴보자. 국립어학원 표준국어대사전에 경제란 표제어를 찾아보면, "①인간의 생활에 필요한 재화나 용역을 생산·분배·소비하는 모든 활동 또는 그것을 통하여 이루어지는 사회적 관계, ②경제학, ③돈이나 시간, 노력을 적게 들임"으로 되어 있다. 네이버naver.com 백과사전에는 "재화와 용역을 생산·분배·소비하는 활동 및 그와 직접 관련되는 질서와 행위의 총체"로, 네이버 지식사전에는 "경제행위가 계속적·규칙적으로 이루어져 형성된 일정한 사회적 질서, 재화와 서비스의 생산·분배·교환·소비와 관련되는 사회제도와 인간행위"로 정의되어 있다. '우리 모두의 백과사전'이란 부제를 단 위키백과ko.wikipedia.org에는 경제란 "특정 국가 혹은 나라의 생산, 교환, 분배 그리고 재화 및 서비스의 소비와 관련된 인간의 모든 활동"으로 규정되어 있다. 그런데 매경 경제용어사전에는 '경제'란 항목이 없다. 왜? 너무 기본적인 경제 용어여서? 재미있지 않은가?

이러한 정의들을 살펴보면, 경제가 인간의 생존과 생활에 필요한 재화와 서비스, 생산·교환·분배·소비 등 규칙적으로 반복되는 활동, 나라 등 특정의 공간, 사회적 질서나 관계 등과 연관되어 있음을 알 수 있다. 이 점들을 하나씩 좀 더 자세히 살펴보자.

첫째, 경제는 '생존'과 '생활'을 위한 것이라는 점이다. 생존生存, 살아 있음, survival이 동물로서의 인간이 생명을 부지하는 것을 지칭한다면, 생활生活, 살아서 활동함, living은 단순한 살아남기를 넘어 인간다운 삶을 영위하는 것을 말한다. 생존은 생활의 필요조건이므로 생활은 당연히 생존을 포함하는 상위 개념이다. 경제학적으로 생존과 생활을 구별해본다면, 생존이 주로 의식주와 관련하여 반드시 소비해야 하는 필수품과 관계가 있다면, 생활은 생존과 직접적인 관계는 없어도 삶을 풍성하게 만들고 삶의 질을 높여줄 수 있는 재화나 서비스로서 형식상으로는 생존을 위한 필수품을 제외한 나머지 모든 생산물과 관련된다.[1] 즉, 생존이 인간의 물질적 필요necessities와 관계가 있다면, 생활은 인간의 정신적 또는 문화적 욕구needs와 무관하지 않다. 역사적으로 보면 인간의 경제활동은 생존을 위한 것에서 생활을 위한 것으로 확대되어 왔으며, 더욱이 인간들의 욕구가 다양해지면서 생활은 양적으로 증대되고 질적으로 개선되어 왔다고 할 수 있다.

둘째, 경제는 '재화'goods와 '서비스'services를 대상으로 삼는다는 점이다. 인간은 생활을 위해 자신의 필요나 욕구를 충족시킬 수 있는 어떤 쓸모[2]를

1. 일반적으로 필수품이 아닌 것은 사치품으로 간주된다. 하지만 이 경우에도 양자의 경계는 시공時空에 따라 변한다. 말하자면 경제가 발전하고 소득수준이 향상됨에 따라 처음에는 사치품으로 간주되다가 나중에는 필수품으로 간주되는 상품이 적지 않다. 자동차와 휴대폰을 생각해보면 쉽게 이해할 수 있다. 하지만 경제학에서 말하는 사치재는 다르다. 사치재는 '수요의 소득 탄력성'이 1보다 큰 재화를 지칭한다. 보통 소득이 늘어나면 상품의 구입도 늘어나는데, 이때 수요의 증가율이 소득의 증가율보다 더 큰 상품이 사치재다. 쉽게 말해서 호주머니 사정이 나아지면 더 많이 사게 되는 상품을 말하는 것이다.

2. 인간에게 어떤 쓸모(가치)도 갖지 않는 것은 소비의 대상이 될 수 없고, 소비의 대상이 아닌 것을 생산하고자 하는 사람은 아무도 없을 것이다. 생산물이 가진 어떤 쓸모를 경제학에서는 '효용'utilities 또는 '사용가치'value of use라 부른다. 여기서는 합리적인 소비자의 행동원리는 효용의 극대화라는 것, 그리고 사용가치는 '교환가치'value of exchange와 대응되는 개념이라는 것 정도만 상기해두자.

가진 것들을 사용(소비)해야 한다. 이것들은 모두 인간의 생산 활동의 산물이므로 '생산물'products이라 불리지만, 오늘날처럼 '일반화된 시장경제'에서 생산물은 자신의 소비가 아니라 타인의 소비를 위해 생산된다. 이처럼 타인에게 팔기 위해 만들어진다는 의미에서 오늘날 대다수 생산물은 곧 '상품'commodities으로서 거래의 대상이 된다. 이러한 생산물이자 상품은 그 형태에 따라 크게 유형의tangible '재화'와 무형의intangible '서비스'로 분류된다. 경제의 발전과 더불어 상품의 종류는 다양해지고 상품의 양은 풍부해지는 경향이 있다.

셋째, 경제는 인간의 활동이란 점이다. '경제 활동'이란 사람들이 생존과 생활을 위해 필요로 하거나 원하는 것을 확보하는 것과 관련된 모든 활동을 총칭한다. 여기에는 생산, 유통, 소비는 물론 저축, 투자, 수출, 수입 등 다양한 활동이 포괄된다. 경제의 발전과 더불어 경제 활동의 종류도 다양화되는 경향이 있다.

넷째, 경제는 일정한 '공간'을 필요로 한다는 점이다. 이는 한마디로 사회적 분업과 교환(즉 거래) 때문이다. 인간은 각자 자신이 필요로 하거나 원하는 것을 모두 생산하지 않고, 각자 특정 상품의 생산에 종사하여 자신의 생산물을 타인의 생산물과 교환함으로써 살아간다. 따라서 이러한 사회적 분업 및 교환 네트워크에 참가하는 사람들로 이루어지는 일정한 지리적 공간이 생긴다. 마을경제, 지역경제, 국민경제, 국제경제, 글로벌 경제 등은 이러한 경제적 공간을 지칭하는 사례들이다.

경제적 공간은 다양한 경제주체들이 일정한 질서(또는 규범) 하에서 경제 활동을 규칙적으로 반복해 실행함으로써 상호 연관을 맺고 있는 일종의 네트워크다. 오늘날 엄밀한 의미에서의 경제적 공간의 기본단위는 국민경제national economy이며, 이처럼 독자적인 경제적 공간을 갖는 국민경제들이 대외 경제 활동을 통해 서로 맺고 있는 관계망 전체를 '국제경제'international economy라 지칭할 수 있다. 그런데 역사적으로 보면 이러한 경제적 공간은 확대 · 개방되는 경향을 띠어왔다. 국민경제들이 하나의 단일한 공간으로 통합되면서 동일한 규범 하에 관장되어가는 과정을 바로 경제적 세계화글로벌화, globalization라 할 수 있다. 이 과정의 종착점은 범지구적 범위에서 작동하는 단일한 '세계경제'global economy의 형성일 것이다. 그런데 이 '글로벌 경제'가 더 이상 대외부문을 갖지 않는 폐쇄적인 경제적 공간이라는 사실은 아이러니라고나 할까.[3]

끝으로, 이처럼 다양한 유형의 경제활동은 서로 유기적으로 연계되어 있다. 사실 개별 경제주체로서는 다른 경제주체들과 상호의존 관계를 맺지 않고서는 생명의 유지조차 어렵다. 이미 말한 바와 같이 이러한 사회적 관계는 공동생산, 작업장에서의 협업과 분업[4], 사회적 분업 및 시장 교환 등으로 대변되지만 생산과 소비, 저축과 투자, 판매와 구매 등 서로 연관이 없는 경제활동을 찾기도 어려울 정도다. 따라서 경제는 여러 주체들이 상

---

3. 글로벌 경제의 폐쇄성은 인류의 경제 활동이 우주cosmos로 확장되지 않는 한 유지될 것이다. 그동안 개방된 국민경제들로 형성된 국제경제를 전제로 해온 경제학 특히 국제경제학의 내용이 폐쇄된 글로벌 경제에 그대로 적용될 수 없다는 것은 명백하다. 하지만 이 점은 정책적으로는 물론이고 학문적으로도 여전히 제대로 감안되고 있지 못한 것으로 보인다.

4. 작업장 내에서의 분업을 '기술적 분업'이라 하고, 이는 '사회적 분업'과 구별된다. '기술적 분업'은 한 작업장 내에서 특정 상품의 생산에 필요한 공정들을 각자가 나누어 전담하는 것을 말한다. 애덤 스미스의 『국부론』에는 핀 공장의 사례를 통해 이러한 기술적 분업이 가져다주는 엄청난 생산성 증가 효과가 강조되고 있다. '사회적 분업'은 한 사회를 구성하는 개인이나 기업이 각자 사회가 필요로 하는 많은 상품 중에서 하나 또는 소수의 상품 생산에 특화(전문화, specialization)하는 것을 말한다. '기술적' 분업은 그 구체적인 양상이 해당 상품의 생산기술에 달려 있기 때문에, 그리고 '사회적' 분업은 거기에 참여하는 경제주체들 전체가 하나의 사회를 이루기 때문에 각각 그러한 명칭이 붙었다.

호의존 하에서 다양한 활동을 전개하는 일종의 네트워크인 것이다. 그런데 이처럼 수많은 주체들의 다양한 경제활동이 질서 있게 이루어지기 위해서는 여러 가지 규범norms이 반드시 필요하다. 이러한 규범에는 경제주체들이 강제적으로 지켜야 하는 경제 관련 법률이나 규정과 같은 명시적인 것만이 아니라 그 준수 여부가 경제주체의 양심에 맡겨지는 관습이나 관행처럼 암묵적인 것도 포함된다. 규범은 일종의 게임 규칙으로 비유될 수 있다. 현실에서 이러한 경제적 규범은 구체적인 내용과 형태를 갖춘 제도들institutions을 매개로 시행된다.

경제적

경제는 정치, 경제, 사회, 문화 등 인간의 다른 활동 또는 현상과 비교해보면 그 의미가 더욱 뚜렷이 드러난다.[5] '경제적'이라고 할 때 그것은 한편으로는 지금까지 설명된 의미를 갖는 '경제와 관련된'이란 뜻을 가지는데, 이는 경제적 현상 또는 문제라는 표현에서 잘 드러난다.

인간의 다른 활동(현상)과 비교해볼 때 경제는 다른 모든 활동(현상)의 물적 기반(또는 토대)을 이룬다. 그 이유는 경제가 바로 생명의 유지를 가능케 하는 가장 근본적인 활동이자 그 물질적인 대사代謝에 필요한 것들을 확보하는 활동이기 때문이다. 예컨대 유물론적 사고에 따르면 이러한 경제적 활동을 '하부구조'(토대)로 하여 그 위에 정치, 사회, 문화 등 다른 모든 인간 활

---

5. 여기서 경제와 정치의 차이를 생각해보자. 경제 활동의 최종목적이 '부'wealth의 창출과 획득이라면, 정치 활동의 그것은 '정치권력'political power의 장악이라 할 수 있다. 여기서 부는 인간에게 유용한 유·무형의 모든 재財를 가리키며, 정치권력은 타인을 강제적으로 또는 합법적으로 자신의 의지에 따라 움직일 수 있는 힘을 가리킨다. 그래서 부와 권력은 개인의 인생 목표로 되고, 또 인간사회를 움직여나가는 원동력이 된다.

동을 총칭하는 '상부구조'가 성립되며, 기본적으로 하부구조의 성격과 양태가 상부구조의 성격과 양태를 규정한다고 본다.[6] 하지만 경제의 발전과 더불어 경제 활동이 생존만이 아니라 생활을 위한 활동으로 되면서 경제가 정치, 사회, 문화 등 인간이 수행하는 다른 모든 유형의 활동과 맺는 관계는 갈수록 더 긴밀해지고 있다.

그런데 '경제적'이란 관형사는 또한 경제의 기본원리의 하나인 '효율성'과 관련된 의미를 가지고 있다. '경제적' 방식 또는 판단이라는 표현에서 짐작되듯이 경제적이란 관형사는 효율적이거나 합리적이란 의미를 가진다. 경제적 효율성이나 합리성을 판정하는 가장 기본적인 척도는 비용cost 대비 편익(또는 수익, benefit)으로 측정되는 수익성 지표다.[7]

여기서 '비용'cost에 대해서는 좀 더 살펴보고 가는 게 좋겠다. 통상 비용이라 하면 무언가를 사기 위해 또는 어떤 사업을 하기 위해 실제로 지출되어 장부에 기재되는 돈의 액수, 즉 금액을 말하는데, 이러한 비용을 '회계비용'accounting cost이라 한다. 그런데 실제로 지출되지 않아 장부에 기재될 수는 없지만 사실상 비용으로 간주되어야 마땅한 암묵적 성격의 비용이 존재한다.

예를 들어 생각해보자. 어떤 주식투자자가 연간 5% 이자율로 1억 원의

6. 여기서 유물론적 사고에 대한 논란을 다룰 필요는 없을 것이다. 어쨌든 물질과 정신의 관계에서 양자의 상호작용 관계를 인정하더라도 기본적으로 물질(경제)이 정신(문화)을 좌우한다는 사고를 유물론唯物論이라 하고, 역으로 정신이 물질을 지배한다고 보는 사고를 유심론唯心論이라 할 수 있다. 이 두 개의 사고는 상반되는 것이지만 각기 나름의 타당성을 가지고 있음을 부정하기는 어렵다.

7. 합리성rationality은 이성reason의 작용으로 이치에 맞는 성질을 가리키는 철학적 용어다. 당연히 기준에 따라 경제적 합리성 외에도 여러 가지 합리성이 있을 수 있다. 경제적 합리성에 대해서는 뒤에서 '경제인'을 다룰 때 좀 더 자세히 검토될 것이다.

은행대출을 받아 주식투자를 하여 1년 후 1,000만 원을 벌었다고 하자. 이 경우 그는 당연히 자신의 투자수익률이 10%가 아니라 5%라고 생각할 것이다. 왜냐하면 벌어들인 1,000만 원 중 500만 원(=1억 원×5%)은 은행에 대출이자로 지불해야 한다는 걸 잘 알고 있기 때문이다. 그런데 만약 이 투자자가 자기 돈 1억 원으로 주식투자를 하여 마찬가지로 1,000만 원을 벌었다고 하자. 이 경우라면 그가 올린 수익률을 10%라고 간주해도 될까? 당연히 그럴 것 같지만 합리적인 투자자라면 그렇게 생각하지 않는다. 왜냐하면 그는 앞의 경우처럼 1억 원을 빌려서 투자했더라면 5%의 이자 비용을 지불해야 한다는 사실, 나아가 그는 자신의 돈을 은행에 예금했더라면 주식투자 하느라 고생하지 않고도 가만히 앉아서 연간 5%의 이자를 받을 수 있었다는 사실을 알고 있기 때문이다. 이처럼 어떤 선택을 했을 때 그로 인해 포기된 선택지(기회)들이 가져다줄 수 있었을 수익은 그 선택에 따른 비용으로 간주될 수 있다. 이러한 비용을 '기회비용'opportunity cost이라 부르며, 기회비용이 공제된 수익(또는 이윤)이야말로 경제적으로 의미를 가질 수 있다는 점에서 이를 '경제적 이윤'economic profit이라 부른다.

그런데 동일한 선택을 한 사람들일지라도 각자가 포기한 선택지는 서로 다른 것일 수 있고, 또 누군가는 두 개 이상의 기회를 포기했을 수도 있다. 그래서 기회비용의 크기는 사람에 따라 다를 수 있다. 또한 포기된 선택지가 여러 개일 경우엔 그 각각이 가져다줄 수 있었을 수익 중 가장 큰 것을 기회비용으로 간주하는 게 합당하다. 하지만 모든 사람에게 그리고 모든 선택지에 공통으로 적용될 수 있는 일반적인 기회비용이 있는데, 그것이 바로 은행의 예금금리다. 어떤 투자나 사업도 기대수익률이 최소한 예금금리보다 높지 않다면 실행되어야 할 경제적 이유가 없다. 역으로 만약 실현된 수익률(예컨대 5%)이 예금금리(예컨대 7%)보다 낮다면, 이는 돈을 번 것이 아니라 오히려 잃은 셈(이 경우 -2%)이다. 투자안의 수익률을 평가하거나 어떤 투자안의 실행 여부를 결정함에 있어 금리(이자율, interest rate) 수준이 반드시 고려되는 것은 바로 이 때문이다[8].

경제의 간략한 역사

경제의 역사를 살펴보는 관점에는 여러 가지가 있지만 여기서는 생산의 역사를 중심으로 살펴보고자 한다. 생산의 역사는 크게 생산력의 증대란 측면과 생산관계의 변화라는 측면에서 검토될 수 있다. 한편으로, 생산력은 인간이 생산하는 능력을 총칭하는 것으로 주로 생산수단(도구, 기계, 장비, 노하우, 기술 등 노동수단과 노동력)에 의해 결정된다. 이는 인간과 사물(자연 및 인공) 간의 관계로서 인간에 의한 사물의 활용력 및 자연에 대한 지배력과 무관하지 않다. 다른 한편으로, 생산관계는 생산 조직과 노동 과정에서 인간들끼리 맺는 사회적 관계를 지칭하며, 이는 생산수단의 소유 여부와 밀접한 연관이 있다. 먼저 생산력의 측면을 살펴본 후 생산관계의 측면을 다룰 것이다.

생산력

애초 원시경제에서는 인간도 다른 동물과 마찬가지로 생존에 필요한 것들을 자연에서 획득했다. 인간이 수행한 최초의 생산 활동은 나무 열매나 풀잎을 따는 '채취'(채집; gathering)와 다른 야생동물을 잡는 '수렵'(사냥, hunting)이었다. 수렵에서는 때로는 인간보다 더 크고, 더 힘세고, 더 빠른 동물을

---

8. 현실에서는 이자율이 여러 개 존재하기 때문에 비교대상으로 어떤 이자율을 선택할 것인가라는 문제가 제기될 수 있다.

잡기 위해 집단노동이 불가피했을 것이다.[9]

원시인들이 생산 활동을 보다 용이하게 수행하기 위해 최초로 사용했던 도구tool는 자연에서 우연히 발견한 뾰족하거나 날선 돌이었다. 하지만 그런 돌을 찾아내기가 쉽지 않았기 때문에 원시인들은 의도적으로 큰 돌을 던져 깨뜨림으로써 원하는 돌을 더 쉽게 확보할 수 있었다. 이러한 석기를 '깬 돌'(타제석기, 打製石器)이라 부른다. 그 후 깬 돌을 그냥 사용하지 않고 더 뾰족하게 또는 더 날카롭게 갈아서 사용하게 되었는데, 이러한 석기를 '간 돌'(마제석기, 磨製石器)이라 부른다. 이러한 도구의 사용에도 불구하고 석기시대의 생산 활동은 사냥과 채취에 한정되어 있었고, 그래서 한 곳에 있는 동식물을 다 먹고 나면 다른 곳으로 이동해야 했기에 유목생활이 불가피했다.

그 후 인간은 불을 다루는—일으키고 세기를 조절하는—방법을 알게 되면서 음식을 익혀먹게 되었고, 광석을 녹여 금속도구를 만드는 방법도 터득했다. 생산 활동이 사냥과 채취에서 '목축'stock farming과 '재배'cultivation로 바뀌면서 대다수 인류는 더 이상 먹거리를 찾아 유목생활을 해야 할 필요가 없어졌고, 적당한 곳에 정착하여 '농사'agriculture를 짓기 시작했다. 청동기, 철기 등 금속도구의 발전과 더불어 농업 생산력은 급격히 신장되었다. 경제사에서는 이러한 변화 과정을 인류사 최초의 기술혁명인 '농업혁명'agricultural revolution이라 부른다. 이 무렵에 문자도 사용하기 시작했다고 한다. 이렇게 해서 확립된 농업경제가 수 천 년 동안 지속되어 왔다. 우리

---

9. 원시인의 생산 활동이 때로는 목숨을 걸어야 할 정도로 위험한 노동이었다는 사실은 짐작하기 어렵지 않다. 생산의 기계화 또는 자동화가 일반화된 오늘날에조차 산업이나 건설현장에서 안전사고가 그치지 않는 거나 다를 바 없다. 사람들이 위험하거나dangerous, 더럽거나dirty, 힘든difficult 일, 이른바 '3D업종'을 기피하는 경향은 예나 지금이나 마찬가지인 것 같다.

나라의 경우 고작 반세기 전만 해도 인구의 대다수가 농업에 종사하는 농업경제가 아니었던가.

고대사회는 대체로 자급자족autarky 공동체 경제였으며, 거래는 거의 씨족간의 물물교환barter에 국한되어 있었다. 교환 행위는 보관상의 곤란으로 남는 잉여생산물을 서로 바꾸는 것으로 시작되었을 것이고, 씨족 내부에서도 사회적 분업이 자연스럽게 시작되면서 교환의 필요성은 더욱 커졌을 것이다. 교환이 일상화되면서 장터marketplace가 출현했고,[10] 이러한 물물교환의 불편은 화폐를 도입하게 만들었을 것이다. 최초의 화폐로는 물품이 사용되었는데, 이를 물품화폐라 한다.[11]

이러한 농업경제는 부족이나 민족을 바탕으로 한 부족국가나 왕조국가의 물질적 기반이 되었다. 금속도구의 개량, 경작지의 확대 및 농업기술의 개선을 통해 생산력은 꾸준히 증가되었지만 인간들의 평균적인 생활수준은 형편없었다. 농업경제에서는 토지로 대표되는 자연 그 자체가 가장 중요한 생산요소였으며, 농업, 어업, 광업 등에서처럼 자연이 제공하는 자원을 가져오거나 자연의 생산력을 활용하는 생산 활동을 총칭하는 '1차 산업'이 주축을 이루는 경제였다. 농업경제 하에서도 농업용 도구와 무기의 제

---

10. 장터는 정해진 날짜에 정해진 곳에서 개최되었다. 그 흔적은 오늘날 5일장 형태로 남아 있다.

11. 물물교환의 불편은 적지 않지만 가장 중요한 것은 서로 필요로 하는 것을 가진 상대방을 찾기가 쉽지 않다는 것과 찾았다 하더라도 교환의 양적 비율을 결정하는 방식이 일률적이지 않다는 데 있다. 그리고 화폐 형태의 역사적 변화 과정에 대해서는 뒤에서 다루어질 것이다. 참고로 화폐의 기원에 대해서는 다른 설명도 있다. 특히 경제인류학에서는 화폐가 시장과 교환의 필요성에 앞서 국가나 권력자의 필요에 의해 인위적으로 만들어졌다고 본다. 그런데 이 설명은 주화 즉 금속화폐의 출현에 대해서는 타당한 것으로 보이지만 거래의 매개물이란 기능적인 측면에서 보면 그 훨씬 이전부터 통용된 물품화폐의 존재를 무시한 것이다.

작을 위한 수공업手工業이 일정 정도 발전되긴 했지만, 오늘날과 같은 제조업은 출현하지 않았다. 제조업은 1차 산업 활동을 통해 자연으로부터 획득한 것(즉 자원, resources)을 소재나 원료로 삼아 그것을 가공 또는 변형시킴으로써 자연에 존재하지 않는 새로운 것 즉 인공적인 어떤 것을 만들어내는 생산 활동으로서 '2차 산업'으로 분류된다.[12] 인간은 천부의 지능을 활용하여 과학과 생산기술을 발전시킴으로써 끊임없이 새로운 생산물을 창조하거나 기존 생산물의 양을 증대시킬 수 있었다.[13]

이러한 제조업이 경제의 주요 산업으로 등장할 수 있도록 만들어준 결정적인 계기는 '산업혁명'industrial revolution이다. 생산기술의 관점에서 볼 때 산업혁명이 갖는 의의는 도구를 기계machines로 대체한 데 있다.[14] 생산 활

12. 경제 활동들 중 1차 및 2차 산업 활동에 속하지 않는 나머지 모든 생산 활동은 '3차 산업' 활동으로 분류된다. 3차 산업은 1차 및 2차 산업 활동이 더 효율적으로 이루어질 수 있도록 도와주거나 아니면 인간의 노동력을 회복 또는 강화하는 데 기여하는 역할을 한다는 의미에서 '서비스' 산업으로도 불린다. 유통, 금융, 교육, 관광, 의료 등 서비스 산업의 종류는 무척 많으며 경제발전과 더불어 그 종류는 더욱 늘어나는 경향이 있다.

13. 인간은 예컨대 산에 있는 나무를 베어 와서 책상과 걸상을 만들고, 땅 속의 석유를 캐서 휘발유를 분리해내고, 철광석으로 주철을 만들어내고 심지어는 자동차라는 복잡다단한 수송기계까지 만들어낸다. 이러한 인간의 생산 활동도 당연히 일종의 창조creation이지만, 자연이나 창조주처럼 무無에서 유有를 창조하는 것이 아니라 유에서 유를 창조하는 것이라는 점에서 창조의 성격 자체가 다르다. 여기에 자연nature과 문화culture의 결정적인 차이가 있다. 자연은 하나님이 만든 것은 아닐지 몰라도 적어도 인간이 만든 것은 아니라는 점은 확실하다. 사실 인간은 땅, 공기, 광석, 물고기, 쌀 등 한마디로 '자연'을 결코 만들 수 없다. 그래서 자연은 '있는 그대로'를, 문화는 '인간이 만든 것'을 의미한다. 문화로 번역되는 영어 culture가 인간의 기본적인 생산 활동인 식물의 재배나 경작이란 의미도 가지고 있다는 사실은 자연과 문화라는 두 단어의 이러한 관계를 잘 보여준다. 다른 한편, 경제학에서는 인간이 만들 수 없어 자연에서 가져오는 것들을 자원resources이라 부르고, 인간의 활동에 의해 재생산될 수 있는 것은 자본capital이라 부른다. 물론 자본은 여러 가지 다른 의미로도 쓰인다는 점에 유의하자.

14. 도구tools는 그 자체로는 동력을 발생시키거나 작업을 수행하는 능력을 가지고 있지 않지

동에 기계의 사용이 확산됨에 따라 오래 동안 지속되어 온 가내수공업과 산업혁명 초기의 공장제 수공업(매뉴팩처, manufacture)은 사라지고 오늘날과 같은 공장제 기계공업이 확립되었다. 이른바 '대량생산'mass production의 시대가 도래한 것이다. 이에 따라 인류의 생산력은 다시 한 번 비약적으로 증대되었고, 농업경제는 제조업이 주도하는 공업경제로 변화했다.

18세기 후반부터 산업혁명을 가장 먼저 시행했던 영국은 전 세계에 공산품을 수출하는 이른바 '세계의 공장'으로 부상했고, 이러한 경제력을 바탕으로 구축한 군사력으로 세계 전역에 식민지를 확보함으로써 '해가 지지 않는 제국', 대영제국Great Britain을 건설하여 세계의 패권국가Pax Britanica로 군림했다. 영국을 뒤따라 프랑스가 산업혁명을 수행하고 그 역시 식민제국이 되었다. 19세기 후반 당시 개도국이었던 미국, 독일, 일본 등은 '유치산업보호론'15에 입각하여 영국산 공산품에 대항하면서 산업혁명(이른바 '후발

만 인간의 육체적 생산능력을 증대시킨다. 하지만 그 효과의 크기는 도구를 사용하는 인간의 육체적 능력의 정도에 따라 달라지며, 또한 이 능력에 의해 제한된다. 이와는 달리 기계machines는 그 자체로 에너지를 만들거나 전달하고 또 스스로 작업을 수행하기 때문에 기계의 생산 능력은 더 이상 인간의 육체적 능력에 의해 제한을 받지 않는다. 그러나 기계의 생산력은 인간의 지식과 창조력, 즉 연구개발 능력에 의해 좌우된다.

15. 이 이론은 미국의 초대 재무장권 해밀턴(A. Hamilton)에 의해 처음 주장되고 독일 경제학자 리스트(F. List)에 의해 체계화된 후발국 공업화 이론의 하나다. 그 논지의 핵심은 이미 산업혁명을 완수한 선발국들이 존재하는 상황에서 후발 공업화를 시행하고자 하는 나라는 자국의 유치산업幼稚産業, infant industries을 선발국들과의 경쟁으로부터 보호하는 조치 없이는 공업화를 완수할 수 없다고 보는 데 있다. 하지만 유치산업의 보호는 자국 산업이 일정한 국제경쟁력을 확보한 '성인' 산업이 되면 중단되어야 하며, 이때부터는 오히려 시장 개방을 통해 경쟁을 도입해야 경제성장이 지속될 수 있다는 논지로 이어진다. 20세기 후반에 이러한 유치산업보호론을 체계적으로 적용함으로써 산업화에 성공한 대표적인 사례는 한국이라 할 수 있고(서익진, 2010b 및 2011), 이는 절대왕정 시대의 중상주의mercantilism를 벤치마킹한 것으로 보고 신중상주의라 불리기도 한다. 다른 한편, 장하준(2004)의 『사다리 걷어차기』는 오늘날 자유무역의 기수를 자처하는 선진국들이 과거 그

공업화')을 수행하여 공업국으로 부상했다. 이 신흥공업국들은 국내적으로 독점자본주의로 이행한 후 제국주의적 팽창을 도모했다. 하지만 이미 영국과 프랑스가 세계의 거의 모든 지역을 식민지로 나누어가진 시점이었기 때문에 이들의 식민지를 빼앗는 방법밖에 없었고, 이것이 제1차 세계대전의 발발 배경이었다.

1929년의 대공황Great Depression은 제2차 세계대전이 끝난 후 선진공업국들은 대량생산과 대량소비mass consumption를 결합시킨 포드주의Fordism 성장체제를 통해 '영광의 30년' 시기를 경험하게 되었고, 미국이 세계의 패권국가로 부상했다Pax Americana. 한편, 식민지로부터 해방된 신생국들은 공업화(즉 산업혁명)를 시도하여 선진국이 되고자 했지만 제대로 성공을 거둔 나라는 한국, 대만 등 손에 꼽을 정도다.[16] 이 나라들의 성공 요인에 대해 논란은 있지만 이 나라들에서도 신중상주의적 보호주의 정책이 결정적인 역할을 한 것으로 평가된다.[17]

1980년대 이후 세계화와 정보화가 급속히 진행되고 있다. 세계화는 국민경제들의 경계를 허물면서 국제경쟁을 격화시키는 요인으로 작용하고 있으며, 정보화는 컴퓨터와 인터넷을 바탕으로 또 한 차례의 새로운 기술

들이 개도국이던 시절에 얼마나 많은 보호주의 정책을 시행했던가를 적나라하게 보여준다.

16. 슈먼(2010)은 일본을 비롯한 아시아 각국의 경제성장에 관한 스토리를 인물 중심으로 풀어쓴 책으로서 경제성장과 발전에 관한 입문서로 재미있게 읽을 수 있다.

17. 신중상주의는 유럽의 절대왕정 시대에 널리 사용되었던 중상주의가 20세기 후반에 주로 아시아 신흥공업국들에 의해 재현된 것을 지칭한다. 시대의 차이에도 불구하고 정부가 수입통제와 수출지원을 통해 무역흑자를 추구하거나 무역적자를 줄이는 정책을 체계적으로 시행한다는 점에서 공통점을 가진다. 다른 한편, 대체로 한국을 비롯한 동아시아 나라들은 '수출주도 공업화' 전략을, 브라질 등 남미 나라들은 '수입대체 공업화' 전략을 시행했는데, 전자는 성공했고 후자는 실패했다는 게 일반적인 평가다.

혁명, 이른바 디지털 기술혁명(또는 IT혁명)을 추동하고 있다. 인류의 생산력은 또 한 번 도약했고, 이번에는 가상공간cyber space이란 새로운 세계도 부가되었다. 하지만 다른 한편에 여전히 개도국 처지를 벗어나지 못하고 있는 수많은 나라들이 있고, 이들 중 상당수는 기아와 빈곤조차 극복하기 어려운 상황에 처해 있다. 이 나라들은 공업화의 성공조건의 하나인 보호주의 정책을 시행할 수 있기는커녕 오히려 무차별·무한 경쟁을 조장하는 글로벌 경쟁 속으로 내몰리고 있다. 그래서 21세기에도 중국이나 인도와 같은 몇몇 나라를 제외한 나머지 나라들 대부분은 개도국의 지위를 벗어나 개발국의 지위로 진입하기는 어려울 것으로 보인다.

생산관계

인류의 생산 활동의 역사는 지금까지 살펴본 '생산력'의 관점만이 아니라 '생산관계'의 관점에서도 살펴보아야 그 전모를 파악할 수 있다. 이미 말한 바와 같이 '생산관계'란 생산 과정에 참여하는 인간들 간의 관계를 말하며, 이로부터 계급class이란 개념이 출현했다.

원시공산제 사회에서는 낮은 생산력 때문에 집단노동이 불가피했다. 그래서 빈약한 생산수단(토지와 각종 원시적 도구)은 물론 생산물도 공동소유와 공동배분이 일반적이었다. 사적 소유가 없었으므로 이른바 계급도 존재하지 않았다. 생산력의 점진적인 발전과 더불어 일인당 생산력이 한 사람의 최소 필요량을 넘어서면서 이른바 '잉여 생산물'이 발생했다. 이때부터 공유제를 바탕으로 한 공동체는 와해되고 생산수단 및 생산물에 대한 사적 소유제가 도입되기 시작했다. 그리고 이때부터 인간들은 어떤 방법으로건 타인의 잉여 생산물을 차지할 수 있다면 자신은 힘든 노동으로부터 해방될 수 있었기 때문에 타인을 노예로 삼기 위한 투쟁을 시작했을 것이다. 이것이 바로 최초의 계급사회인 고대 노예제 사회가 성립될 수 있었던 물질적 기초다. 각 사회 내부에서는 잉여생산물의 합법적인 수취를 둘러싼 인간들 간의 계급투쟁이 시작되었고, 대외적으로는 다른 부족이나 종족을 노예로 삼기 위한 전쟁이 일상화되다시피 했다. 로마제국은 노예사회의 전형을 보여주었다.

하지만 직접생산자로서 강제 노동을 해야 하는 노예들에게 생산성 향상을 위한 자발적인 노력을 기대하기는 어려웠고, 그 수적 증가도 노예 세습제에 의해 제한되었다. 그래서 전쟁을 통한 영토 확대가 노예의 주요 공급수단이 되었지만, 이것이 한계에 부닥치면서 노예제 사회경제는 붕괴되기 시작했다. 그 후 노예 대신 '농노'(동양사회에서는 주로 소작농과 노비)가 직접생산자의 역할을 담당하게 되는데, 농노는 토지 소유자의 토지에 결박된 봉건적 소작인이라 볼 수 있다. 노예소유자의 재산에 다름없던 노예에 비해 농노는 상대적으로 더 많은 신체적 자유를 누렸고, 일정 정도의 자기 소유 농지도 가질 수 있었기 때문에 생산량 증가와 생산성 향상을 위한 유인이 전혀 없는 것은 아니었다. 이러한 농노제 사회를 바탕으로 봉건국가들이 형성되었다.

산업혁명을 계기로 서구의 선진국들부터 자본주의 산업경제로 바뀌게 된다. 자본주의 경제에서 생산력은 역사상 유례없는 증대를 이루었지만, 생산관계의 관점에서는 자본가와 노동자를 기본 사회계급으로 하는 사회로 바뀌었다. 여기서는 자본가에게 고용된 노동자가 경영자—소유경영자건 전문경영자건—의 지휘 하에 직접적인 생산 활동을 수행한다. 언제 어디서건 토지나 자본 등 생산수단을 소유한 자가 생산 과정을 조직하고 노동 과정을 지휘하는 반면 생산수단을 소유하지 못한 노예, 농노(노비, 소작인 등), 노동자가 직접 노동을 담당한다는 사실에는 변함이 없다. 물론 직접 생산자의 존재 형태가 노예에서 농노로, 다시 노동자로 바뀌어오면서 이들의 사회경제적 지위와 정치적 권리는 크게 개선되어 왔다. 특히 오늘날과 같은 자본주의 체제에서 노동자는 법적으로 자신의 자유의지에 따라 자본가와 노동계약을 하는 자유인이다. 하지만 노동력의 공급자인 개별 노동자는 그 수요자인 자본가에 대해 외형상 동등한 지위를 가지지만 임금과 노동조건에 관한 협상력에서는 사실상 약세를 보일 수밖에 없는 것이 현실이다. 이를 극복하기 위해 노동조합의 결성 등 노동운동이 전개되었고, 그 결과 오늘날 대부분의 나라에서 '노동3권'(단결권, 단체교섭권, 단체행동권)이 노동자의 기본권으로 법적으로 보장되고 있다.

선진 공업국들에서 산업자본주의의 모순이 적나라하게 드러나던 20세기 초반에 세계의 일각에서 프롤레타리아(무산자) 혁명을 통해 사회주의 국제체제가 출현했다. 소비에트를 비롯한 현실 사회주의 국가들은 사유재산제의 폐지와 생산수단의 공유를 바탕으로 계획경제를 운영함과 동시에 생산과정에서 계급을 폐지했다. 이들 나라에서는 사회주의 혁명 이후 일정 기간 동안 강렬한 열의와 높은 생산성을 바탕으로 상당한 경제적 성과를 달성했다. 그러나 "능력에 따라 일하고 필요에 따라 분배한다"는 원리에 내재된 부작용(도덕적 해이의 조장 등), 갈수록 규모가 커지고 복잡해지는 경제의 계획적 운용의 지속 불가능성, 비대해진 국가기구 자체의 비효율성, 자본주의 세계체제와의 군비 경쟁에 따른 낭비 등으로 인해 소비에트체제는 결국 1990년에 해체되었다. 이처럼 내부 붕괴를 겪지 않고 살아남은 사회주의 국가로는 중국, 북한, 쿠바 등 손에 꼽을 정도다. 그 중 개혁을 통해 시장경제를 도입하고 대외개방을 한 중국은 세계경제의 빅2로 부상한 반면, 나머지 나라들은 경제적 어려움에서조차 벗어나지 못하고 있는 실정이다.

오늘날 세계의 거의 모든 나라가 자본가와 노동자라는 양대 기본계급의 대립/협력 관계를 기본으로 하는 자본주의 시장경제체제를 유지하고 있다. 하지만 나라별로 보면 자본주의의 구체적인 모습은 상당히 다르다. 시장의 역할을 신성시하는 '영미식(앵글로·색슨식) 자본주의'와 국가의 역할을 상대적으로 중시하는 '대륙유럽식 자본주의'가 그 대표적인 유형이다. 기업 거버넌스corporate governance의 관점에서 보면, 전자를 '주주stockholder 자본주의', 후자를 '이해관계자stakeholder 자본주의'라 부르기도 한다.[18] 요컨대 오늘날의 세계경제는 시장경제를 근간으로 하되 경제에서 차지하는 국가의 비중과 그 경제적 역할에 따라 다양한 유형을 드러내는 자본주의 국민경제들이 상호 경쟁하는 모양세를 띠고 있다.

2 경제주체와 경제활동

경제인

경제주체란 수입과 지출의 계산단위로서 독자적인 경제활동을 수행하는

---

18. 기업 거버넌스란 기업의 '소유구조'와는 달리 기업이란 생산단위의 의사결정구조를 가리키는 '지배구조'를 말한다. 주식회사의 법적 소유자는 주식을 보유한 주주들이지만, 주주 외에도 기업에 대해 일정한 이해를 가진 자들이 있다. 전문경영자와 관리층, 근로자와 노동조합, 협력업체와 소비자, 은행 등 채권자, 지자체와 주민 등이 그들이다. 이처럼 기업에 대해 각자 나름의 이해관계를 가진 모든 집단을 총칭하여 '이해관계자'라 한다. 따라서 기업 거버넌스는 기업의 주요 의사결정에 다양한 이해관계자가 참여하는 방식 또는 구조를 지칭한다. 거버넌스란 용어가 널리 사용되게 되었다는 것은 기업을 주주 이익의 극대화를 유일한 목적으로 하는 경제적 조직으로 보는 전통적인 생각을 넘어 생산의 주체인 기업이 갖는 사회적social 및 공공적public 의미가 중요해지고, 또 그만큼 사회적 조직의 하나로 주목 받게 되었음을 의미한다.

개인이나 단체를 말한다. 표준경제학에서는 경제주체를 '경제인'Homo Oeco-nomicus[19]으로 가정한다. 경제인은 경제적 합리성의 추구와 재산의 축적이란 두 가지 속성을 가지는 것으로 간주된다.

한편으로, 소비와 투자 등 모든 경제적 선택에서 경제적 합리성을 추구한다는 것은 오로지 앞에서 말한 비용-편익 분석cost-benefit analysis에 의거하여 선택을 결정한다는 것을 의미한다. 일반적으로 말해서 비용이 같다면 편익(기업은 수익, 가계는 효용)이 더 큰 선택지를 선택하며, 편익이 같다면 비용이 더 적은 선택지를 선택하는 것이 합리적이다. 만약 비용과 수익이 서로 다른 둘 이상의 투자안이 있다면 각 투자안의 수익률(=수익/비용)을 추정(또는 계산)하여 그 중에서 수익률이 가장 큰 투자안을 선택하는 것이 합리적인 결정이다. 예를 들어 시장에서의 수급('수요와 공급'의 줄인 말) 상태에 따라 결정된 시장가격으로 판매 여부만 결정해야 하는 완전경쟁시장의 기업의 경우엔 이윤 극대화를 위해서는 비용의 절감 또는 판매량 증가를 도모하는 것이 합리적인 선택이 된다.

그런데 합리적인 경제주체, 즉 '경제인'이란 대단히 비현실적인 가정이다. 현실의 인간은 어떤 경제적 이익이나 다른 대가를 기대하지 않으면서 더구나 비용만 초래하는 선택을 하는 경우도 많다. 예컨대 기부와 같은 자선행위나 상속과 같은 증여가 그러하다. 경제적으로 비합리적인 선택으로 볼 수밖에 없는 이러한 행위는 정신적 만족의 추구, 사회적 책임감의 실천, 종족(또는 가족) 보존의 본능에 따른 것으로서 당연히 있을 수 있고 또 때로는

---

19. 인간을 지칭하는 다른 용어들로는 예지인(Homo sapiens), 공작인(Homo faber), 언어인(Homo loquens), 정치인(Homo politicus), 종교인(Homo religliosus), 예술인(Homo artex), 마술인(Homo magicus), 유희인(Homo ludens) 등이 있는데, 각각 인간이란 종만이 갖고 있는 속성들 중 하나를 포착한 것이다.

개인적으로나 사회적으로 바람직한 행위로 간주되기도 한다. 이렇게 보면, 경제적으로 비합리적인 행위나 선택을 전혀 하지 않는 것으로 정의되는 '경제인'은 어찌 보면 냉혈인이거나 수전노가 아닐 수 없다. 그런데 표준경제이론은 바로 이러한 인간들만으로 이루어진 경제를 대상으로 삼는다[20].

더욱이 좀 더 장기적인 시계視界로 보면 경제적 합리성의 판단은 달라질 수도 있다. 당장의 손해와 나중의 이득을 저울질해야 하는 경우도 있기 때문이다. 할인판매나 심지어는 출혈판매(생산원가나 구매원가보다 낮은 가격으로 파는 것)를 한다면 당장 손실을 보겠지만 그로 인해 시장 점유율이 높아져 나중에 그보다 더 많은 이익을 올릴 수 있다면 할인 또는 출혈판매를 과연 불합리한 행위로 치부해야 할까? 기업이 메세나Mecenat 활동을 통해 문화예술단체를 지원한다면 그 자체로는 대가 없이 비용만 초래하겠지만 그 덕분에 회사의 평판이 좋아지고 브랜드 가치가 올라가 결국 매출 증대로 이어진다면, 이것을 과연 비합리적인 행동으로 보아야 할까? 이처럼 경제적 합리성의 판단도 고려되는 기간, 예컨대 단기냐 중장기냐에 따라 달라질 수 있는 것이다.

다른 한편으로, 경제인은 재산의 축적 또는 소득의 획득이란 동기를 가지는데, 이 동기는 인간의 본성에 따른 것으로 간주된다. 화폐경제에서 소득이나 재산은 모두 돈으로 환원되기 때문에 가능한 한 많은 돈을 벌어들이는 것이야말로 경제인의 궁극목표가 된다. 사회주의socialism는 이러한 사유재산의 극대화라는 인간의 이기적인 본성을 무시하고 사회와 공익을 위

---

20. 경제학에는 주류를 이루고 있는 신고전파 표준경제이론만이 아니라 수많은 비주류 경제이론들이 있다. 이 비주류 경제이론들은 대개 이러한 합리적인 '경제인'을 상정하지 않으며 현실에서 실제로 관찰되는 인간의 행동과 경제적 현상을 설명하고자 애쓴다는 차이점이 있다.

해 자기희생도 마다하지 않는 이타적인 인간을 상정하고 있는데, 이러한 인간관이 현실 사회주의 체제의 실패를 초래한 근본원인으로 지목되기도 한다. 반면, 자본주의capitalism는 사유 재산권을 천부적인 권리로 미화하고 축재(재산 또는 부의 형성)의 자유를 지나치게 신성시하기 때문에 '부익부 빈익빈'으로 대변되는 양극화 등 각종 사회적 폐해를 초래할 수밖에 없다는 비판을 받고 있다.

생산에서 소비로 이어지는 경제활동의 순환구조

경제는 생산, 소비, 판매, 구매, 저축, 투자 등 다양한 경제적 활동으로 이루어진다. 여기서는 생산과 소비 활동에 대해서만 보다 자세히 살펴보고자 하는데, 그 까닭은 다른 활동들이 중요하지 않아서가 아니라 이 두 활동이 경제의 기본을 이루는 활동이고 나머지는 이로부터 파생된 활동으로 볼 수 있기 때문이다.

'생산'은 인간이 필요로 하거나 원하는 것을 만들어내는 활동을, '소비'는 생산 활동의 결과인 생산물을 사용하는 활동을 지칭한다. 그런데 소비의 대상은 생산 활동의 결과인 생산물이다. 생산은 농업처럼 자연의 생산력을 활용하거나 아니면 광업처럼 자연에 존재하는 것을 가져오는 활동 즉 자원resources을 획득하는 활동과 이러한 1차 산업(농업, 수산업, 임업, 광업 등)의 생산물을 원료나 소재로 하여 이를 가공·변형·결합시킴으로써 자연에 존재하지 않는 어떤 유용한 것을 만들어내는 활동(2차 산업), 그리고 이들 1차 및 2차 산업 활동을 지원(서비스)하는 일체의 활동(3차 산업)을 총칭한다. 논리적으로도 실제적으로도 이러한 생산 활동이 없다면 소비 활동 자체가 불가능하다. 따라서 소비 활동은 인간의 생존 및 생활 그 자체나 다름없고, 생산을 비롯한 다른 모든 경제활동은 소비라는 최종목적에 봉사하는 활동이라 할 수 있다. 즉 소비가 경제활동의 목적이라면, 생산은 이 목적을 달성하기 위해 불가결한 수단이다. 생산이나 사업의 목적이 돈벌이(이윤 추구)에 있다고들 하지만, 돈 역시 더 나은 생활의 영위, 즉 소비에 필요한 것들을 획득할 수 있게 해주는 수단에 지나지 않는다는 사실은 빈번히 망각되고 있다. 저축을 통한 재산의 형성 역시 차후의 소비를 위한 것이라는 점에서 저축 역시 소비를 위한 수단일 뿐이다.

경제학에서는 생산의 주체를 '기업'enterprise, 소비의 주체를 '가계'household라 부르는데, 이들이 바로 민간시장경제를 움직이는 두 부류의 핵심 경제주체다. 먼저 기업의 생산 활동을 살펴본 후, 가계의 소비 활동을 다루기로 한다.

3 기업과 가계

기업, 생산의 주체

자본주의 시장경제에서 생산 활동을 수행하는 경제주체를 '기업'enterprise[21]

21. 기업을 지칭하는 영어 단어에는 여러 가지가 있다. 경제학에서는 보통 enterprise라 하는데, 이 단어에는 '모험', '시도'라는 의미가 들어있다. 벤처venture는 IT기술 등 신기술을 바탕으로 새로운 시장을 개척하는 모험성이 강한 기업을 지칭하며, 모험adventure이란 단어에서 파생되었다. 이 외에도 통상적인 회사, 사업체를 나타내는 company, 상회나 상사의 의미가 강한 firm, 법인이나 조합을 지칭하며 법률적 색채가 강한 corporation 등이 있다.

이라 부른다. 국립어학원 표준국어대사전에 기업은 "영리營利를 얻기 위하여 재화나 용역을 생산하고 판매하는 조직체"로 정의되어 있다. 네이버 백과사전에 따르면 "기업은 국민경제를 구성하는 기본적 단위이며, 생산수단의 소유와 노동의 분리를 기초로 하여 영리 목적을 추구하는 독립적인 생산경제단위"를 말한다. 성격상 개인기업이건 주식회사와 같은 법인이건, 규모상 중소기업이건 수많은 자회사를 거느린 그룹(예컨대 한국의 재벌)이건 상품(재화나 서비스)을 생산하거나 판매하는 일에 종사하는 모든 경제주체(개인이나 단체)는 기업으로 총칭된다.

기업은 영리(이윤)를 목적으로 생산 활동을 하므로 생산물을 시장에 내다 팔아야 한다. 그래서 생산자인 기업은 시장에서 공급자로 등장한다. 생산에만 전념하는 기업이나 판매만 전문적으로 수행하는 기업도 있듯이 특정 제품의 생산과 판매가 서로 다른 기업에 의해 이루어질 수도 있지만 시장에 상품을 공급하는 활동이 기업에 의해 수행된다는 사실에는 변함이 없다.

기업은 자신이 만들어 팔고자 하는 생산물product을 만들기 위해 그 생산production에 필요한 것들을 다른 기업이나 개인으로부터 사들인다. 이렇게 해서 생산 과정에 투입되는 모든 것을 '생산요소'factor of production라 부른다. 생산요소는 크게 '자본'capital과 '노동'labour의 두 부류로 나뉜다.[22] 생산요

22. 통상 자본과 노동 외에 토지land를 포함하여 3대 생산요소라 한다. 하지만 최근 들어 토지는 자본의 일부로 간주되는 경향이 강하다. 왜냐하면 농업경제에서와는 달리 공업경제에서는 토지의 역할과 비중이 아주 작은데다가 그것도 자연 그대로의 토지가 아니라 이미 인간의 노동이 투하되어 가공된 토지만이 생산과정에 투입되기 때문이다. 즉 토지는 이미 자본의 성격을 강하게 갖고 있다. 심지어 노동마저 '인적자본'이라 불리기도 하는데, 이는 노동 역시 교육과 훈련을 통해 그 질적 능력이 향상될 수 있다는 점에서 자본의 성격을 띤다는 점을 포착한 것이다. 이처럼 모든 생산요소가 자본으로 간주되는 경향이 갈수록 짙어지고 있다.

소로서의 '자본'은 기계, 장비, 원자재, 부품, 에너지 등 물적 투입요소를 지칭하는 '물적자본'physical capital[23]을 말하며, '자본재'capital goods라고도 불린다.[24] 자본재는 모두 돈으로 구입될 수 있고 또 구입되어야 하는 것이므로 일정 액수의 돈, 즉 자금을 의미하는 '자본'으로 환원될 수 있다. '노동'은 기업에 고용된 근로자의 '노동력'을 지칭한다. 생산 과정에서는 자본재와 노동이 일정한 양적 비율로 결합되는데, 이 비율은 사용되는 '생산기술'에 의해 결정된다. 이 생산 과정의 결과물이 바로 '생산물'product이며, 시장경제에서는 모든 생산물이 타인에게 팔기 위해 생산되기 때문에 생산물은 곧 '상품'commodity이 된다.

그런데 기업이 무언가를 생산하여 판매하는 목적은 인간이나 사회의 필

---

23. 물적자본은 금융자본financial capital과 대응되는 개념이다. 물적자본이 기계, 장비, 원자재 등 자본재라는 실물 형태를 취한다면(그래서 실물자본이라고도 불린다), 금융자본은 실물에 대한 구매력을 가진 화폐의 일정량(금액) 또는 이에 대한 청구권을 나타내는 '증권'securities 형태를 취한다.

24. 모든 상품은 그 용도에 따라 크게 '소비재'와 '생산재'로 대별된다. 소비재는 인간의 필요와 욕구를 직접 충족시켜주는 재화, 즉 소비의 대상이 되는 재화이므로 '최종(소비)재'라 불리기도 한다. 생산재는 소비재의 생산에 투입되는 재화를 말하는데, 소비재를 제외한 나머지 모든 상품이라 할 수 있다. 이처럼 생산재와 소비재의 구별은 상품 그 자체의 성격이 아니라 용도(소비 또는 생산)에 따라 결정되므로 그 구매자가 누구인지 즉 소비자인지 생산자인지에 따라 구별된다. 예를 들어 동일한 소나타 승용차를 개인이 통근이나 여가용으로 구매하면 소비재이지만, 개인택시 기사가 영업용으로 구매하면 생산재가 된다.
생산재 중에서 노동과 토지를 제외한 나머지를 특별히 '자본재'라 한다. '자본재'는 소비재의 생산을 위한 수단이라는 점에서 '생산수단'이라 불리기도 하고, 소비의 대상이 되는 최종생산물이 아니라 '중간생산물'이라는 점에서 '중간재' 또는 '수단재'라고도 하며, 생산의 주체인 기업들의 투자 대상이라는 점에서 '투자재'라고도 한다. 자본재는 내구성耐久性에 따라 고정자본재—건물이나 기계처럼 장기간에 걸쳐 사용되므로 1회의 생산에는 그 가치의 일부만 생산물로 이전된다—와 유동자본재—원료나 재료처럼 1회의 투입으로 그 가치가 전액 생산물로 이전된다—로 나누어진다. 투자를 통해 자본스톡을 증가시키는 것을 '자본형성'이라고 부른다.

요 또는 욕구의 충족 그 자체가 아니라 이를 통한 이윤의 추구에 있다. 즉 자본주의 기업의 존재이유는 생산을 통해 돈을 버는 데 있다. 바로 이 점 때문에 적어도 다음 두 가지 사회적 부작용이 나타날 수 있다.

한편으로, 기업은 이윤을 남길 수 있다고 기대되는 것만 생산한다는 것이다. 어떤 재화나 서비스가 아무리 인간의 생활을 풍요롭게 만들고 사회적으로 바람직한 것이라 하더라도 돈 받고 팔기 어렵거나 혹은 팔린다 하더라도 적정 이윤을 가져다주기 어렵다고 판단된다면 어떤 기업도 그 상품을 결코 생산하려 들지 않을 것이다.[25] 이와는 정반대로, 기업은 비록 사회적으로 해를 끼치는 것이라도 돈만 벌 수 있다면 무엇이건 만들어 팔려고 들 수 있다. 바로 이러한 기업의 속성으로 인해 한편으로는 기업들이 생산하려 들지 않지만 사회적으로 필요한 공공재는 정부가 공기업을 설립하여 생산·공급할 수밖에 없고, 마약이나 무기처럼 민간기업이 임의로 만들어서는 안 되는 품목들은 정부가 생산을 금지하거나 통제하게 된다.

다른 한편으로, 기업은 이윤 극대화를 위해 비용의 최소화를 도모할 것이다. 인건비, 협력업체 납품가 등 모든 종류의 생산비용을 줄이려 들 것임은 당연하고, 세금처럼 이윤을 감소시키는 의무납부금은 가급적 적게 내려 들 것이다. 더욱이 환경보호를 위한 공해방지시설은 결코 자발적으로 설치하지 않을 것이다. 그래서 이처럼 사회적 비용을 초래하는 분야에 대해서는 정부의 규제와 감독이 불가피해진다. 물론 기업이 생산비를 절약한 만큼 판매가격도 낮아진다면 소비자로서는 일단 환영할 일이다. 하지만 그런 일은 완전경쟁시장에서 활동하는 기업에서만 현실화될 수 있고, 독과점 시

25. 이러한 성격을 가진 상품에는 크게 '공공재'와 '가치재'가 있다. 이에 대해서는 나중에 '시장 실패'를 다룰 때 자세히 살펴볼 것이다.

장에서는 기업 이윤만 부풀리는 것으로 끝날 가능성이 높다.

만약 기업들에게 공해방지시설의 설치가 의무화된다면 그만큼 생산비가 높아지고, 이는 소비자 가격에 전가될 수밖에 없다. 이렇게 본다면 공해 등 부정적 외부효과와 관련된 비용을 어디까지 기업의 생산비에 포함시킬 것인가에 대해서는 사회적 합의가 필요하다는 것을 알 수 있다. 이러한 사회적 합의가 어떤 수준에서 이루어지는가는 대체로 해당 사회의 구성원들의 경제적 처지와 사회적 및 환경적 인식의 수준에 달려 있을 것이다.

가계, 소비의 주체

이미 말한 바와 같이 소비란 가계가 상품을 구입해 그것이 가진 효용을 취하는 활동이므로 인간의 생존 및 생활과 직결된 경제 활동이다. 소비의 양적 증대와 질적 수준의 제고를 통해 보다 풍요로운 소비 생활을 영위하는 것은 인간이 경제 활동을 통해 달성코자 하는 궁극목적이라 할 수 있다. 더 좋은 집, 더 맛있는 음식, 더 아름다운 옷, 세계 여행, 요트 타기 등 풍요한 소비를 향한 인간의 욕구는 끝이 없다고 해도 지나치지 않다.[26] 그래서 경제학에서는 이처럼 무한한 인간의 욕구를 충족시킬 수단(즉 자원)이 유한하기 때문에 무엇을 얼마나 생산해 소비할 것인가라는 가장 기본적인 선택의 문제가 생긴다고 본다. 경제학이 개인적 차원에서건 사회적 차원에서건

26. 바로 이러한 인간 욕구의 무한성이야말로 오늘날의 경제사회가 부닥치고 있는 자원 고갈, 환경 훼손, 물질 만능주의, 경제 위기 등 제반 문제의 근원으로 보는 사람들이 있다. 그래서 인간 욕구의 적절한 축소만이 이 문제들을 근본적으로 해결할 수 있다고 본다. 한 때 "작은 것이 아름답다"는 책이 베스트셀러가 된 적이 있고, 요즘 중시되는 '지속가능한 성장'이라는 화두 역시 이러한 문제의식을 바탕으로 하고 있음은 쉽게 알 수 있을 것이다. 이는 현재 우리 대학들에서 가르치고 있는 표준경제학에 대한 근본적인 도전이라 할 수 있다.

'선택의 학문'이라 불리는 까닭이 여기에 있다.

오늘날과 같은 화폐적 시장경제에서 소비를 할 수 있으려면 상품을 살 돈(화폐)이 있어야 한다. 그런데 오늘날 사용되는 화폐는 법화legal tender로서 민간 경제주체는 발행할 수 없기 때문에 어느 누구건 돈을 획득할 수 있는 유일한 방법은 돈을 벌어들이는 것이다. 어떤 방식으로건 벌어들인 돈을 '소득'income이라 하며, 소득을 올리기 위해서는 결국 새로운 가치를 창출하는 생산(판매 포함) 활동에 종사하지 않으면 안 된다. 예컨대 사업을 하건 취업을 하건 뭔가를 만들어 남에게 판매하는 활동에 종사해야만 돈을 벌 수 있다. 물론 이미 축적된 재산을 굴려 돈을 벌어들이는 행위인 '재테크'를 통해서도 돈을 벌어들일 수 있다.[27] 어쨌든 사람들은 무한한 욕구를 충족시키기 위해 가능한 한 많은 돈을 벌고 싶어 한다.

요즘 '똑똑한 소비'란 말이 유행이다. 그 형태는 다양하다. 예컨대 명품 구입보다는 여행하기 등 행복을 느낄 수 있는 소비, 쿠폰이나 캐쉬백cash

27. '소득'은 크게 근로소득과 재산소득으로 나뉜다. 근로소득은 노동력을 제공함으로써 부가가치의 생산에 기여한 대가로 받는 소득, 즉 임금을 말하며, 재산소득은 '재산'을 굴려 번 소득이다. 재산은 건물, 토지 같은 부동산일 수도 있고, 현금, 예금, 주식, 채권, 외환 등 동산(금융재산)의 형태를 취할 수도 있다. 재산은 남에게 빌려줌으로써 이자, 지대, 배당 등의 소득을 올릴 수 있고, 매매를 통해 시세 차익(자본이득capital gain이라고도 한다)을 올릴 수도 있다. 발달된 금융시장과 부동산시장이 존재하는 오늘날에는 근로소득은 없이 재산소득만으로 살아가는 사람도 있고, 때로는 주식이나 부동산 거래에 몰두하여 시세 차익으로 큰돈을 벌어들일 수도 있다. 이처럼 시세차익을 목적으로 하는 거래를 정의상 '투기'speculation라 하는데, 이러한 투기에서 '대박'보다는 '쪽박'을 차는 사람들이 더 많은 게 현실이다. 그런데 '재산'은 벌어들인 돈인 '소득'을 다 쓰지 않고 남긴 '저축'saving에 의해서만 형성될 수 있다는 사실을 감안하면 기존 재산도 원래는 이전에 벌어들인 소득 중에서 지출하지 않고 모아둔 저축이라는 사실을 쉽게 알 수 있을 것이다. 유산 등 증여를 통해 형성된 재산의 경우에도 그 재산의 원천은 증여자가 과거에 형성해둔 저축에서 나온 것이라는 사실에는 변함이 없다.

back 등 각종 부가혜택의 적극적인 활용, 소득공제를 받을 수 있는 현금영수증 받기나 카드 결제, 에너지 절약 등 돈 버는 소비, 지역에서 생산된 상품, 친환경 상품, 공정무역[28]을 통한 수입품 애용하기가 그러하다. 이 사례들은 소비가 오로지 상품의 가격이나 품질에 대해서만 반응하는 것은 아니라는 점을 보여준다. 그럼에도 불구하고 대부분의 소비자들이 상품의 가격과 품질에 가장 민감하게 반응한다는 것은 여전히 변함없는 사실이다.

경제학에서는 소비 활동을 하는 경제주체를 '가계'household라 부른다. 가계는 자신의 계산 하에서 소비 활동을 하는 최소단위다. 가계는 행정적으로는 '가구'라고 하고, 사회적으로는 '가정'home이나 '가족'family으로 지칭되기도 한다. 어쨌든 가계는 독신가구건 대가구건 그 구성원들이 수입, 지출 등 경제적 의사결정을 공동으로 행하는 하나의 회계단위를 말한다. 자본주의의 발전과 더불어 가계의 크기는 갈수록 작아지는 경향을 나타냈다.

우리나라의 경우, 얼마 전까지만 해도 3대 이상이 함께 사는 대가구가 많았지만, 직계 2대만 사는 소가구를 거쳐 지금은 혼자 사는 단독가구의 비중이 빠르게 늘어나고 있다. 동일한 인구를 가정할 때 가구의 크기가 작

---

28. 공정무역(公正貿易, fair trade)은 투명성, 존중 및 소통에 기반을 두면서 국제무역의 공정성 확대를 추구하는 협력적 무역 거래다. 경제발전 단계가 낮고 국제 경쟁에 뒤처진 개도국들의 생산자와 노동자의 권익을 보장하고, 더 나은 무역 조건을 제공함으로써 이 나라들의 지속가능한 발전에 기여하는 데 목적이 있다. 공정무역 기구들은 (소비자들의 지원을 받아서) 전통적인 국제무역의 법규와 관습을 변화시키고, 의식적 자각을 일으키고, 생산자들을 돕는 데 적극적으로 참여하는 운동을 벌이고 있다(European Fair Trade Association: 2006). 공정무역은 다양한 상품의 생산을 둘러싸고 여러 지역에서 사회와 환경 표준뿐만 아니라 공정한 가격을 지불하도록 촉진하기 위하여 국제무역의 시장모델에 기초를 두고 조직된 사회운동이다. 이 운동은 개발도상국에서 선진국으로 수출되는 품목에 특히 초점을 두고 있으며, 그 주된 대상은 수공예품, 커피, 코코아, 차, 바나나, 꿀, 코튼, 와인, 과일 등이다.

아져 가구 수가 늘어나는 것은 경제적으로 보면 시장수요가 증가한다는 걸 의미한다. 요컨대 소비의 주체인 가계는 시장에서는 상품을 구매할 의도를 가진 수요자이자 실제로 그것을 사들이는 구매자가 된다.

4 경제 문제와 경제학

경제가 돌아가는 과정에서 개인이나 사회가 부닥치는 제반 문제를 경제 문제라 한다. 경제가 일하기를 원하는 모든 사람에게 일자리를 제공할 수 있을 정도로 충분한 성장세를 유지하며, 물가도 용인할만한 수준에 안정되어 있고, 개인들이 각자 생산에 기여하는 만큼의 보수를 받고 있어 사회적 품위를 유지할 수 있는 소비를 할 수 있고, 그래서 기업들도 생산물의 판매에 큰 어려움이 없다면 아마 경제 문제는 존재하지 않을 지도 모른다. 이처럼 경제 문제가 없다면 경제학도 존재이유가 없어질지 모른다. 하지만 현실의 경제가 이러한 이상적인 상태를 유지하는 경우는 극히 드물며, 그런 상태가 온다 해도 그다지 길게 지속되지 않는 게 보통이다. 통상의 경제는 항상 이런저런 문제를 안고 있으며, 경제가 과열 현상을 보일 정도로 잘 돌아가는 것 역시 심각한 경제 문제로 간주된다.

개별 경제주체도 항상 크고 작은 경제 문제를 가지고 있다. 꼭 써야 할 돈마저 벌지 못하는 극빈층은 문화생활은 고사하고 하루 끼니조차 걱정해야 하는 생활고에 시달릴 것이다. 소득은 빠듯한데 물가가 지속적으로 상승하면 서민들은 부아가 치밀 것이다. 아무 잘못도 하지 않았는데 실질소득이 감소하기 때문이다. 형편이 좀 나은 중산층이라도 천만 원 대로 치솟은 대학 등록금 마련에 고심하지 않을 수 없다. 생활고와는 전혀 관계없는 고소득층이나 부자라고 해서 경제 문제가 없을까. 그동안 모아둔 재산의 가치가 줄어들지는 않을까, 어떻게 재테크를 해야 재산을 불릴 수 있을까 노심초사할 것이다. 대출 받아 산 아파트의 원리금 상환에 쩔쩔매는 이른바 하우스 푸어house poor도 늘어나고 있다.

사회에 첫걸음을 내딛는 대졸자나 정리해고로 직장에서 쫓겨난 사람에게 구직이나 재취업은 일생일대의 경제 문제일 것이다. 노후생활 자금을 충분히 마련하지 못한 퇴직 예정자나 퇴직자들의 생활고가 갈수록 심각해지고 있다는 소식도 있다. 대기업에 납품하는 중소기업 사장은 납품가격이 계속 유지될 수 있을지, 어느 날 갑자기 거래 중단 통고를 받지는 않을지 항상 걱정이다. 오래된 노후 아파트 거주자들은 과거처럼 재개발이나 재건축 사업이 거의 불가능해졌음에도 새 집 마련 자금을 따로 모아둔 것도 아니어서 뾰족한 대책이 없는 상태다. 사업에 실패한 사장이나 주식투자에 실패해 엄청난 빚을 진 사람이라면 자살의 유혹에 쉽게 넘어갈 수도 있다. 이처럼 곰곰 생각해보면 경제 문제는 누구에게나 도처에 늘려 있고, 한도 끝도 없다. 우리가 의식하건 의식하지 않건 언제나 이런저런 경제 문제로 신경을 쓰고 있다 해도 지나치지 않다.

물론 경제학이 이처럼 개인의 일상적인 경제 문제를 해결해 줄 수 있는 것은 아니며, 심지어는 직접 다루지도 않는다. 냉정하게 말하자면 자본주의 시장경제에서 개별 경제주체는 자신의 경제 문제를 스스로 해결해야 한다. 이 경제는 개인의 자유의지에 따른 자율적 선택과 그 결과에 대한 자기 책임의 원칙에 의해 작동하기 때문이다. 그럼에도 개인의 경제 문제는 경제 전체가 안고 있는 문제와 결코 무관하지 않다. 시장경제는 호황과 불황의 반복을 지칭하는 경기변동business cycle을 피할 수 없다. 호황기에는 생산이 늘어나 일자리와 소득도 늘어나고, 덩달아 가계들의 소비도 활발해진다. 소비가 증가하면 기업의 생산도 늘어나는 일종의 선순환이 작동한다. 역으로, 불황기에는 생산이 줄어들고 도산하는 기업도 발생하는데 이에 따라 일자리도 소득도 줄어들어 가계 소비가 위축된다. 소비가 위축되면 기업의 생산이 더욱 줄어드는 일종의 악순환이 나타난다. 또한 어떤 이유로 물가가 급등하면 당장 생계가 어려워지는 가계가 늘어나고, 특히 임금을 주 소득원으로 하는 근로자들의 실질임금이 감소되어 소비여력도 줄어든다.

이처럼 경제 전체의 상황에 따라 가계의 경제사정은 크게 달라진다. 사실, 개인의 경제적 운명은 국가경제 전체의 상황과 밀접하게 연계되어 있다. 따라서 경제성장률, 물가상승률, 수출입, 무역수지, 환율, 금리, 주가 등 수많은 거시경제 지표들의 변동과 그 원인에 관한 지식이 없다면 개별 경제주체는 자신이 부닥치고 있는 경제 문제의 해결은 고사하고 왜 이런 문제가 생겼는지조차 이해할 수 없을 것이다.

경제학은 경제 현상의 분석과 해명을 일차적인 목적으로 삼고 있지만, 그와 동시에 다양한 경제 문제에 대한 시장적 또는 정책적 해법을 모색하기도 한다. 이론과 실천의 종합을 추구한다고나 할까. 그래서 경제학은 실증적 분석(있는 그대로를 이해하는 것)과 규범적 정책(바람직한 상태를 위한 대책)의 모색을 동시에 추구하는 학문이다. 어떤 상태가 바람직한 것인지 또는 어떤 대책이 옳은 것인지를 판단하기 위해서는 가치판단이 전제되므로 객관적인 해법은 고사하고 모두가 동의하는 해법을 찾기조차 쉬운 일이 아니다. 그럼에도 올바른 해법을 모색하려면 있는 그대로의 현실 분석이 전제되어야 한다는 사실에는 변함이 없다.

어쨌든 개별 주체가 직면하는 경제 문제의 원인이나 해결은 경제의 상태나 구조 등 경제 전체의 문제와 긴밀하게 연관되어 있다는 점에서 경제학은 결국 개인의 경제 문제를 간접적으로 다루는 거나 마찬가지다. 따라서 경제학을 배운다 해서 개개인이 직면하고 있는 문제에 대한 맞춤형 해법을 찾기는 어렵겠지만, 경제학 지식이 최소한 그러한 개인적인 경제적 고민이 발생하게 된 경제 전체의 상황을 파악하고, 나아가 실효성 있는 해결책을 모색하는 데 적지 않은 도움을 줄 수 있을 것이다.

시장경제: 상품과 화폐

제2장

경제학에서 말하는 시장은 구체적인 형태를 갖춘 시장이 아니라 "특정 상품에 대한 수요와 공급이 만나는 추상적인 공간"이다. 이 정의를 정확하게 이해할 수 있는 사람이라면 아마 이미 상당한 경제학 지식을 가진 사람일 것이다. 상품, 수요, 공급, 추상적인 공간 등 그다지 어려운 용어가 아닌 것처럼 보이지만, 이 용어들의 의미를 정확하게 이해하는 것은 생각만큼 쉬운 일이 아니다. 미리 말해두자면, 수요demand와 공급supply은 구매buying와 판매selling라는 실제 활동과는 달리 사고자 하는 혹은 팔고자 하는 의도를 지칭하며, 이러한 수요와 공급의 의도들이 만나 가격이 결정되는 메커니즘이 바로 경제학에서 말하는 '시장'인 것이다.

제2장

시장경제: 상품과 화폐

시장경제에서 시장은 경제의 심장에 해당한다. 비유를 확장하면, 상품은 시장경제의 세포이고, 화폐는 그 핏줄이라 할 수 있다. 그래서 시장경제는 곧 상품경제이자 화폐경제다.

1 유통, 거래 및 시장

앞에서 살펴본 것처럼 발전된 시장경제에서는 자급자족 경제와는 달리 생산자는 소비자의 수요에 부응하기 위해 생산 활동을 한다. 그렇다면 생산물은 상품의 형태로 생산자로부터 소비자에게로 이동해가야 하는데, 이러한 상품의 이동과 관련된 제반 활동을 유통distribution이라 한다. 유통 활동의 핵심은 시장에서의 거래(또는 매매)이며, 시장에서 소비자는 상품을 구매하는 수요자로, 생산자는 상품을 판매하는 공급자로 변신하여 서로 만나 거래를 하게 된다. 이 만남은 오프라인과 온라인을 막론하고 다양한 방식으로 이루어질 수 있다.

상품 유통

유통은 상품이 생산자로부터 소비자에게로 이동하는 과정에서 일어나는 제반 경제 활동을 말한다. 유통에 종사하는 기업은 저장, 운송, 판매, 배송 등 여러 유통 기능들 중 하나 혹은 둘 이상을 담당한다. 대표적인 유통 활동인 판매를 담당하는 기업은 대체로 생산자와 소매상을 중개하는 '도매상'과 소비자 판매를 전문으로 하는 '소매상'으로 구분된다. 소매상은 구멍가게에서부터 백화점이나 대형마트에 이르기까지 그 규모가 천차만별이다. 최근엔 기업형 슈퍼마켓[1]까지 등장했다.

사회적 분업의 발전에 따라 생산과 소비의 분리가 진전되고 거래되는 상품의 수와 양이 동시에 늘어나면서 유통과 시장도 급속하게 발전했다. 유통을 담당하는 상업 활동이 발전되어온 까닭은 그럼으로써 경제 전체가 치러야 할 유통비용[2]이 절감되기 때문이다. 만약 소비자인 가계들이 상품을 각각의 생산자에게서 직접 구매해야 한다면 적어도 수 백 개의 기업과

---

1. 에스에스엠(SSM: super supermarket)이라 불리기도 하는 기업형 슈퍼마켓은 말 그대로 대형마트보다는 규모가 작지만 일반 슈퍼보다는 훨씬 큰 중규모 마트다. 따라서 20-30만의 인구를 갖는 시 단위가 아니라 1-2만 정도의 인구를 가진 동 단위에서도 운영될 수 있다는 장점을 가진다. 대부분 재벌그룹에 의해 경영되는 SSM이 이른바 '골목상권'까지 장악함으로써 구멍가게나 슈퍼 같은 전통적인 소상인들의 몰락을 촉진하고 있어 심각한 사회문제로 대두하고 있다.

2. 유통비용은 생산비용에 대응되는 개념으로 생산물이 생산자로부터 소비자에게로 이동해가는 과정에서 발생하는 모든 비용을 지칭한다. 유통비용은 크게 '물류비용'logistic cost, '거래비용'transaction cost, 상업마진commercial margin 등으로 구성된다. 물류비용은 포장, 보관, 적재, 수송, 하역 등 상품이 공간적 및 시간적 차원에서 물리적으로 이동하는 데 수반되는 모든 비용을 말한다. 거래비용은 거래가 성립하기 위해 필요한 제반 비용으로서 가격뿐만 아니라 거래 전에 필요한 정보수집, 협상, 계약(준수 비용, 계약 불완전으로 인한 비용 등), 대금지불 등 상품에 대한 소유권의 이전과 관련된 비용을 총칭한다.

접촉해야 하므로 엄청난 불편을 겪을 것이다. 그 대신 대형마트, 백화점, 전통시장에 나가거나 인터넷 쇼핑몰 혹은 TV홈쇼핑을 통해 필요한 상품을 한꺼번에 구입한다면 구매의 편의성이 증대되어 시간과 비용을 크게 절감할 수 있다. 물론 개별 상품별로 본다면 중개기능이 끼어듦으로써 유통 관련 비용과 마진이 생산비에 추가되므로 생산자와 소비자가 바로 만나는 직거래에 비해 소비자 가격은 더 높아질 수 있다. 그러나 수많은 종류의 상품을 구매해야 하는 소비자의 입장에서 보면 소매상을 통한 구매 총비용은 상품별로 생산자에게서 직접 구매하는 경우에 비하면 엄청나게 줄어들 것이 틀림없다. 동일한 논리가 생산자에게도 적용될 수 있다. 이처럼 독립적인 상업 담당자의 존재로 인해 생산자 및 소비자 전체가 누리는 혜택은 어마어마할 것이다. 그 크기는 사회적으로 절감되는 유통비용(물류비용과 거래비용)의 총합에서 상업마진을 뺀 것이 될 것이다.

최근 들어 생산자와 소비자가 중간 매개인 없이 바로 연결되는 이른바 '직거래'가 유행하고 있다. 물론 직거래는 친환경 농산물 등 특수한 상품의 거래에 한정된 현상이긴 하지만, 홈쇼핑이나 인터넷 거래 등 새로운 판매 방식이 등장하면서 중개 기능 중 도매 기능이 소멸 또는 약화되는 경향이 강해지고 있다. 유통산업의 '탈중개화' 경향이라 불리는 이 현상은 새로운 기술의 활용이란 측면도 있지만 기존의 유통과정이 지나치게 복잡하거나 중간거래상의 횡포로 인해 오히려 유통비용이 증가하고 소비자 가격이 상승하는 등의 폐단에 대한 대응책일 수도 있다.

이처럼 중개기능의 발전 정도는 사회 전체적으로 줄어드는 유통비용의 크기에 달려 있겠지만, 상품의 물질적 성격(크기, 무게, 강도 등)에 따라서도 달라질 수 있다. 특히 순수한 디지털 상품(음원 등 콘텐츠나 컴퓨터용 소프트웨어처럼 디지털 형태로만 생산, 전송, 저장, 소비될 수 있는 상품)이 지속적으로 개발되면서 중개기능이 아예 필요 없는 상품도 늘어나고 있다. 그럼에도 기존의 실물(아날로그) 상품들 중 디지털 형태로 대체될 수 있는 것은 대단히 한정되어 있으므로 여전히 수많은 상품이 기존의 도소매 중심의 전통적인 물적 유통 시스템을 통해 거래될 수밖에 없을 것이다.

시장의 의미

시장경제를 말할 수 있으려면 '시장'market이 무엇인지부터 알아야 한다. 시장이라 하면 먼저 재래시장, 상점가, 백화점, 대형마트, 슈퍼마켓, 이발소, 목욕탕 등 실제로 존재하는 크고 작은 가게 또는 가게들이 즐비한 상점가 같은 어떤 구체적인 장소를 떠올릴 것이다. 이처럼 통상적인 의미에서 시장은 재화와 서비스의 거래가 이루어지는 구체적인 형태를 가진 장소를 말한다. 그런데 오늘날에는 홈쇼핑이나 인터넷 쇼핑몰 거래도 번창하고 있다. 그렇다면 홈쇼핑 시장은 TV방송국 스튜디오에 있고, 인터넷 쇼핑몰은 컴퓨터 모니터나 대형 서버 속에 있는 것일까? 고개가 갸우뚱해지지 않는가? 이처럼 가상공간의 출현과 전자상거래의 발전은 시장이 눈에 보이는 구체적인 장소만을 가리키는 것이 아니라는 사실을 분명하게 깨닫게 해준다.

경제학에서 말하는 시장은 이러한 구체적인 형태를 갖춘 시장이 아니라 "특정 상품에 대한 수요와 공급이 만나는 추상적인 공간"이다. 이 정의를 정확하게 이해할 수 있는 사람이라면 아마 이미 상당한 경제학 지식을 가진 사람일 것이다. 상품, 수요, 공급, 추상적인 공간 등 그다지 어려운 용어가 아닌 것처럼 보이지만, 이 용어들의 의미를 정확하게 이해하는 것은 생각만큼 쉬운 일이 아니다. 미리 말해두자면, 수요demand와 공급supply은 구매buying와 판매selling라는 실제 활동과는 달리 사고자 하는 혹은 팔고자 하는 의도를 지칭하며, 이러한 수요와 공급의 의도들이 만나 가격이 결정되는 메커니즘이 바로 경제학에서 말하는 '시장'인 것이다.

그렇다면 이러한 추상적인 가격 결정 메커니즘이 작동하기 위해서는 수요자 및 공급자들이 서로의 의도를 확인할 수 있는 어떤 접촉점은 물론 거래와 관련된 제반 규칙을 망라하는 제도적 장치가 필요하다. 말하자면 수요자와 공급자가 쌍방의 의도를 교환하는, 이른바 정보가 교류될 수 있는 구체적인 장소나 통신망이 필요하고, 나아가 상품의 배송, 대금 결제, 분쟁 해결 등과 관련된 방식이나 절차가 규정되어 있어야 한다. 이 점은 예를 들어 조직된 시장을 대표한다고 볼 수 있는 주식시장이 어떻게 만들어지고 어떻게 작동하는가를 생각해보면 보다 쉽게 이해할 수 있을 것이다. 어쨌든 시장은 수요와 공급이 만나는 추상적인 공간이자 시장가격이 형성되는 메커니즘이라는 규정을 제대로 이해할 수 있으려면 본서의 나머지, 특히 제4장을 읽은 후라야 할 것이다.

다음, 시장이란 용어는 수요의 규모를 지칭할 때도 있다. 자동차 시장이 확대되고 있다고 말할 때 이는 자동차에 대한 수요의 규모가 커지고 있다는 것을 말한다. 시장의 규모는 공급 측면보다는 수요 측면에서 결정된다. 그런데 수요나 시장의 규모를 거론할 수 있으려면 지리적 공간의 경계를 설정할 수밖에 없다. 그래야만 미국 시장의 규모는 한국 시장의 10배라는 식의 얘기가 가능해지기 때문이다.

끝으로, 이러한 추상적 공간으로서의 '시장'과 '시장체제'market system는 개념적으로 구별해둘 필요가 있다. 여기서 시장체제란 시장경제체제의 준말로 보아도 된다. 예를 들어 폴라니(1997)는 시장체제를 "시장만이 통제하고 조정하며 방향을 결정하는 경제체제"로, 린드블룸은 "중앙집권적 명령을 통해서가 아니라 거래 형태로 이루어지는 상호작용을 통해 인간 활동을 사회 전체적으로 조율하는 체제"3로 정의한다. 여기서 우리가 강조해두고자 하는 것은 시장 메커니즘의 작동과 그 장단점을 알아보는 것은 시장체제에 대한 평가나 신봉 여부와는 무관하다는 점이다. 그리고 시장체제에 관한 평가는 마지막 장에서 간략하게 이루어질 것이다.

2 상품경제

생산물, 상품, 제품

우선, 시장은 상품별로 성립된다. 상품commodities은 소비자에게 특정의 효용(utility, 쓸모)을 제공하는 재화나 서비스를 지칭한다. 상품의 명칭은 주로 그 효용이나 기능에 의거하여 붙여지며, 산업의 명칭으로 사용되기도 한다. 그래서 상품은 추상적인 명칭에 지나지 않으며, 실제로는 여러 메이커(makers, 즉 기업)에 의해 생산되는 서로 다른 고유의 이름(브랜드, brand)을 가진 제품products의 형태로만 존재한다. 그래서 유사한 외형을 가지면서 소비자에게 동일한 효용을 제공하는 제품들은 동일한 상품으로 간주되고, 동일한 시장을 형성한다. 이처럼 동일한 상품에 속하는 서로 다른 제품들은 소비자들의 선택을 받기 위해 상호 경쟁하는 관계에 있다.

상품은 시장에서 사고 팔리는, 거래의 대상물이다. 한편으로, 어떤 상품을 누군가가 돈 주고 산다는 것은 그것이 구매자에게 어떤 효용(사용가치)을

---

3. 찰스 린드블룸, *The Market System*, 이용범(2010, p.87)에서 재인용.

제공할 수 있기 때문이다. 그렇지 않다면 애써 번 돈을 주고 사야 할 이유가 전혀 없다. 다른 한편으로, 상품은 누군가가 돈 주고 살 것으로, 즉 팔릴 것으로 기대하기 때문에 그것을 만들어 파는 기업이 존재한다. 그래서 상품은 생산자가 자신이 아니라 타인의 필요나 욕구를 충족시키기 위해 만들어진다.

그렇지만 생산 활동의 결과인 '생산물'이 전부 '상품'이 되는 것은 아니다. 인간들은 자신이 필요로 하는 것을 스스로 만들어 쓰기도 하는데, 이를 '자급자족'이라 한다. 인간의 경제는 이러한 자급자족 경제로부터 출발했을 것이다. 상품경제가 엄청나게 발전한 지금도 농부나 어민은 생산량의 일부를 자가 소비한다. 하지만 상품화 과정이 꾸준히 진전해온 결과 오늘날에는 사회의 생산량 전체에서 자가소비가 차지하는 비중은 무시해도 좋을 만큼 미미하고, 오로지 타인에게 팔기 위해서만 생산하는 전문조직인 기업에 의해 거의 모든 생산이 이루어지고 있다는 점에서 오늘날의 경제는 '상품경제'라 불러도 무방하다.

사회적 분업과 교환의 원리

그런데 왜 자급자족 경제가 상품경제로 바뀌었을까? 이 물음은 유명한 '사회적 분업'social division of work과 '교환의 이득'gain of exchange의 원리에 의해 해명된다. 간략하게 말해서, 한 사회(경제)를 구성하는 개인이나 집단들이 자급자족하지 않고 각자가 가장 잘 생산할 수 있는 것에 특화(전문화)하여 그것만을 생산한 후 서로의 생산물을 교환한다면 경제 전체의 생산량은 더 늘어나고, 각자도 자급자족할 때보다 더 많은 소비를 할 수 있다는 것이다. 왜 그런지를 간단한 수치 예로 살펴보자([표 1] 참조).

[표 1] 사회적 분업 및 교환에 따른 이득의 예시

구분	자급자족 (생산량=소비량)		분업 후 (생산량)		교 환 (비율=1:1)		교환 후 (소비량)		후생 증가분 (소비량)	
	물고기	딸기	물고기	딸기	물고기	딸기	물고기	딸기	물고기	딸기
갑	10	5	20	0	−7	+7	13	7	+3	+2
을	5	8	0	16	+7	−7	7	9	+2	+1
계	15	13	20	16	0	0	20	16	+5	+3
증가			+5	+3			+5	+3		

어떤 경제에 갑(남)과 을(여) 두 사람만 있고 물고기와 딸기 두 가지만 생산 가능하다고 가정하자. 애초 갑과 을은 각자 물고기와 딸기를 자급자족하고 있었다. 둘 다 하루 8시간 일하는데 물고기와 딸기의 생산에 각각 4시간씩 할당하고 있다. 그 결과 갑은 물고기 10마리를 잡고 딸기 5그릇을 따서 소비하고, 을은 물고기 5마리를 잡고 딸기 8그릇을 따서 소비하고 있었다. 이러한 자급자족 경제의 총생산량은 물고기 15마리와 딸기 13그릇이지만, 사회적 분업이 없고, 그래서 당연히 교환도 시장도 없다. 요컨대 각자의 생산량이 각자의 소비량이 된다.

이러한 상황에서 만약 누군가의 제안에 따라 갑과 을이 각각 상대방보다 더 많이 즉 더 잘 생산하는 일에 전념하는, 이른바 분업(여기서는 사회적 분업)을 하기로 결정했다고 하자. 이러한 분업은 개별 경제주체 각자의 입장에서 보면 특화 또는 전문화specialization라 할 수 있다. [표 1]이 보여주듯이, 갑은 을보다 같은 시간에 물고기를 더 많이 잡으므로 8시간 모두 물고기 잡는 데 투하하고, 같은 시간에 딸기를 더 많이 따는 을은 딸기 따는 데만 전념하기로 했다고 하자. 그렇다면 갑은 하루 8시간을 전부 물고기 잡는 데 투하하여 20마리를 잡게 되고, 을은 마찬가지로 해서 딸기 16그릇을 따게 될 것이다. 분업 이전의 자급자족 상태와 비교해보면 이 경제의 총생산량은 물고기 5마리와 딸기 3그릇만큼 더 늘어났음을 알 수 있다. 이 증가된 생산량이 분업의 효과를 지칭하는 '분업의 이득'이다.[4]

이처럼 사회적 분업이 이루어지면 생산물의 상호교환은 불가피해지고, 생산의 증가분은 분업에 참가한 경제주체들에게 교환을 매개로 배분되어야 한다. 여기서 교환은 분업에 참가한 모두가 이득을 얻는 방식으로 이루어져야 한다. 왜냐하면 사회적 분업을 통해 사회의 총생산이 늘어난다 하더라도 교환의 결과 누군가는 후생(welfare, 여기서는 소비량)이 늘어나지 않는다면, 그로서는 이러한 분업에 참여해야 할 이유가 없기 때문이다. 이처럼 분업은 당연히 교환을 전제로 성립하므로 '분업의 이득'은 '교환의 이득'으로 전환된다. 앞의 예를 다시 살펴보자.

갑은 분업 이전에 물고기 10마리를 소비하고 있었으므로 추가로 생산된 10마리 중 일부 또는 전부를 을에게 줄 수 있다. 을은 분업 이전에 딸기 8그릇을 소비하고 있었으므로 추가로 생산된 8그릇 중 일부 또는 전부를 갑에게 줄 수 있다. 그리고 갑은 분업 이전에 딸기를 5그릇 소비하고 있었으므로 최소한 그 이상을 받아야 하고, 을은 물고기 5마리를 소비하고 있었으므로 최소한 그 이상을 받아야 한다. 이러한 조건을 감안하여 예컨대 갑과 을이 물고기 7마리와 딸기 7그릇을 교환하기로 합의했다면(이 경우 교환비율은 "물고기:딸기=7:7=1:1"이다) 교환이 이루어진 후 갑과 을의 소비량은 어떻게 달라질까. 갑은 전보다 물고기 3마리와 딸기 2그릇을 더 소비할 수 있고,

---

4. 무엇보다 여기서는 특화나 전문화에 따른 동태적 성격의 생산성 증가 효과는 감안되지 않았다는 데 유의하자. 분업으로 생산의 특화(또는 전문화)가 이루어지면 요령의 획득, 숙련, 연구개발 등이 전보다 용이해지기 때문에 결국 노동 생산성의 향상으로 각자의 생산량은 그만큼 더 늘어날 수 있기 때문이다. 이처럼 분업의 이득은 넓게 보면 분업이 가져다주는 정태적 및 동태적 생산 증가 효과를 모두 합친 사회 전체의 총생산 증가 효과로 측정될 수 있다.

을은 물고기 2마리와 딸기 1그릇을 더 소비할 수 있다. 갑과 을의 소비 증가분을 합친 양은 분업 후 이 사회의 총생산 증가분과 같을 수밖에 없다. 결국 두 사람은 교환을 통해 '분업의 이득'을 서로 나누어가진 셈이 된다.

하지만 그래도 남는 의문이 있다. 특히 다음 두 가지 의문이 중요하다. 하나는 누가 무엇의 생산에 특화할 것인가, 즉 분업의 패턴이 어떻게 결정되는가라는 의문이고, 다른 하나는 서로 얼마씩 교환할 것인가, 즉 교환의 양적 비율이 어떻게 결정되는가라는 의문이다.

분업의 패턴과 교환비율

분업의 패턴 결정

먼저, 분업의 패턴에 대해 살펴보자. 이것은 사회적 분업 및 교환의 네트워크에 참여하는 주체들이 각자 무엇의 생산에 특화할 것인가라는 가장 기본적인 물음이다. 앞에서 본 바와 같이 각자가 가장 잘 생산할 수 있는 상품에 특화하는 것은 가장 단순한 해법이다. 좀 더 경제학적으로 말하면, 각자가 다른 사람보다 더 효율적으로 생산할 수 있는 것에 특화한다는 것이다. 효율적인 생산이란 남보다 더 적은 비용(노력, 시간, 원가)을 들여 생산할 수 있거나 또는 동일한 비용으로 남보다 더 많이 생산할 수 있다는 것을 말한다. 요컨대 각 상품에 대해 참여자들의 단위 생산비 또는 평균 생산비를 측정하여 비교해보면 판정이 가능해진다.

우선, 생산비의 절대액을 판정의 기준으로 삼아 그것이 상대방보다 낮은 생산물에 특화한다고 설명하는 것이 스미스A. Smith의 '절대 생산비설'에 근거한 '절대우위'absolute advantage 이론이다. 앞에서 우리가 인용한 수치 사례가 그런 경우다. 그런데 이 이론은 모든 경우를 다 설명하지 못한다는 약점이 있다. 즉, 어느 한 참여자가 두 개의 생산물 모두에서 절대우위를 가진다면 다른 참여자는 어디에도 특화할 수 없게 되고, 따라서 분업은 성립될 수 없다. 왜냐하면 분업에 참여하기로 한 모든 생산자가 적어도 한 상품의 생산에는 종사하여 생산물을 서로 교환해야만 살아갈 수 있기 때문이다.

다음, 이 약점을 해결한 것이 리카르도D. Ricardo의 '상대 생산비설'에 바탕을 둔 '비교우위'comparative advantage 이론이다. 여기서 상대 생산비는 요즘 용어로 말하면 기회비용opportunity cost이다. 이에 따르면, 각자는 상대방보다 낮은 비용(여기서는 기회비용으로 측정된)을 가진 생산물에 특화한다는 것이다. 앞서 우리의 예에서 살펴보면, 물고기의 경우 갑의 기회비용은 5/10(=0.5)이고 을의 기회비용은 3/5(=0.6)이다. 갑의 기회비용이 을보다 낮으므로 물고기의 생산은 갑이 비교우위를 가진다. 반면, 딸기의 경우, 갑의 기회비용은 10/5(=2)이고 을의 기회비용은 5/3(=1.7)이므로 을의 기회비용이 갑보다 낮으므로 딸기의 생산은 을이 비교우위를 가진다. 결국 갑은 물고기에 특화하고 을은 딸기에 특화하는 것으로 분업이 이루어진다. 이 결과는 절대우위 이론에 따른 결과와 일치한다. 이처럼 상대 생산비 또는 기회비용으로 논증하는 비교우위론은 생산조건에 관한 수치가 어떻게 주어지더라도 분업의 참여자들은 서로 다른 품목에 비교우위를 가질 수밖에 없다는 점에서—이는 기회비용이 서로 역수로 주어지기 때문이다—모든 경우에 적용될 수 있다는 일반성을 가지고 있다. 그래서 비교우위론은 국제분업을 비롯한 모든 사회적 분업을 설명할 수 있는 일반론으로 간주된다.

그런데 이러한 양자 간의 물물교환이 아니라 수많은 생산자가 참여하는 시장교환에서는 누가 어느 상품의 생산에 비교우위를 가지고 있는지를 사전에 안다는 것은 불가능한 일이다. 오늘날처럼 수많은 생산물과 생산자가 존재하는 복잡한 경제에서는 아마 각자는 나름의 시장조사 결과를 바탕으로 자신의 주관적인 판단에 따라 특화할 품목이나 분야를 선택할 것이다. 만에 하나 비교우위를 사전에 판정할 수 있다 하더라도 그러한 상태가 지속된다는 보장은 전혀 없기 때문에 비교우위의 판정은 항상 주관적일 수밖에 없다. 어쨌든 시장교환에서 각 생산자는 자신이 비교우위를 가지고 있다는 판단과 시장에서 팔릴 수 있다는 전망 하에서 특정 상품의 생산을 선택할 것이다. 그는 자신의 생산물이 실제로 시장에서 팔리고 또 충분한 이익을 올린다면 생산을 계속할 것이다. 이와는 반대로, 잘 팔리지 않거나 손실을 보게 된다면, 이는 자신보다 더 낮은 비용으로 더 잘 만드는 사람(기업)이 있다는 걸 의미하므로 다음과 같은 두 가지 길 중 하나를 선택할 수밖에 없다. 하나는 그 사람(기업)만큼 또는 그보다 더 싸게 더 잘 만들 수 있기 위해 새로운 기술을 습득하거나 새로운 장비를 갖추어 생산비를 낮추거나 품질을 개선함으로써 생산을 계속하는 것이고, 다른 하나는 그 상품의 생산을 포기하고 다른 상품의 생산으로 옮아가는 것이다. 이처럼 발전된 시장경제에서는 생산자들의 시행착오를 거쳐서 사회적 분업의 패턴이 결정된다.

그러나 분업의 패턴은 고착된 것이 아니라 언제든지 변할 수 있다. 절대우위나 비교우위는 주어진 자원 및 기술의 상태만을 고려하는 정태적인 개념이고, 동태적으로는 수요 측면의 변동(인구 변동, 소비자 선호의 변화, 소득 변동 등)이 있을 뿐만 아니라 생산 측에서도 신기술의 발명, 품질 개선, 조직 개편 등 각종 혁신을 통해 생산비를 낮출 수 있고 때로는 정부 보조금을 활용하여 가격 경쟁력을 만들어낼 수도 있기 때문이다. 이처럼 인위적으로 창조된 경쟁력을 '경쟁우위'competitive advantage[5]라 부른다. 동태적 차원에서

5. 경쟁우위 개념은 미국의 경영학자 마이클 포터(Michael Porter)가 고안한 개념으로서 경영학

보면, 개인이건 나라건, 누구나 당장 비교우위를 갖지 못한 상품이라도 그 생산에 도전할 수 있는 것이다. 이러한 동태적 과정이야말로 현실에서 전개되는 '시장경쟁'의 참모습이다.

교환의 양적 비율의 결정

다음, 교환의 양적 비율의 문제를 생각해보자. 위에서 든 간단한 물물교환 사례에서 각자가 전보다 소비량(즉 후생)이 증가될 수 있으려면 교환비율이 각자가 상대방에게 줄 수 있는 최대량과 상대방으로부터 받아야 하는 최소량 사이에서 결정되어야 한다는 것을 알 수 있다. 하지만 둘 다 자신의 이득을 극대화하려 들 것이 분명하므로 실제의 교환비율은 양측의 치열한 흥정(즉 교섭)에 의해 이루어질 것이고, 그 결과는 주로 양측의 세력관계(즉 교섭력)에 달려 있을 것이다.

그러면 교환 당사자들 간의 세력관계를 결정하는 것은 무엇일까?[6] 물물교환에서는 교환의 대상이 되는 생산물에 대한 사회적 평가(예컨대 시장가격)

계와 기업 세계에서는 널리 사용되고 있다. 경제학에서는 이 개념이 학문 체계 속에 제대로 반영되지 않고 있지만, 대개 '경쟁력'이란 용어로 총칭된다. 단, 동태적 비교우위란 개념을 통해 단기적으로 주어진 부존자원의 상태에 따라 결정되는 비교우위가 장기적으로 변동될 수 있다는 사실은 인정되고 있다.

6. 여기서는 자발적인 분업과 교환을 전제로 한다. 다시 말해서 분업의 참가 여부와 교환비율의 결정에 있어 물리적 폭력이나 법적 조치에 의해 강제되지 않는다는 것이다. 예컨대 어린애들이 구슬과 딱지를 교환한다고 가정하면 어떤 일이 벌어질까. 아마 힘센 아이가 제시하는 비율이 관철될 가능성이 높지 않는가? 물리적 힘에 의한 결정을 배제한다면, 구슬이건 딱지건 많이 가진 쪽 혹은 상대방 것을 가지고 싶은 욕구가 큰 쪽이 불리한 교환비율을 감수할 가능성이 높을 것이다. 경제적 거래에서 폭력의 배제는 그냥 주어지지 않는다. 인간도 동물인 이상 법률과 처벌이 없다면 폭력에 의존할 것이 틀림없다. 이로부터 자율적인 시장은 이러한 법적 및 제도적 장치 없이는 성립조차 할 수 없음을 알 수 있지 않은가?

가 존재하지 않으므로 자기 것을 팔아야 할 필요성이 더 크거나 아니면 상대방 것을 가지고자 하는 욕구가 더 절실한 측이 교환비율의 협상에서 불리해질 수밖에 없다. 다시 말해서 팔아야 할 양이 많을수록 교섭력은 약해진다. 이러한 원리는 수많은 수요자와 공급자가 존재하는 시장교환에서도 관철된다. 일반적으로 시장수요량과 시장공급량 중 더 큰 쪽이 가격 결정에서 불리한 것이다. 이 점은 나중에 시장가격 결정 메커니즘에서 자세히 살펴보게 될 것이다.

지금까지 살펴본 분업과 교환의 원리는 어찌 보면 자명한 것처럼 보이지만, 이 간단한 원리가 복잡한 국민경제 내부에서 사회적 분업과 교환의 패턴(누가 무엇을 생산하여 서로 교환할 것인가)이 어떻게 결정되는지를 설명해주는 가장 기본적인 원리다.[7]

이처럼 시장경제의 가장 중요한 특징은 바로 상품경제라 할 수 있다. 하지만 상품이 시장에서 원활하게 거래되기 위해서는 가격(가치의 화폐적 표현)이 결정되어 할 뿐만 아니라 상품 거래가 실제로 이루어지기 위해서는 돈(일정량의 화폐)이 있어야 한다. 화폐가 없다면 대금 결제는커녕 가격조차 형성될 수 없으므로 상품의 거래 자체가 불가능해진다는 점에서 상품경제는 바로 '화폐경제'라 할 수 있다. 나아가 금화나 태환지폐를 사용하던 시절에

7. 이 원리는 국제분업과 국제무역의 존재이유와 무역패턴을 설명하는 데도 그대로 적용될 수 있다. 여기서도 가장 고전적인 이론은 이미 살펴본 바와 같이 스미스의 절대우위에 근거한 절대생산비설과 리카도의 비교우위에 바탕을 둔 비교생산비설이다. 20세기 후반 들어 새로운 무역패턴(선진국 간 동일 상품의 교환, 산업 내 무역 등)이 나타났는데, 이 현상들은 기존의 생산비 측면만 고려하는 고전파 이론으로는 해명될 수 없었기 때문에 주로 수요 측면에 초점을 맞춘 새로운 이론들이 개발되어 왔다. 오늘날처럼 발달된 무역 현상을 설명하려면 부존자원, 생산비, 연구개발 등과 같은 공급 측 요인은 물론 국내시장의 규모, 소득의 격차, 소비자 선호의 변동과 같은 수요 측 요인을 동시에 고려해야 한다.

서처럼 화폐가 존재하더라도 그 양이 충분히 공급되지 않는다면 상품의 거래가 원활하게 이루어질 수 없고 시장경제의 발전도 어려워질 것이다. 이제 '화폐경제'를 살펴볼 차례가 왔다.

3 화폐경제

시장경제의 발전에는 화폐가 상품화 못지않게 중요한 역할을 했다. "돈은 경제의 핏줄"이라는 말처럼 돈 없는 시장경제는 상상조차 할 수 없다. 요컨대 시장경제는 상품경제임과 동시에 '화폐경제'이다.

화폐의 기능

너무나 익숙해서 주목받지 못하는 사실이 있다. 한편으로, 발전된 화폐경제에서 화폐는 인간들이 쓸모(여기서는 사용가치)가 있다고 간주하는 모든 것들이 공통적으로 가지고 있다고 생각하는 어떤 가치(여기서는 교환가치)를 측정하는 유일무이한 수단이다. 이를 화폐의 '가치척도' 역할이라 한다. 다른 한편으로, 화폐는 가치 있는 모든 것들을 살 수 있는 힘 즉 '구매력'purchasing power을 가지고 있어 '일반적인' '지불수단'의 역할을 수행한다. 여기서 '일반적인'이란 수식어가 의미하는 바는 물물교환에서는 모든 물품이 지불수단의 역할을 수행할 수도 있지만 화폐적 교환에서는 화폐가 지불수단의 역할을 전유한다는 것을 의미한다. 가치척도의 역할과 지불수단의 역할, 이것이 화폐의 두 가지 기본기능이다.[8]

가치척도로서의 화폐는 다른 물리적 척도(예컨대 미터나 그램처럼 길이나 무게를 측정하는 단위)와 마찬가지로 모든 경제주체에게 편의를 제공한다는 점에서 중요한 공공적 기능을 수행한다. 그래서 화폐는 일종의 공공재다. 반면, 일반적 지불수단으로서의 화폐는 여타의 통상적인 상품과 동일한 성격을 가진다. 그래서 돈은 '많으면 많을수록 좋다'(多多益善; the more, the better)는 생각을 부인할 사람은 없을 것이다. 사실 화폐경제에서 돈에 대한 인간의 욕망은 무한하다 해도 지나치지 않다.[9] 문제는 이 두 가지 기본기능이 상충된다는 점이다. 사람들은 화폐가 많을수록 좋다고 생각할지 모르지만 다른 상품과 마찬가지로 화폐 역시 양이 늘어날수록 그 가치(즉 단위가치)는 떨어진다. 특히 오늘날의 화폐는 자체의 사용가치(소재가치)는 거의 없고 실물상품에 대한 구매력인 교환가치(명목가치)만 가지고 있기 때문에 거래에 사용될 화폐 총액(즉 통화량)이 거래될 상품의 총가치보다 많아지면 통화 한 단위의 구매력은 감소할 수밖에 없는 것이다.[10]

---

8. 통상적으로 경제학에서는 이 두 가지 기능에 '가치의 저장수단'을 합하여 화폐의 3대 기능으로 간주한다. 우리가 이 세 번째 기능을 기본기능에서 뺀 것은 가치의 저장수단 기능은 지불수단의 기능에서 파생된 기능으로 볼 수 있다고 생각하기 때문이다. 지불수단의 역할을 하지 못하는 화폐는 당연히 가치를 저장하는 역할도 못할 것이다.

9. 옛날 물품화폐(쌀, 조개껍질 등)나 금속화폐(금화, 은화, 백동화 등)가 사용되던 시절엔 재산의 무한 축적이 불가능했다. 왜냐하면 정도의 차이는 있지만 물품이나 금속 자체가 갖는 비내구성非耐久性과 그것을 저장해둘 수 있는 물리적 공간의 제한 때문이다. 예나 지금이나 토지, 건물 등 부동산이 주된 축재 수단으로 활용되는 까닭은 그 양이 제한되어 있어 가치의 유지가 용이하기 때문이기도 하지만 장기간에 걸쳐 그리고 양적으로 거의 무제한의 보유가 가능하기 때문이기도 할 것이다. 그런데 오늘날의 불환지폐는 종이쪽지에 지나지 않고, 더욱이 전자화폐는 말 그대로 단순한 숫자에 지나지 않으므로 화폐의 축장에는 더 이상 시간적 및 양적 제한이 없어졌다고 해도 지나치지 않다. 이처럼 화폐를 통한 재산의 무한 축장 가능성이야말로 '부익부 빈익빈'이라는 양극화가 지나칠 정도로 강화되고 있는 작금의 현실을 가능케 하는 근본배경이 아닐까라는 생각이 든다.

화폐 단위와 화폐 형태

그렇다면 도대체 돈(화폐, 통화; money, currency)이란 누가, 언제 만든 것인지, 돈은 어떻게 그런 힘을 가지게 된 것인지, 곰곰 생각해볼수록 의문이 늘어나지 않는가?

사람들이 돈에 대해 말할 때는 항상 1,000원, 100달러처럼 수치와 단위의 조합으로 말한다. 단위가 없는 수치는 어떤 경제적 의미도 가질 수 없고, 서로 다른 단위를 가진 수치들은 그 크기를 직접 비교할 수 없다. 여기서 수치는 화폐의 양을 나타내며, 그 일정량을 금액(또는 액수)을 나타낸다는 건 누구나 안다. 문제는 단위인데, 그 의미가 간단치는 않다. 이를 화폐의 명칭과 형태라는 두 개의 측면에서 살펴보자.

한편으로, 이미 본 바와 같이 화폐는 상품의 가치를 측정하는 추상적인 척도다. 화폐의 명칭은 사람이나 사물의 이름처럼 편의상의 약속에 지나지 않지만, 수많은 다른 사회적 약속들(예컨대 언어, 법률 등) 못지않게 중요하다. 한국은 원(₩), 미국은 달러($), 유럽은 유로(€)처럼 각 나라의 화폐는 고유의 명칭을 가지고 있다. 하나의 경제라면 화폐의 명칭 역시 하나가 보통이다.[11] 만약 명칭이 다른 두 개 이상의 화폐가 사용된다면[12] 환산의 불편만

---

10. 이러한 화폐 가치의 하락 현상을 인플레이션이라 하는데, 이는 당연히 물가 상승으로 반영된다. 화폐경제에서 인플레이션과 물가상승은 동전의 양면처럼 항상 동시에 나타나지만 그 원인은 서로 다를 수 있다. 물가 상승이 주로 생산비의 상승이나 수요의 증가로 인해 일어난다면, 인플레이션은 통화량의 팽창에 의해 발생한다. 통화량의 증가는 수요 증가를 유발하고, 이는 물가 상승의 요인이 되므로 양자가 밀접한 연관이 있음은 물론이다.

11. 화폐의 명칭은 이미 말한 바와 같이 사회적 약속에 지나지 않으므로 원하거나 필요하면 얼마든지 바뀔 수 있다. 우리나라에서도 화폐의 단위로 현재 사용되고 있는 원圓 외에 전錢과 환圜이 있었다. 돈의 명칭을 바꾸는 것을 '화폐개혁'이라 한다. 하지만 단순히 이름

이 아니라 환전에 따르는 비용도 만만치 않을 것이다. 길이, 면적, 무게 등 물리적 크기를 재는 척도의 경우 우리나라가 전통적인 척도(척, 평, 근 등)들을 포기하고 서양식 미터법의 척도로 통일했던 이유는 무엇보다 10진법 척도의 편의성이 훨씬 더 크다는 사실에 기인한 것이지만 두 개의 척도의 혼용에 따르는 환산의 불편이 엄청나기 때문이기도 했다.

만 바꾸는데도 새로운 화폐를 발행해 기존 화폐와 바꾸어야 하는 등 막대한 비용이 초래될 뿐만 아니라 초기에는 엄청난 혼란이 불가피하므로 가능한 한 바꾸지 않는 게 좋다. 하지만 때로는 바꾸지 않으면 오히려 더 불편한 경우도 있다. 전쟁 등으로 초인플레이션(hyper-inflation)이 발생하거나 인플레이션이 오래 지속되면 가격을 나타내는 수치가 어마어마하게 커져 계산이나 결제 상의 불편이 커지기 때문에 화폐단위의 가치를 높여 가격들의 수치를 낮추기 위해서는 명칭을 바꾸는 것이 오히려 이익이 된다. 이를 디노미네이션denomination이라 하는데, 우리나라의 경우 1953년에 100원을 1환으로, 1962년에는 10환을 1원으로 바꾸는 화폐개혁을 한 적이 있다. 수치 변경이 크지 않았음에도 불구하고 화폐개혁을 한 것은 지하자금을 색출하여 생산자금으로 동원한다는 등 금융개혁의 목적도 있었기 때문이다. 특히 1962년에는 금융개혁을 위해 화폐개혁을 했다고 해도 지나치지 않다. 돈의 이름이 바뀌면 기존의 돈은 모두 은행에 가서 새 돈으로 바꾸어야 하므로 숨어 있던 지하자금이 모습을 드러낼 수밖에 없는 것이다.

12. 어떤 나라건 자국의 영토 내에서는 자국 통화 이외의 다른 어떤 외국 통화의 통용도 허용하지 않는다. 예컨대 비록 세계 기축통화의 역할을 수행하는 미국 달러화조차 한국의 영토 내에서는 지불수단으로의 사용이 금지되어 있다. 그 가장 큰 이유는 이러한 '화폐주권'이 없다면 특히 중앙은행이 수행하는 통화금융 정책(특히 통화량의 조절)의 실효성이 상실되고, 위급할 때 '최종대부자' 역할도 할 수 없기 때문이다. 만약 예컨대 미국 달러가 국내에서 같이 통용된다면 자국 통화의 가치가 불안정해질 때 모두들 안전자산인 달러를 보유하고자 할 것이므로 자국 통화의 가치는 땅에 떨어질 것이다. 다른 한편으로, 지속적인 불안정을 보이는 자국 통화 대신에 세계에서 가장 안정되고 안전한 통화를 간주되는 미국 달러화를 법정통화로 채택하려는 움직임도 있다. 이를 '달러화'dollarization 현상이라 부르는데, 중미의 파나마는 이미 시행 중이고, 아르헨티나 등 몇몇 남미 나라들도 달러화 도입을 심각하게 고민한 바 있다(한국은행, "아르헨티나의 Dollarization 도입 논의와 전망", 주간해외경제 99-5호). 한편, 유로화를 사용하는 유로존 회원국들은 자국 통화를 포기하고 제3의 통화인 '유로화'를 도입했다. 오늘날 유로존 국가들이 겪고 있는 재정위기의 근원에는 바로 이러한 통화주권의 방기로 인한 통화정책의 부재가 숨어 있다.

그런데 물리적 척도건 가치 척도건 척도의 단위크기는 시공에 따라 변하지 않는 게 중요하다.[13] 물리적 척도와는 달리 상품의 추상적인 가치를 측정하는 화폐단위의 가치는 실제로 항상 변해왔고 또 앞으로도 그럴 것이다. 우리나라의 경우 1원의 가치 즉 1원으로 살 수 있는 상품의 양을 나타내는 구매력의 크기는 1945년 해방 후부터만 따지더라도 아마 적어도 수백만 분의 1로 하락했음에 틀림없다. 이것은 역으로 물가가 장기 지속적으로 상승해왔다는 사실의 반증이다. 이미 말한 바와 같이 화폐(여기서는 법정 불환지폐)의 쓸모가 오로지 상품에 대한 구매력에 있기 때문에 그 구매력의 크기는 대체로 경제 내에서 유통되고 있는 화폐의 양(통화량)과 상품의 양(거래량)에 달려 있다. 둘 중 어느 것이 변해서 일어나건 '인플레이션'inflation이나 '디플레이션'deflation은 경제에 막대한 불공평과 부작용을 초래하기 때문에 화폐 가치의 안정, 즉 물가의 안정은 경제정책 당국의 가장 중요한 목적의 하나이자 통화량 조절을 담당하는 중앙은행central bank의 기본사명으로 되어 있다.[14]

---

13. 예컨대 물리적 척도의 크기가 시공에 따라 바뀐다고 상상해보라. 예컨대 1m의 크기가 경상도와 전라도에서 다르고, 작년과 금년이 다르다고 생각해보라. 그 불편과 부작용을 넘어 척도로서의 기능 자체를 상실할 것이다. 하지만 가치 척도의 경우는 그런 일이 얼마든지 일어날 수 있다는 점에서 물리적 척도와는 다른 특징을 가진다.

14. 만약 상품, 노동력, 토지의 가격이 모두 동일한 비율로 상승한다면 그리고 인플레이션이 모두에게 공평한 영향을 미친다면 가치 있는 모든 것들의 가격을 나타내는 수치가 동시에 상승할 뿐 실질적으로 변한 것은 전혀 없다. 이러한 인플레이션이라면 기피해야 할 어떤 경제적 이유도 없다. 물가 또는 통화가치의 안정이 중요시되는 이유는 통상적으로 모든 상품 및 자산의 가격이 동일한 비율로 상승하거나 하락하지 않는데다가 인플레이션이나 디플레이션이 경제주체들에게 차별적인 영향을 주기 때문이다. 누구는 가만히 앉아서 이득을 누리고 누구는 자신도 모르게 손실을 입는 일이 일어나는 것이다. 인플레이션이 발생하면 손해 보는 사람은 미래에 고정된 수입을 가진 채권자, 근로자, 연금 수령자 등이고, 이득을 누리는 사람은 미래에 고정된 지출을 해야 하는 채무자, 기업 등이

다른 한편으로, 화폐 형태의 문제가 있다. 화폐가 출현한 이래 그 형태가 지속적으로 바뀌어 왔기 때문에 간략하게나마 화폐의 역사를 살펴볼 필요가 있다. 최초의 화폐는 '물품화폐'였다. 하지만 물품이 돈의 역할을 제대로 수행하려면 일정한 요건을 갖추어야 했다. 첫째, 물품 그 자체가 일정한 가치(효용 또는 쓸모)를 가지고 있으면서 모든 사람이 필요로 하거나 원하는 것이어야 한다는 점이다. 둘째, 일정 기간 동안 시장의 모든 거래가 원활히 이루어질 수 있을 정도로 생산량이 충분한 물품이어야 한다. 셋째, 생산물마다 가격이 다양하기 때문에 크고 작은 가치를 쉽게 표현할 수 있도록 양적으로 세분되기 용이해야 한다. 끝으로, 보관과 운반이 용이해야 하고, 그 가치가 장기간 유지될 수 있어야 한다.

이러한 조건들을 감안하여 쌀, 조개껍질 등 지역에 따라 서로 다른 물품이 화폐로 사용되었다. 그런데 물품들 중에서 위의 조건을 가장 잘 갖추고 있는 것은 금속이므로 물품화폐는 곧 '금속화폐'로 바뀌게 된다. 금, 은, 동 등 여러 금속이 화폐로 사용되었지만 종국적으로는 금이 화폐의 지위를 독점하게 되었다. 오랫동안 금화가 사용되어 왔지만 금의 공급 부족에 따른 디플레이션, 물리적 마모[15], 시뇨리지[16] 등의 문제가 대두되었고, 그 해결

다. 따라서 공공주체인 정부의 입장에서는 이러한 일이 가급적 일어나지 않도록 해야 한다. 민간 차원에서도 이러한 불로이득과 불로손실을 상쇄시키기 위해 변동금리, 물가 연동 임금 등의 제도를 도입하여 대처하고자 한다.

15. 여러분은 "악화惡貨가 양화良貨를 구축한다"는 그레셤 법칙을 들어보았을 것이다. 여기서 악화란 실제가치(소재가치)가 명목가치보다 작은 금화를, 양화는 양자가 일치하는 금화를 말한다. 사실 애초 양화로 발행된 금화라 하더라도 유통 과정에서 여러 사람의 손을 거치다 보면 닳게 마련이다. 마치 지폐가 오래되면 너덜거리거나 찢어져 새 돈으로 바꾸어야 하는 것과 같다. 금화가 사용되던 시절에 사람들은 양화를 축장하고 악화만 지불수단으로 사용하려 들었다. 그래서 악화만 시중에 유통되고 양화는 유통에서 배제되는 경향이 있었다. 영국 메리1세의 재상이었던 토마스 그레셤(T. Gresham)은 이러한 불량화폐

책으로 등장한 것이 '태환지폐兌換紙幣'다. 금에 대한 청구권이라 할 수 있는 태환지폐는 은행이나 정부에 의해 발행되고 언제나 원하면 일정량의 금과 교환될 수 있는 지폐다. 금화나 태환지폐가 본원통화로 사용되는 것이 '금본위제gold standard'다. 우여곡절은 많았지만 이 금본위제가 공식적으로 최종 폐지된 것이 1933년이므로 지금부터 100년 전만 해도 태환지폐, 즉 금이 화폐 역할을 하고 있었던 셈이다. 하지만 금과의 교환이 보장되지 않는 '불환지폐不換紙幣'를 사용하는 오늘날에조차 진정한 돈은 금밖에 없다는 사실을 누구나 경험적으로 알고 있다.

불환지폐는 일정한 명목가치(즉 금액)가 표시된 종이조각에 지나지 않으며 그 자체의 사용가치는 거의 없다.[17] 따라서 법에 의해 강제 통용력이 부

의 폐단을 통탄하고 그 다음 왕인 엘리자베스 1세에게 이 문제의 해결을 간언했다고 한다(차현진, 2011: 21-22).

16. 화폐의 명목가치와 실제가치의 차이를 시뇨리지seigniorage라 하는데, 우리말로 번역하자면 화폐 주조(발행) 차익이라 할 수 있다. 물품화폐나 금속화폐의 경우엔(상기의 악화를 제외한다면) 양자가 일치하기 때문에 이론상으로는 시뇨리지가 존재할 수 없다. 그럼에도 봉건영주들은 금화 등 주화의 자유로운 주조를 금지하고 그 주조권을 독점함으로써 부당이득을 취할 수 있었다. 예컨대 액면(명목가치) 1달러짜리 금화가 금 1온스(실제가치)의 가치와 같다고 가정할 때 1달러짜리 금화를 예컨대 0.9온스의 금으로 주조해줌으로써 0.1온스의 금을 착복했던 것이다. 시뇨리지란 단어가 영주seignior라는 단어에서 파생된 이유가 여기에 있다.

17. 불환지폐의 시뇨리지는 그 발행기관인 중앙은행에 의해 전유되지만 중앙은행은 공공기관이므로 문제로 삼지 않는다. 반면 민간 주체에 의한 불법적인 화폐의 발행, 즉 화폐 위조 행위는 엄격한 처벌을 받는다. 그런데 국제사회에서 특정국의 국민화폐(예컨대 미국 달러)가 세계 기축통화로 사용되는 경우 기축통화 발행국(오늘날엔 미국)은 어마어마한 (국제적인) 시뇨리지를 누리게 된다. 미국의 막대한 무역적자는 바로 이 시뇨리지의 크기를 말해준다. 이 문제의 근본적인 해결책은 전 세계가 특정국의 화폐가 아닌 제3의 통화를 정해 세계 단일화폐로 사용하고, 그 발행과 관리를 세계중앙은행을 설립하여 맡기는 것이다. 그러면 시뇨리지가 세계 공공기관에 의해 흡수될 것이다. 이 아이디어는 1944년 브레턴우즈 회의에서 케인스가 공식 제안했지만 미국의 반대로 실현되지 못했다. 곧 기축통화

여되지 않는 한 판매자는 상품 판매의 대가로 불환지폐를 받는 것을 거부할 것이 뻔하다. 불환지폐가 '법화'(法貨, 법정화폐의 준말; legal tender)일 수밖에 없는 까닭이 여기에 있다.

요컨대 화폐가 일반적 구매력을 가지면서 지불수단의 역할을 수행할 수 있는 까닭은 물품화폐나 금속화폐(태환지폐 포함)의 경우엔 그 자체가 일정한 소재가치를 가지고 있기 때문이고, 불환지폐의 경우는 그 액면에 해당하는 명목가치가 법률에 의해 보장되고 있기 때문이다. 디지털 기술의 발전과 더불어 출현한 전자화폐electronic money는 사실상 돈이 추상적인 숫자와 단위의 조합에 지나지 않는다는 것을 잘 보여준다. 돈의 형태가 전자 형태로 완벽하게 추상화된 셈이다. 그럼에도 화폐의 기능을 수행하는 데는 아무런 하자가 없고 오히려 발행비용의 절감, 사용 편의성의 증대, 경제 투명성의 강화라는 긍정적인 효과가 더 크다. 이러한 화폐의 역사와 기능을 제대로 다루려면 따로 한 권의 책이 필요할 것이다.

4 시장경제

지금까지의 논의로부터 시장경제는 상품과 화폐라는 두 개의 기본요소로 형성되는 경제로서 시장경제, 상품경제, 화폐경제가 왜 동일한 경제를 지

국이 될 미국이 막대한 시뇨리지를 포기할 리 만무했던 것이다. 이처럼 특정의 국민화폐를 세계 기축통화로 사용하는 것은 부당하기 짝이 없는 일이지만, 이는 국제통화제도의 성립이 '논리'가 아닌 '힘'에 의해 결정된다는 것을 보여주는 증거이자 현행 국제통화제도가 가진 가장 근본적인 모순이라 할 수 있다.

칭할 수밖에 없는지를 이해할 수 있었을 것이다. 지금까지 상품경제와 화폐경제를 살펴보았으므로 이젠 시장경제란 용어를 살펴볼 차례다. 여기서는 시장의 분류와 시장경제의 원리 및 성격에 대해서만 살펴보겠지만, 시장경제는 본서 전체를 관통하는 주제임을 잊지 말자.

시장의 분류

무엇보다 시장은 상품별로 성립한다. 자동차 시장, 의복 시장, 신발 시장, 컴퓨터 시장, 휴대폰 시장, 서적 시장처럼 말이다. 앞서 본 바와 같이 특정의 상품시장은 여러 회사가 만든 제품들product이 경쟁하는 마당場이다. 제품이란 한마디로 생산자들이 만든 상품의 고유명, 즉 브랜드다. 자동차의 경우라면 '마티즈', '소나타', 'K5', 'BMW' 등이 그러하고, 소주의 경우라면 '좋은데이', '즐겨찾기'가 그러하다. 특정 상품 시장은 여러 가지 기준에 따라 세분될 수도 있다. 예컨대 자동차 시장의 경우라면 고급차 시장, 중형차 시장, 소형차 시장, 국민차 시장, 외제차 시장, 상용차 시장, 특장차 시장 등으로 말이다.

또한 시장은 공간적 차원에서 분류되기도 한다. 한국 시장, 일본 시장, 미국 시장 등이 그러하다. 이러한 국가별 시장은 일정한 공간 내에서 거래되는 모든 상품들의 시장을 총칭하는 거시경제적 시장이다. 이처럼 시장이 공간적으로 분류될 수 있는 이유는 사회적 분업과 교환의 네트워크가 형성되는 공간적 범위가 서로 다르고 또 각 시장을 지배하는 규범들norms이 다르기 때문이다. 여기서 규범이란 경제 관련 법률, 규칙, 관습, 제도 등을 총칭한다.

이제 시장의 상품별 및 공간별 분류를 동시에 고려한다면, 예컨대 한국의 자동차 시장, 미국의 컴퓨터 시장 등을 말할 수 있게 된다. 그리고 시장의 공간적 범위는 대외개방, 자유무역협정, 세계화 등으로 인해 국가별 시장을 넘어 국제시장으로, 종국적으로는 글로벌 시장을 향해 확장되어 왔다고 할 수 있다.

끝으로, 시장은 그 구조에 따라 여러 유형으로 나뉠 수 있다. 시장의 규모는 수요 측면에서 결정되지만 시장의 구조는 공급자의 수에 의해 결정된다. 어느 유형의 시장이건 수요자는 다수인 반면 공급자의 수는 일정하지 않기 때문이다. 이에 따라 경쟁의 구조, 성격, 방식이 달라진다. 경제학에서 주로 다루어지는 것이 바로 이 구조별 시장인데, 크게 '완전경쟁시장', '독점시장', '과점시장', '독점(적)경쟁시장'의 네 가지 유형으로 구별된다.[18] 이러한 시장의 구조별 유형에 따라 공급자와 수요자의 행동을 분석하고, 가격과 거래량이 결정되는 방식을 다루는 경제학 분야를 '미시경제학微視經濟學, micro-economics'[19]이라 한다.

---

18. 통상 경제학에서 시장의 유형이라 하면 이 구조별 시장을 지칭한다. 독점시장은 공급자가 하나뿐인 시장, 과점시장은 공급자가 소수인 시장, 독점(적)경쟁시장은 다수의 공급자들이 차별화된 제품을 판매하는 시장을 말한다. 본서에서는 완전경쟁시장을 전제로 하고 있는데, 그 주된 이유는 나머지 시장들의 작동방식에 관한 탐구는 별도의 책을 써야 할 정도로 다루어야 할 내용이 많기 때문이다.

19. 경제학은 편의상 미시(微視; micro-)와 거시(巨視; macro-)로 나누어 연구한다. 너무나 익숙한 '나무'와 '숲'의 비유처럼, 미시경제학은 나무에 해당하는 여러 경제 주체들의 행동을 분석하며, 거시경제학은 나무들로 이루어진 일정 범위의 숲 전체를 분석대상으로 삼는다. 나무 없는 숲이 있을 수 없고, 숲 전체의 환경으로부터 영향을 받지 않는 나무가 없는 것처럼, 경제에서도 동일한 관계가 성립한다. 그럼에도 나무들은 각자 나름의 차별성을 가지고 있고, 숲의 생태는 그 숲을 이루는 나무들이 가진 속성들을 단순히 합침으로써 파악될 수 있는 것은 아니다. 더욱이 미시적 경제주체들의 행동 논리는 거시적 경제변수들의 운동 논리와 반드시 일치하지는 않는다. 이는 나중에 거론될 '구성의 오류'와 밀접한 관계가 있다. 역으로 경제주체들은 경제의 상황과 변동에 크게 영향을 받는다. 따라서 시장 참여자들의 행동 논리와 시장경제 메커니즘의 분석을 중심으로 하는 미시

시장경제의 성립 및 작동 조건

시장경제가 성립하여 제대로 작동하기 위해서는 최소한 다음과 같은 조건이 충족되어야 한다. 자유로운 경쟁의 보장과 적절한 정부 개입, 사유재산권의 보장, 경제활동의 자발성, 유인에 대한 주체들의 반응, 정보의 공유 등이 그것이다.

첫째, 자유경쟁의 조건이다. 누구든지 시장 외부의 어떤 힘에 의해 시장 진입이나 퇴출을 강제당하지 않으며, 합법적인 모든 수단을 사용하여 자유롭게 경쟁을 벌일 권리가 보장된다. 이러한 자유경쟁의 조건은, 적어도 공공재가 아닌 민간재의 경우라면, 정부가 민간경제주체의 자율적인 선택과 행동을 제약하는 시장 개입을 최대한 자제할 때 더 잘 작동할 것이 틀림없다.

둘째, 자율적 선택과 자기 책임의 조건이다. 시장 참여자는 외부로부터 어떤 강제도 받지 않고 자유로운 선택과 결정을 할 수 있어야 한다. 기업 활동과 합법적인 이윤 추구의 자유 역시 보장되어야 한다. 강요 없는 자발적인 생산과 교환 없이는 '교환의 이득'을 창출하는 사회적 분업이 제대로 이루어질 수 없고, 협력적 노동조직을 통한 대량생산의 이익도 실현되기 어려워진다. 이러한 자발적이고 자율적인 경제 활동의 보장은 그에 따른 결과에 대한 자기 책임의 원리에 의해 보완되어야 함은 물론이다.

셋째, 사유재산권의 보장이란 조건이다. 여기서 재산권은 재산의 사용권과 처분권을 총칭한다. 소득 증대와 재산(부) 증식은 자발적인 노동 및 경

경제학의 결론이 거시경제의 분석에 항상 그대로 적용될 수는 없다. 거시경제학이 별도로 존재하는 이유가 여기에 있다. 게다가 거시경제에는 가계와 기업이란 미시경제적 주체들과는 성격이 전혀 다른 정부(국가의 실체)라는 공적인 경제주체가 존재하며, 그 역할은 거시경제에 막중한 영향을 미친다.

제 활동을 가능케 하는 유일한 기본 동기로서 그러한 활동의 성과를 사유재산으로 인정하지 않는다면 민간의 자발적인 경제 활동은 이루어지기 어렵다. 또한 재산의 사적 소유에 대한 명확한 규정과 보장이 없다면 절도나 강도 행위를 처벌할 수 없을 뿐만 아니라 상품의 거래 자체가 불가능해질 것이다. 왜냐하면 경제적 거래란 반드시 상품이나 재산에 대한 소유권의 이전을 동반하기 때문이다.

넷째, 시장 참여자들 간의 정보 공유라는 조건이다. 완전경쟁시장에서처럼 정보의 부족이나 비대칭성이 없는 완벽한 정보의 공유까지는 아니더라도 상품, 가격, 경쟁자 등 시장 상황에 관한 기본적인 정보는 공유되어야 한다. 그렇지 않을 경우 시장 참여자가 원하는 것과 정반대의 결과를 가져오는 역선택adverse selection이 일어나는 이른바 '개살구시장'이 형성되므로 통상적인 시장은 형성될 수 없을 것이다.[20]

다섯째, 경제주체들이 각종 유인, 특히 가격에 대해 나름의 반응을 한다는 조건이다. 현실에서 동일한 유인에 대한 경제주체들의 반응은 시·공간에 따라 다르고, 경제 환경에 따라서도 다를 것이다. 그럼에도 다수의 경제주체들이 동일하거나 유사한 반응을 보임으로써 시장이나 경제 전체적 차원에서 일정한 규칙성이 나타나야 한다. 만약 시장 참여자들이 가격의 변동이나 비용의 증감 또는 상벌(인센티브와 벌칙)에 일관된 반응을 보이지 않는다면 시장경제는 일정한 규칙성을 가질 수 없게 된다. 그렇다면 시장경제에 관한 어떤 이론(법칙적 인식)도 성립될 수 없을 것이고, 정책의 수립과 시행도 어려워질 것이다.

시장경제의 작동을 위한 이러한 기본조건이 현실 경제에서 그대로 관철

---

20. 이에 대해서는 6장에서 시장 실패를 다룰 때 좀 더 자세히 논의될 것이다.

되고 있는 것은 아니라는 사실에 유의하자. 과거의 자유방임적 자유주의자들은 정부의 개입이 없어야 이러한 조건이 갖추어진다고 보고 이른바 '최소정부'(치안, 안보, 행정서비스만 수행하는 가장 작은 정부)를 주장했지만, 오늘날의 신자유주의자들은 시장이 이러한 조건을 갖추고 있지 못한 경우 정부가 나서서 이러한 조건을 갖추는 방향으로 시장에 개입할 것을 요구한다.[21] 그런데 이 조건들이 완벽하게 충족되는 완전경쟁시장 모형은 더 이상 문제가 없고 사회적으로도 가장 바람직한 것인지에 대해서는 뒤에서 살펴볼 것이다.

시장경제의 성격

시장경제란 말 그대로 시장이 중심이 되는 경제 또는 시장을 중심으로 돌아가는 경제다. 이미 본 바와 같이 시장은 상품을 사거나 팔고자 하는 의도들이 만나 가격과 거래량(판매량이자 구매량)이 결정되는 추상적인 공간이다. 이러한 관점에서 보면 시장경제란 이 "가격과 거래량이 시장에서 결정되는 경제"라 할 수 있다. 그렇다면 시장경제의 성격을 이해하려면 '가격'과 '거래량'의 중요성 및 '시장에 의한 결정'이 의미하는 바를 살펴볼 필요가 있다.

먼저, 가격의 의미를 살펴보자. 한편으로, 개별 상품의 가격은 공급자 및 생산자의 수익성을 결정하는 핵심 변수의 하나이며, 생산과 공급을 담당하

---

21. 예를 들어 현실에서는 자기 책임의 원리가 제대로 지켜지지 않는 경우도 많다. 개별 회사(기업, 은행)나 개인의 파산을 그냥 방치할 수 없는 경우가 그러하다. 그로 인해 시스템 위기(systemic crisis; 시스템 자체의 마비)가 유발될 가능성이 크거나 사회적 및 경제적 파장이 너무 커서 '대마불사'(大馬不死, too big to fail)에 해당하거나 너무 많은 개인들이 개입되어 있는 경우가 그러하다. 이런 경우 공적자금을 투입하여 회사 자체(생산시설, 고용 등)는 구제해 줄 수밖에 없다 하더라도 적어도 부실을 야기한 책임자에 대한 처벌은 확실히 이루어져야 한다. 그래야만 도덕적 해이(moral hazard)를 방지할 수 있기 때문이다. 공적지원을 위한 이러한 단서조항조차 제대로 지켜지지 않는 경우가 있다.

는 주체인 기업의 수익성은 자원의 상품별(및 산업별) 배분을 결정하는 요인이다. 예컨대 특정 상품의 가격이 상승하면 그 생산자들의 수익성도 높아질 것이므로 해당 산업으로 전보다 더 많은 자본이 이동해갈 것이고 그에 따라 노동도 더 많이 고용될 가능성이 크다. 시장가격이 하락하면 이와 반대의 결과가 초래될 것이다. 요컨대 단기적으로 일정량의 자원을 상품별(및 산업별)로 배분하는 것은 수익성인데, 이 수익성을 결정하는 주요인이 바로 상품들의 가격인 것이다. 다른 한편으로, 가격들의 가중평균으로 계산되는 물가지수는 가계의 명목소득의 구매력을 지칭하는 실질소득을 결정하고22, 이는 결국 소비자인 국민의 생활수준을 결정한다. 그리고 경제의 주 목표의 하나가 물가안정인데, 물가수준을 결정하는 직접적인 요인 역시 바로 상품들의 시장가격인 것이다.

다음, 시장 거래량은 무엇보다 공급자들의 판매량이다. 판매량은 가격과 결합하여 판매자의 수입(매출)을 결정하는 직접적인 요인이다. 거시경제적으로 보면, 만약 재고 변동이 없다고 가정할 때, 최종소비재의 판매액은 그 생산액과 동일하므로 상품별 거래액의 합은 바로 생산국민소늑인 국내총생산(GDP; Gross Domestic Product)과 같다. 따라서 시장 거래량은 가장 중요한 경제지표로 간주되는 GDP 증가율, 즉 경제성장률을 결정하는 기본요인이 된다. 또한 시장 거래량은 소비자들의 구매량과 같으므로 국민들의 소비생활과 후생의 수준을 결정하는 요인이기도 하다.

---

22. 명목소득nominal income과 실질소득real income의 관계는 다음과 같다. 명목소득이 일정할 때(월 100만 원) 물가가 10% 상승한다면 실질소득은 10% 감소한 셈이 된다. 즉 동일 액수의 소득으로 구매할 수 있는 상품량이 그만큼 줄어들기 때문이다. 그리고 증가율로 보면 《실질소득 증가율=명목소득 증가율-물가상승률》의 관계가 성립한다. 예컨대 명목소득이 10% 증가했는데 물가가 5% 상승했다면 실질소득은 5%[=10%-5%]밖에 늘어나지 않은 것이다.

이처럼 시장에서 결정되는 가격과 거래량은 생산과 소비, 양측 어느 쪽에서 보더라도 미시적 경제주체들에게나 거시경제 전체에 대해서나 대단히 중요한 의미를 갖는 기본 변수임을 알 수 있다.

끝으로, 이렇게 중요한 의미를 갖는 가격과 거래량이 '시장에서' 결정된다는 것이 무엇을 의미하는 것일까. 그것은 구체적으로 시장수요(개별수요의 합)와 시장공급(개별공급의 합)이 서로 만나 자율적으로 가격과 거래량을 결정한다는 것을 의미한다. 여기서 자율적 결정이란, 다시 말하건대, 시장 참여자가 아닌 시장 외부에 있는 어떤 세력으로부터도, 특히 정부로부터 영향을 받지 않는다는 것을 말한다. 가격과 거래량이 결정되는 구체적인 메커니즘—이를 시장 메커니즘이라 부른다—에 관한 설명은 다소 긴 논의를 필요로 한다(제4장 참조).

이처럼 시장경제는 누가, 무엇을, 얼마나 생산하여 얼마에 판매할 것인지 그리고 누가, 무엇을, 얼마나, 얼마에 구매하여 소비할 것인가라는 경제의 가장 기본적인 문제가 시장에서 결정되는 경제이다. 그런데 중요한 것은 시장경제의 의미가 이처럼 주요 경제활동에 관한 의사결정이 이루어지고, 그 결과 주요 경제 변수들의 값이 결정되는 장소 또는 메커니즘이라는 점에 한정되지 않는다는 것이다. 이미 말한 바와 같이 시장경제는 경제가 운용되는 특정한 방식과 제도를 지칭하는 경제체제economic system로서의 의미도 가지고 있다. 이것은 시장경제의 이데올로기적 성격을 말하는 것이기도 하다.

시장경제는 시장에 공급자로 참여하는 기업과 수요자로 참여하는 가계가 시장 외부의 어떤 주체(특히 정부)의 간섭도 받지 않고 자율적으로 공급과 수요(참여 여부와 수량)에 관한 결정을 내린다는 것, 시장에서 가격은 이러한 공급과 수요에 관한 민간 참여자들의 자율적인 의도에 의해 결정되며 이렇게 결정된 가격의 변동도 시장 외부에 의해 제한되지 않는다는 것, 그리고 시장을 둘러싼 외부환경의 변화에 대해서도 시장의 민간 참여자들이 자율적으로 반응한다는 것을 내포한다. 요컨대 시장경제란 주요 경제 변수들(가격, 수요량, 공급량 등)의 크기가 시장 참여자들의 상호작용에 의해서만 결정되고, 각 참여자들은 오로지 자신의 이익(효용이나 이윤)의 극대화 원리에 따라 자율적으로 행동하는 경제를 말한다. 이러한 조건을 완벽하게 갖춘 시장경제라면 그것은 말 그대로 '자유시장경제'가 아닐 수 없다.

그런데 현실에서 민간 경제주체들이 이러한 자유를 완벽하게 누리는 시장경제를 발견하기는 어렵다. 심지어는 정부나 중앙계획당국이 생산 관련 결정들을 내리고, 민간 경제주체들은 하달된 명령을 이행할 뿐인 '통제경제'controlled economy를 운용하는 사회주의 계획경제planned economy도 실재했었다. 현실에는 이상적인 '자유시장경제'도 완벽한 '계획경제'도 존재하지 않는다. 각 국민경제는 '시장경제'를 기본으로 하면서 정부가 일정 정도 개입하는 '혼합경제'mixed economy를 운용하고 있다. 혼합경제의 구체적인 모습은 정부의 개입 정도와 정부와 시장 간의 역할 분담의 차이에 따라 상당히 다르다. 그 대표적인 유형만 들어본다면, 영미형 시장 자본주의와 유럽대륙형 복지 자본주의, 경제개발에 성공한 개도국들이 운용해온 '개발독재 자본주의' 등을 들 수 있다.[23] 본서에서는 이 문제를 자세히 살펴볼 여

---

23. 이른바 '계획경제'에서는 중앙계획당국에 의해 누가 무엇을 얼마나 생산해서 누구에게 얼마에 팔 것인가가 사전에 결정된다. 실재했던 계획경제들이 '명령경제'commanded economy라고도 불린 까닭이 여기에 있다. 경제가 일정 규모 이상 성장하면 누군가가 경제 전체를 계획적으로 운용한다는 것 자체가 불가능해진다는 것은 현실 사회주의 계획경제의 붕괴로 증명된 사실이다. 하지만 자본주의 시장경제라고 해서 정부에 의한 경제의 계획적인 운용이 전혀 없었던 것은 결코 아니다. 자본주의 시장경제를 운영하는 개도국들에서는 통상 공업화를 위해 체계적인 경제계획이 시행되고, 전략산업의 육성을 위

유가 없다. 여기서는 단지 이러한 '완전경쟁시장'이란 이상형을 바탕으로 하는 자유시장경제가 과연 사회적으로도 바람직한 것인지에 대해서는 논란이 있다는 점만 지적해두고자 한다. 이에 대해서는 마지막 6장에서 보다 상세히 논의하고자 한다.

해 산업정책과 보호주의 정책이 채택되고, 심지어는 자금 흐름 전반을 통제하는 '관치금융'까지 실행된다. 그 대표적인 사례가 고도성장기 한국의 '개발독재 자본주의 시장경제'였다고 할 수 있다. 그 작동 메커니즘에 대해서는 서익진(2010)을 참조하라.

돌고 도는 경제: 시장과 경제순환

제3장

“요즘 경제가 잘 돌아가는 것 같아”라든가 “경제가 왜 이렇게 안 돌아가지”라는 말들이 있듯이 실제로 경제는 돌고 돈다. 이러한 현상을 경제의 순환circulation이라 하는데, 시장경제에서는 이러한 순환을 매개하는 것이 바로 ‘시장’이다. 따라서 ‘시장경제’란 시장을 중심으로 돌아가는 경제를 의미하기도 한다. 이 장에서는 이러한 시장과 경제순환의 관계를 살펴보기로 한다.

인간은 생존과 생활을 위해 소비 활동을 규칙적으로 반복해야 한다. 이를 위해선 소비재를 생산하는 활동은 물론 생산과 소비를 연결시켜주는 유통 활동도 규칙적으로 반복되어야 한다. 이처럼 생산, 유통, 소비라는 기본적인 경제활동이 반복해서 이루어질 수밖에 없다는 사실이야말로 경제를 순환시키는 기본 동력이라 할 수 있다.

제3장

/

돌고 도는경제: 시장과 경제순환

"요즘 경제가 잘 돌아가는 것 같애"라든가 "경제가 왜 이렇게 안 돌아가지"라는 말들이 있듯이 실제로 경제는 돌고 돈다. 이러한 현상을 경제의 순환 circulation이라 하는데, 시장경제에서는 이러한 순환을 매개하는 것이 바로 지금까지 살펴본 '시장'이다. 따라서 '시장경제'란 시장을 중심으로 돌아가는 경제를 의미하기도 한다. 이 장에서는 이러한 시장과 경제순환의 관계를 살펴보기로 한다.

인간은 생존과 생활을 위해 소비 활동을 규칙적으로 반복해야 한다. 이를 위해선 소비재를 생산하는 활동은 물론 생산과 소비를 연결시켜주는 유통 활동도 규칙적으로 반복되어야 한다. 이처럼 생산, 유통, 소비라는 기본적인 경제활동이 반복해서 이루어질 수밖에 없다는 사실이야말로 경제를 순환시키는 기본 동력이라 할 수 있다.

그렇다면 경제순환은 구체적으로 어떤 모습을 취하는 것일까? 현실 경제의 순환은 대단히 복잡하다. 그래서 경제학에서는 경제 순환의 메커니즘을 명료하게 보여주기 위해 현실을 단순화시킨 모형model을 사용한다. 여러 가지 모형이 있을 수 있지만 가장 단순한 경제순환 모형은 대외적으로 폐쇄된 민간시장경제를 대상으로 한다. 이 모형에는 두 개의 시장(생산물 시장과 생산요소 시장)과 두 부류의 경제주체(생산의 주체인 기업과 소비의 주체인 가계) 만 존재한다. 달리 말해서, 정부government라 불리는 공공부문public sector도 없고, 수출입 등 대외 경제관계를 포괄하는 해외부문foreign sector도 없는 것으로 가정된다.

이처럼 폐쇄된 민간시장경제 모형은 지극히 비현실적인 것일 수밖에 없지만 경제 순환의 기본 골격을 가장 잘 보여준다는 장점이 있다. 먼저 이 기본 모형을 살펴본 후 공공부문과 해외부문이 첨가된 보다 현실에 가까운 개방된 혼합경제 순환 모형과 자연도 포함하는 가장 현실에 가까운 생태적 경제순환 모형을 차례로 검토할 것이다.

1 폐쇄 민간시장경제의 순환

폐쇄 민간시장경제의 순환 모형은 가계와 기업이란 두 부류의 경제주체와 상품(생산물) 시장과 생산요소 시장이란 두 부류의 시장만으로 구성된다. 이 모형에서 경제가 어떻게 순환하는지를 살펴보자.

상품 시장과 생산요소 시장

상품 시장

먼저, 상품 시장에서는 생산의 주체인 기업이 상품을 판매하는 공급자 역할을, 소비의 주체인 가계는 상품을 구매하는 수요자 역할을 한다. 상품 시장에서 상품은 생산자에게서 소비자에게로 흘러감과 동시에 거래량에 가격을 곱한 값에 해당되는 금액의 돈이 상품의 흐름과는 반대방향으로, 즉 가계에서 기업으로 옮겨간다. 이것이 상품 시장에서 일어나는 흐름들로서 경제순환 전체의 절반에 해당된다.

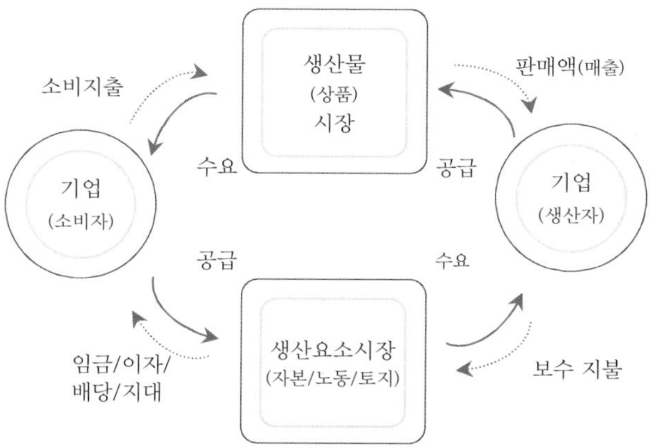

실선: 실물 흐름, 점선: 화폐 흐름

[그림 1] 폐쇄 민간시장경제의 순환 모형

호경기다 불경기다 하는 것은 무엇보다 상품 시장의 상황, 이른바 시황市況을 말한다. 경기가 좋다는 것은 상품의 흐름은 물론 그 반대방향으로 결제를 위한 자금의 흐름도 원활하다는 것을 말한다. 이는 특히 가계들의 소비가 활발해 기업들이 생산한 재화나 서비스가 충분히 팔리고 있으며 그 대금 결제에도 문제가 없다는 것을 의미한다. 따라서 상품 시장에서 일정 기간 동안 거래된 상품의 양과 거래액은 시장경제의 상태를 보여주는 바로미터barometer가 된다.

생산자인 기업이 스스로 시장에서 판매자가 될 수도 있지만 대개는 도소매 등 판매 전문업체를 매개로 간접적으로 판매한다. 이와는 달리 수요자인 가계는 소비를 위한 구매 활동을 직접 수행하며, 다른 주체에게 대행시키는 경우가 거의 없다. 어떤 시장에서는 판매자와 구매자 사이에서 판매나 구매 관련 정보를 수집해 제공하거나 양자를 만나게 해주고 양측으로부터 수수료를 챙기는 중개업자(브로커, broker)가 존재하기도 한다.[1]

생산요소 시장

순환이란 출발점을 떠난 흐름이 다른 길을 거쳐 출발점으로 되돌아오는 현상을 말한다. 그런데 상품 시장에서는 상품과 화폐가 각각 서로 다른 방향으로 흘러간다는 사실만 보여준다는 점에서 순환이라 할 수 없다. 왜냐하면 상품이란 실물 흐름과 화폐 흐름이 각각 다른 길을 거쳐 원래의 출발점으로 되돌아와야만 비로소 순환이라 할 수 있다. 미리 말해두자면, 그 되돌아오는 길에 생산요소[2] 시장이 있고, 이 시장을 매개로 상품과 화폐의 흐름이 출발점으로 되돌아오게 된다. 그 이유는 생산요소 시장에서는 상품 시장에서와는 정반대로 가계가 공급자가 되고 기업이 수요자가 되기 때문이다. 생산요소 시장에서 실물 흐름의 내용이 상품이 아니라 상품의 생산에 필요한 요소들의 형태를 취하고 있으며, 생산요소에 대한 수요는 상품에 대한 수요로부터 파생된 수요라는 특징이 있다. 여기서는 생산요소들 중

---

1. 그 대표적인 사례는 부동산 거래를 중개하는 복덕방이나 단순 노동력을 중개하는 인력회사일 것이다. 하지만 이들 중개업자는 자신의 명의로 시장에 참여하지 않으며 수요자와 공급자 사이에서 거래의 성사를 도와주고 수수료를 받는다는 점에서 자신의 명의와 계산하에 도소매업을 담당하는 유통업체와는 성격이 전혀 다르다.

2. 생산요소란 생산 과정에 투입되는 요소를 말한다. 전통적으로 경제학에서는 자본(여기서는 자본재 즉 실물자본), 노동, 토지를 3대 생산요소로 간주해왔다. 하지만 농업경제에서 산업경제로 이행하면서 생산에서 토지가 차지하는 비중이 하락한데다가 토지의 자본화 경향이 강화됨으로써 토지를 자본의 일부로 간주하는 경향이 강해지고 있다.

토지는 제외하고 편의상 노동 시장과 자본 시장만 살펴보기로 한다.

먼저, 노동력working power이 거래되는 노동 시장부터 살펴보자.[3] 여기선 노동력을 가지고 있으면서 일자리job를 구하는 가계가 공급자가 되고, 노동력을 구매하는 기업이 수요자가 된다. 즉 가계는 취업을 하고, 기업은 사람을 채용한다. 노동력의 판매를 '구직'이라 하고, 그 구매를 '고용'employment이라 한다. 가계는 노동력을 기업에게 판매하고 그 대가로 노동력의 가격인 '임금'wage을 받는다. '노동력'이란 상품의 특수성과 노동 시장의 작동방식을 제대로 살펴보려면 또 다른 한 권의 책이 필요하므로 여기서는 생략한다.

다음, 자본 시장에서 거래의 대상은 자금(일정액의 돈, fund)이다. 자본 시장에서도 공급자는 가계다. 가계는 미래의 지출에 대비하거나 재산 형성을

---

3. 노동시장에서 거래되는 상품은 '노동'이나 '인간'이 아니라 사람이 가진 노동하는 힘 즉 '노동력'이라는 사실에 유의하자. 이 점은 노동력이 없는 장애인이나 노동력을 상실한 환자, 노동력이 미흡한 미성년자와 노인은 고용되지 않거나 고용이 제한적으로 이루어진다는 사실, 현역 노동자도 안전사고 등으로 노동력을 상실하게 되면 해고된다는 사실 등으로부터 알 수 있다. 그럼에도 노동력 시장이라 부르지 않고 노동 시장이라 부르는 것은 오로지 편의에 따른 관행일 뿐이다. 그리고 주로 육체적 노동을 하는 단순 노무직의 노동력을 통상 인력manpower이라 부르는데, 이러한 '인력 시장'은 주로 새벽에 잠시 특정 장소에서 개설되곤 하지만, 요즘은 인력회사가 생겨 회원들 간의 통신 네트워크를 통해 일거리가 중개되고 있다. 그리고 노동계약은 일정 기간 피용자가 고용자의 지휘 하에 노동을 수행하고 일정한 임금을 받기로 하는 계약이다.

이처럼 노동시장에서 거래되는 대상은 사람이 아니라 노동력임에도 불구하고 실제의 고용관계에서는 피용자가 인격적으로도 사용자의 속박을 받는 경우가 많다. 인간과 인간의 노동력은 전혀 다른 것이지만 노동력이 인간으로부터 분리될 수 없는 것이기에 마치 인간 그 자체가 상품인 것처럼 오인되기 십상이기 때문이다. 노예해방(농노제나 노비제의 폐지 포함) 이후 인간을 거래의 대상으로 삼는 이른바 인신매매는 불법화되었다. 장기臟器의 거래도 불법이며, 오직 자발적인 기증만 가능하다. 이는 사람 그 자체와 신체의 일부는 상품 즉 거래의 대상이 되어서는 안 된다는 인권 존중의식의 발로이다.

위해 소득 중의 일부를 쓰지 않고 남긴다. 이렇게 소비를 위해 지출하지 않고 남긴 소득을 '저축'savings이라 한다.[4] 가계 저축의 일부는 은행 대출, 신주 인수, 회사채 구입 등 다양한 방식으로 자본 시장을 통해 기업의 생산자금으로 전환된다.

자본 시장에서 자금의 수요자는 기업이다.[5] 일반적으로 기업은 생산에 필요한 시설이나 장비, 부품, 소재, 에너지, 인건비 등 생산재의 구매를 의미하는 투자에 필요한 자금을 마련하기 위해 외부로부터 자금을 조달할 수 있다. 이러한 투자자금의 조달 방법에는 여러 가지가 있지만 가장 흔한 방법은 은행대출을 받는 것이다. 주식회사의 경우엔 당연히 신주나 회사채의 발행을 통해 투자자금을 조달할 수도 있다.[6] 어떤 방식을 취하건 어떤 경로

---

4. "근검절약 없이는 부자가 될 수 없다"는 말이 있다. 이를 경제학 용어로 표현하면 "저축 없이 재산(부) 형성은 불가능하다"는 것이다. 특정 기간에 이루어진 저축은 다음 기간부터는 재산으로 간주된다. 가계는 이렇게 형성된 재산을 그냥 두지 않고 다양한 방식으로 '운용'하는데, 이를 통칭 '재테크'라 한다. 재테크란 단어는 이종 합성어(財+Tech)로서 재산 증식 기법을 말한다. 물론 일단 형성된 재산은 재테크를 통해 증식될 수 있지만, 그 원천이 저축에 있다는 사실에는 변함이 없다. 재산은 다양한 형태를 취한다. 동산動産과 부동산不動産의 구별이 대표적인데, 동산에는 현금, 예금, 수표, 주식, 채권, 외환, 차용증서 등 모든 유가증권들이 포함되고, 부동산으로는 토지, 주택, 상가 등이 있다. 이 모두가 재테크의 대상이 될 수 있지만 가장 널리 사용되고 가장 간단한 재테크 방식은 은행에 예금하여 이자소득을 올리는 것이다. 부동산이나 증권 시장이 발전된 오늘날에는 임대소득이나 금융소득을 올릴 수도 있다. 보다 적극적으로 재테크를 하는 사람은 부동산, 주식, 채권, 외환 등을 대상으로 투기 거래를 해서 시세차익을 추구할 수도 있다.

5. 사실은 자금이 부족한 경제주체라면 누구나 자금의 수요자가 될 수 있다. 그래서 현실에서는 기업만이 아니라 개인도 은행에서 대출을 받는다. 오히려 최근엔 은행들이 기업대출보다 부동산 담보 가계대출과 개인 신용대출을 늘려왔다. 이에 따라 전통적으로 저축의 주체인 가계가 거꾸로 채무자로 변신했고, 심지어는 가계부채의 급증으로 가계 파산이 우려되고 이로 인해 초래될 수 있는 경제위기를 염려해야 할 지경이 되었다. 어쨌든 생산요소 시장의 한 부분을 이루는 자본시장은 금융시장 전체가 아니라 기업이 생산자금을 조달하는 시장만을 지칭하는 용어라는 점에 유의해야 한다.

를 거치건, 결국엔 가계의 저축이 기업의 투자자금으로 전환된다는 사실에는 변함이 없다.[7]

이처럼 생산요소 시장에서는 노동과 자본이 가계에서 기업으로 이동해 가고, 이러한 생산요소의 사용 대가가 임금, 이자, 배당 등의 명목으로 기업에서 가계로 흘러간다는 것을 알 수 있다. 생산요소 시장에서 일어나는 이 흐름들이 경제 순환의 또 다른 반쪽을 이루며, 이 두 부분이 합쳐서 경제 전체의 순환을 완결시키는 것이다.

이제 상품 시장에서 일어나는 흐름들과 생산요소 시장에서 일어나는 흐름들을 함께 살펴보자. 우선, 가계를 중심으로 보면, 가계는 기업에게 노동력 또는 자본(여기서는 자본재 구입 자금)을 제공하고 그 대가로 임금, 이자, 배당 등을 받는다. 가계는 이렇게 벌어들인 소득으로 상품 시장에서 기업들이

---

6. 기업은 사내유보금 등 내부에서 투자자금을 조달할 수도 있다. 말하자면 그동안 저축해놓은 돈으로 투자하는 것이다. 하지만 대개 기업은 외부(은행이나 증권시장)에서 투자자금을 조달한다. 외부 조달의 경우, 주식 발행으로 조달된 자금은 상환 의무가 없다는 점에서 '자기자본'(자본)이라 하고, 은행대출이나 채권(여기서는 회사채) 발행을 통해 조달된 자금은 반드시 갚아야 한다는 점에서 '타인자본'(부채)이라 한다.

7. 돈이란 상품의 특수성은 그것을 거래할 때 일반 상품처럼 '사고 판다' 즉 매매賣買한다고 말하지 않고 '빌려주고 빌린다' 즉 대차貸借라고 말하는 데서도 잘 드러난다. 이처럼 남는 자금 즉 저축을 가진 사람에게서 투자나 소비를 위해 자금이 모자라는 사람에게로 자금이 이전되는 현상을 '금융'financing이라 한다. 금융은 다양한 형태로 이루어진다. 자금의 이동이 은행bank 등 중개기관을 매개로 이루어지는 것을 '간접금융' 또는 '중개금융'이라 부른다. 은행은 자신의 계산 하에 수취한 예금을 바탕으로 대출을 한다. 예금금리와 대출금리의 차이를 '예대금리차'라 하는데, 이것이 은행의 기본수입이다. 이와는 달리 자금이 중개기관을 거치지 않고 공급자에서 수요자에게로 직접 이동하는 경우를 '직접금융'이라 하는데, 이러한 자금 이동은 주식이나 채권 등의 금융상품이 거래되는 증권시장에서 이루어지므로 '시장금융'이라고도 불린다. 금융시장에서 가격에 해당하는 것은 예금, 대출, 채권의 경우엔 금리(이자율)이고, 주식의 경우엔 배당(율)과 주가일 것이다. 참고로 생산요소로서 토지의 임대료는 지대地代, rent라 불린다.

생산하여 판매하는 상품의 가격을 지불하고 산 다음 그것을 소비한다. 다음, 기업의 입장에서 보면, 기업은 가계의 저축으로부터 조달한 자금으로 기업을 설립·운영하여 생산한 상품을 소비자인 가계들에게 판매하여 수입(매출액=가격×판매량)을 올리고, 이 매출액에서 중간재 등 물적 생산비(통상 매입이라 불리는 부분)를 공제한 나머지에 해당하는 부가가치value added를 창출한다.[8] 부가가치 중에서 임금과 이자를 지불하고 남는 부분이 기업의 이윤이다. 이윤은 주주들에게 배당으로 분배되거나 사내유보 된다. 사내유보금은 대개 차기의 투자자금으로 사용된다.

이처럼 서로 다른 두 부류의 시장에서 가계와 기업이 공급자와 수요자의 역할을 서로 바꿔 수행한다. 한쪽 방향으로는 자본과 노동력 그리고 이것들을 투입하여 생산된 상품이 흘러가고, 그 반대 방향으로는 임금, 이자 및 상품가격의 형태로 돈이 흘러간다. 이처럼 실물(생산물과 생산요소) 흐름과 금융(돈) 흐름이 각각 서로 반대방향으로 '순환'한다. 어느 흐름을 보더라도 출발점이 종점이 되고, 종점이 다시 출발점이 된다. 아니, 사실은 출발점도 종점도 없는 흐름들이 원을 그리며 끊임없이 돌아가고 있다는 점에서 경제는 순환한다고 말하는 것이다.

---

8. 여기서 한 가지 의문이 들 수 있다. 기업들끼리도 서로 생산물을 사고팔지 않는가? 그렇다. 하지만 기업 간 거래의 대상은 최종생산물인 소비재가 아니라 소비재 생산에 필요한 중간재다. 보통 중간재의 거래도 시장을 통해 이루어지고 그 거래액은 소비재 거래액보다 더 크다. 그럼에도 경제 순환 모형에서 중간재 시장이 빠져 있는 것은 그 공급자와 수요자가 서로 다른 기업일 뿐 다른 경제주체인 가계가 아니기 때문이다. 예컨대 자동차 조립회사가 필요한 소재와 부품을 직접 생산하는 경우와 다른 기업들에게서 사서 조달하는 경우를 생각해보라. 후자의 경우를 우회생산roundabout production이라 하며, 이것이 발전될수록 기업 간 거래는 더욱 늘어나고 산업구조는 고도화된다.

경제성장과 경기변동

그렇다면 경제가 잘 돌아가고 있다거나 아니면 반대로 경제가 잘 안 돌아가고 있다고 말하는 것은 구체적으로 무얼 의미하는 것일까? 인간사회가 존재하고 경제활동(특히 소비와 생산)이 지속되는 한 상기의 흐름들이 중단되는 경우는 없다. 단지, 예컨대 1년이란 기간으로 끊어서 볼 때[9], 이 흐름들의 크기와 연간 증가율이 달라질 뿐이다. 예컨대 연간의 생산량, 거래량, 소비량 등이 변하는 것이다. 통상 국내총생산(GDP; Gross Domestic Product)으로 측정되는 연간 생산량이 전년보다 늘어나는 것을 '경제성장'economic growth이라 하고, 그 증가율[=(당해 연도의 GDP−전해 연도의 GDP)÷전해 연도의 GDP]

---

9. 1년이란 기간은 임의로 설정된 것이 아니다. 농업이 주된 생산 활동인 농업경제에서는 생산 과정이 4계절, 즉 1년마다 반복된다. 하우스 재배가 등장하면서 상당수의 농산물 생산이 계절과 무관해지는 경향이 있지만 여전히 농업은 기본적으로 계절 변동의 지배를 받고 있다. 어쨌든 경제가 제조업이 주도하는 공업경제로, 그리고 금융 등 서비스 산업이 주축이 되는 서비스 경제로 바뀌었어도 여전히 1년이란 기간이 대부분의 경제 흐름들의 크기를 측정하는 기본단위로 사용된다. 가장 중요한 거시경제지표인 경제성장률도 통상 연간으로 측정된다. 때로는 필요에 따라 1년을 전반기(1~6월)와 후반기(7~12월)로 나누는 6개월 기준 혹은 1년을 4개의 기간으로 나누어 1/4분기(1~3월), 2/4분기(4~6월), 3/4분기(7~9월), 4/4분기(10~12월)로 나누는 3개월 기준이 사용되기도 한다.

   이처럼 어떤 경제적 변수의 크기를 측정하기 위해 일정한 기간을 설정해야만 하는 변수를 유량流量, flows 변수라 하고, 이와는 반대로 그 크기를 측정하기 위해 특정 시점을 지정해야만 하는 변수를 저량貯量, stocks 변수라 한다. 모든 경제변수는 유량 아니면 저량이다. 이 구별이 중요한 까닭은 자칫하면 그릇된 비교를 할 수 있기 때문이다. 저량은 저량끼리 유량은 유량끼리만 비교될 수 있고, 그것도 동일한 기간과 동일한 단위여야만 의미를 가진다. 예컨대 소득income은 대표적인 유량 변수이고, 재산fortune은 대표적인 저량 변수다. 소득은 1개월(월급) 또는 1년(연봉) 등 기간을 정하지 않으면 측정될 수 없고, 재산은 2012년 12월 31일 현재처럼 특정 시점을 정하지 않으면 측정될 수 없기 때문이다. 그리고 월 소득 100만 원과 재산 1억 원은 어느 것이 더 크다는 식으로 비교될 수 없는 것이다. 하지만 유량이건 저량이건 그 크기는 항상 변할 수 있다는 사실에 유의하자. 단지 그 측정을 위해 유량은 기간이, 저량은 시점이 필요할 뿐이다.

을 경제성장률이라 한다.

한편으로, GDP의 크기는 해마다 변하게 마련이다. 장기적으로 보면 GDP의 규모는 해마다 늘어나는 추세를 보여주지만, 경제성장률은 그렇지 않다. 연간 성장률은 들쑥날쑥하기 때문이다. 그래서 실제 GDP 곡선은 우상향하는 직선이 아니라 물결 모양을 띠게 된다. 그 전형적인 모습이 [그림 2]에 그려져 있다. 이로부터 도출되는 우상향하는 장기 추세선이 바로 '경제성장'을 나타내며, 이 추세선과 실제 GDP 곡선의 격차를 'GDP 격차'gap라 부른다. 실제 GDP가 추세선 보다 위에 있는 시기를 호황기, 아래에 있는 시기를 불황기라 부른다.

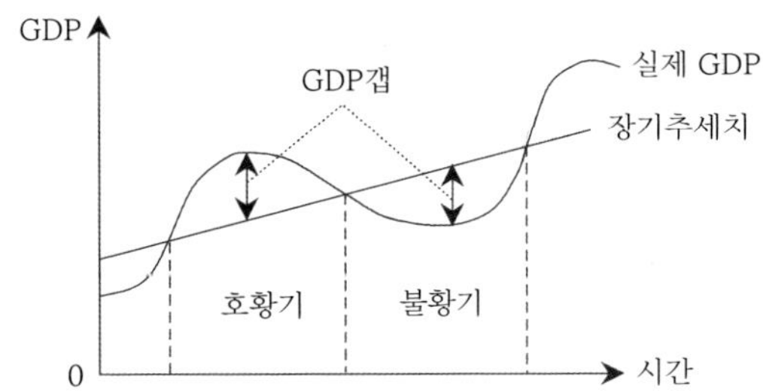

[그림 2] 경제성장과 경기변동

[그림 2]에서 볼 수 있듯이 호황과 불황은 시간의 흐름과 더불어 교대로 반복되는 경향이 있는데, 이를 '경기변동'business cycle이라 부른다. 호황 또는 불황 국면이 상당 기간 지속되는 경우가 없는 것은 아니지만 호황이건 불황이건 영원히 지속되는 경우는 없었다.

다른 한편으로, 경기변동은 잠재성장률10의 측면에서도 파악될 수 있다.

10. 성장잠재력이라고도 한다. 이것은 한 경제가 가진 인적 및 물적 자원이 모두 생산에 투

실제성장률이 잠재성장률보다 높은 수준에서 지속되면 경기 과열 현상, 즉 활황boom이 나타난다. 이는 완전고용 상태를 넘어서는 자원 투입이 이루어진다는 것을 의미하므로[11] 이른바 '거품'bubble이 형성된다. 이와는 반대로 실제성장률이 잠재성장률보다 낮은 수준에서 지속되는 현상을 '경기침체'stagnation라 하는데, 이때는 자원이 불완전고용 상태에 있다. 때로는 GDP 증가율의 하락이 아니라 GDP 절대액 자체가 감소하는 현상(즉 마이너스 경제성장률)이 나타날 때도 있는데, 이러한 현상을 '경기쇠퇴'regression라 하며, 이러한 쇠퇴가 급격히 진행될 때 '위기'crisis 또는 '공황'depression이 일어났다고 말한다.

경기변동의 전형적인 시나리오는 다음과 같다. 현재 경기가 호황 상태에 있다고 하자. 가계 소비가 활발히 이루어지므로 기업의 생산도 늘어난다. 가동률이 증가할수록 고용은 늘고 임금도 상승하게 된다. 이는 다시 소비 증가를 유발하는 '선순환'이 작동하게 된다. 때로는 지나친 경기 과열 현상인 '붐'boom이 조성될 수도 있다. 이러한 상태가 지속될 것으로 보거나 혹은 지속되기를 기대하면서 기업들은 투자를 늘려 생산능력을 더욱 확충한

입되고 있는 상태를 지칭하는 완전고용 하에서 달성될 수 있는 경제성장률을 지칭한다. 잠재성장률 역시 해마다 변할 수 있다. 대다수 선진국의 경우 경제가 발전할수록 잠재성장률은 하락하는 경향을 보여 왔다.

11. 잠재성장률 이상의 성장률이나 완전고용 이상의 상태가 존재할 수 있다는 게 이상하게 생각될 지도 모른다. 완전고용이란 말 그대로 실업자가 없고 가동되지 않는 기계나 설비가 없는 상태를 말한다. 하지만 이 경우라도 법정 노동시간 또는 노동력의 재생산이 보장되는 노동시간 이상으로 일하는 것이 가능하고, 기계나 설비도 물리적으로 정상적인 가동 시간 이상으로 가동될 수 있다. 이처럼 완전고용 상태에서 정상적인 수준 이상으로 사람이나 기계가 사용되면 GDP는 그만큼 더 증가될 수 있다. 하지만 사람이든 기계든 무리하게 사용하면 탈(병환, 고장 등)이 나듯이 경제도 실제성장률이 잠재성장률을 상회하는 활황(붐)을 지속하게 되면 거품이 형성되고 거품은 언젠가 반드시 폭발하는 성격이 있으므로 탈이 날 수밖에 없다.

다. 이리하여 생산량이 소비량을 상회하게 되면 수요 증가분 이상으로 공급능력이 확충되면 한계기업들부터 판매부진 현상을 겪게 된다. 특히 활황기간에 형성된 거품(물가 급등, 특히 주가나 부동산 등 자산 가격의 폭등)은 반드시 꺼지게 된다는 것이 경험법칙이므로 거품의 폭발, 즉 물가와 자산 가격의 폭락과 더불어 경제는 불황기로 들어선다.

공급자인 기업들의 창고에 팔리지 않은 상품인 '재고'가 늘어나면 기업은 차기의 생산량을 줄이고, 신규 투자나 채용을 중단한다. 더 심한 경우엔 정리해고 등 구조조정도 마다하지 않는다. 더욱이 기업들은 계획 중이던 투자의 실행마저 보류하거나 포기할 수 있고, 이를 위한 자금 차입 계획도 중단할 수 있다. 이처럼 상품의 생산량과 소비량은 물론 차입금과 고용 노동자의 수도 줄어들면, 임금이 정체되고 일자리가 줄어들고 고용이 불안해진다. 가계들은 불안정해진 현재와 불확실한 미래를 대비해 저축을 늘리고 현재의 소비지출을 줄이게 된다. 상품의 구매, 즉 소비가 줄어들면 기업들의 사정은 더욱 어려워진다. 이렇게 되면 생산과 소비 사이에 네거티브 연쇄 즉 '악순환'이 형성된다. 이러한 악순환이 과거에는 단기에 빠르게 진행되는 '공황'의 형태를 취했지만 금세기 들어 불황이 장기에 걸쳐 완만하게 진행되는 '장기침체'의 형태로 나타나고 있다.[12]

12. 경제성장과 경기변동에 관한 더욱 자세한 설명은 또 다른 한 권의 책을 필요로 하므로 여기서는 생략한다.

2 개방된 혼합경제의 순환

현실의 경제에는 가계와 기업으로 구성되는 민간부문private sector만이 아니라 공공부문public sector과 해외부문foreign sector도 있다. 우리는 이러한 혼합경제와 개방경제를 합쳐 개방된 혼합경제라 부를 것이다. 먼저 민간경제에 공공부문을 도입한 후 해외부문을 추가로 도입하여 이러한 경제의 순환을 살펴보고자 한다.

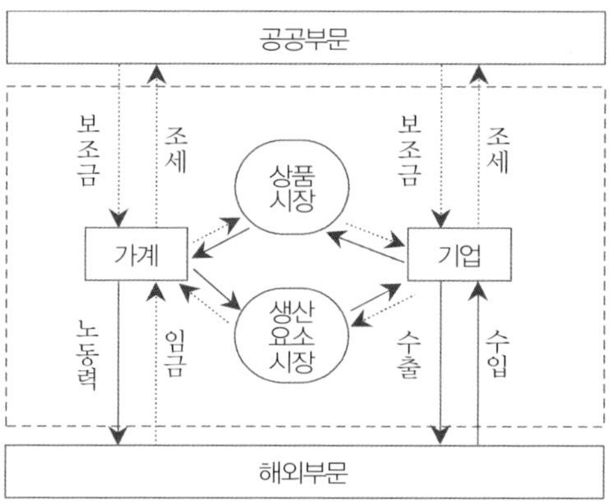

[그림 3] 개방된 혼합경제의 순환 모형

혼합경제: 공공부문의 존재와 역할

공공부문은 시장의 바깥에서 제3의 경제주체 역할을 하는 '정부'government를 지칭한다. 그래서 경제학에서 말하는 정부는 중앙정부와 지방정부(지방자치체)만이 아니라 공기업과 공공연구기관 등 공적 역할을 수행하는 모든 기관을 총칭한다. 정부는 공공부문을 대표하는 공적인 경제주체로서 민간 주체처럼 사적 이익(효용 또는 이윤)의 극대화가 아니라 경제 전체의 성장이나 안정과 같은 사회 전체의 이익(공익 또는 국익이라 불린다)을 살핀다. 여기서는 정부의 경제적 역할을 경제순환의 관점에서 살펴보기로 한다.

재정정책: 세입과 세출

정부는 기본적으로 생산의 주체가 아니므로 스스로 소득을 창출하는 활동을 하지 않는다. 따라서 정부 운영에 필요한 재정자금을 마련하기 위해 민간 경제주체들이 창출한 소득의 일정 부분을 세금이란 명목으로 강제 징수한다. 하지만 정부는 이렇게 거두어들인 조세수입(세입)을 행정, 국방, 치안, 사법, 입법, 교육, 복지, 인프라, 경제 등 다양한 부문에 지출(세출)함으로써 민간경제로 되돌려준다. 정부는 이러한 기능을 '재정정책'을 통해 수행한다. 만약 정부가 조세로 거두어들인 만큼만 지출함으로써 이른바 '균형재정'을 유지한다면, 민간경제의 전체 규모는 변하지 않을 것이다. 왜냐하면 이 경우엔 정부가 민간부문에서 거두어들인 일정 금액을 민간을 대신해서 지출하는 것과 다름없기 때문이다.

하지만 '균형재정'을 유지하더라도 정부의 재정 활동을 통해 민간경제가 받는 영향은 중립적이지 않다. 그 이유는 간단히 말해서 다음과 같다. 한편으로, 세입 측면에서 보면 정부는 모든 민간 경제주체로부터 공평하게(동액의 또는 동률의) 세금을 거두어가지 않는다. 예컨대 소득세(개인소득세와 법인세 등)와 같은 직접세의 경우 소득이 많을수록 높은 세율이 적용되는 누진세제가 거의 모든 나라에서 시행되고 있다. 다른 한편으로, 세출 측면에서 보면 정부는 납세자들이 낸 세금을 각자에게 그들이 낸 만큼 되돌려주지 않는

다. 민간부문이 아니라 공공부문에 종사하는, 즉 군인을 포함한 각급 공무원의 보수로 지급될 뿐만 아니라,

특히 복지예산은 저소득층이나 빈곤층에게 더 많은 혜택이 돌아가도록 되어 있다. 이렇게 해서 민간부문에서 세금과 보조금을 감안한 이차소득(또는 재분배 소득)의 분배 상태는 과세와 보조금 시행 이전의 일차소득의 분배 상태와 비교하면 크게 달라질 수밖에 없다. 이렇게 재분배된 이차소득을 민간 경제주체들이 실제로 지출할 수 있는 소득인 '처분 가능 소득'disposable income이라 한다. 이렇게 해서 민간의 소비지출의 크기와 구조가 변경될 수 있기 때문에 균형재정일 경우에도 그것이 민간경제에 미치는 영향은 작지 않다고 할 수 있다. 더욱이 서구 복지국가처럼 세금을 상대적으로 더 많이 거두어 더 많이 지출하는 이른바 '큰 정부'를 운영하는 경우처럼 정부재정이 국민소득(즉 GDP)에서 차지하는 비중이 클수록 공공부문이 경제에 미치는 영향은 더 클 수밖에 없다.

정부는 심지어 '적자재정'을 감행할 때도 있다. 정부들은 통상 국채 발행을 통해 민간에게서 차입한 자금으로 세입보다 더 많은 지출을 할 때도 있다. 앞에서 말한 것처럼 정부는 돈벌이를 목적으로 삼고 있지 않으므로 적자재정으로 인해 정부가 진 빚은 결국에는 더 많은 세금을 거두어 메울 수밖에 없다. 이 경우 두 가지 결과가 나타날 수 있다. 한편으로, 정부의 적자재정이 경제성장에 기여한다면 민간부문의 소득이 늘어나 동일한 세목과 세율 하에서도 더 많은 세금이 들어오기 때문에 재정적자로 인해 늘어났던 빚을 갚을 수 있다. 이것이 적자재정을 통한 경기부양 정책의 이론적 근거이며, 유명한 영국의 케인스J. M. Keynes에 의해 처음으로 주창된 바 있다. 하지만 만약 적자재정 정책이 어떤 이유로건 경제성장에 기여하지 못하게 되면 정부의 세입은 늘어나지 않은 채 부채만 떠안게 된다.

이렇게 해서 빚을 지게 된 정부가 통화발행권을 가진 중앙은행으로부터 차입하여 빚을 갚기로 결정하면 그만큼 시중 통화량이 늘어나 물가가 상승하게 되는데, 이는 결과적으로 정부의 채무 부담이 국민 모두에게 고스란히 전가된다는 것을 의미한다. 왜냐하면 중앙은행 역시 돈을 벌어들이는 기관은 아니므로 자신이 가진 통화발행권을 사용하여 신규통화를 발행하여 정부에 빌려줄 수밖에 없기 때문이다. 이러한 상황을 피하려면 정부는 민간부문에서 차입을 더 늘려야 하는데 이 경우 자금에 대한 수요가 늘어나 금리가 상승 압박을 받게 되어 민간경제에 좋지 않은 영향을 미치게 된다. 정부건 민간경제주체건 새로운 빚을 내 기존의 빚을 갚는 처지가 되면 이른바 '채무의 덫'debt trap에 빠졌다고 한다. 현재 미국, 일본 등 많은 나라의 정부가 이런 상태에 처해 있다. 하지만 자신이 발행권을 가진 자국 통화로 빚을 지고 있는 한 정부는 채무 원리금의 상환불능[13]에 빠지지는 않을 것이다.[14]

---

13. 이를 영어로 디폴트default라 한다. 한편, 채무국이 스스로 상환 불능을 선포하는 경우엔 모라토리움moratorium이라 한다.

14. 국가채무가 오늘날 세계경제의 화두로 되고 있다. 미국 정부는 세계 최대의 채무국이지만 자국 통화로 빚을 지고 있는데다가 달러가 세계 기축통화 역할을 하고 있어 최근 신용등급이 강등되었음에도 아무도 미국 정부가 채무 불이행 상태에 빠질 것으로 예상하지 않는다. 일본 정부 역시 GDP 대비 채무 비율로는 세계 최고수준이지만 대외 흑자국이자 채권국이기 때문에 크게 우려하지 않는다. 이와는 달리, 그리스, 스페인 등 유럽의 몇몇 나라들의 재정적자와 국가채무가 심각한 문제로 간주되는 까닭은 이 나라들이 그 경제력과 변제능력에 비해 지나친 채무를 지고 있기 때문이지만, 좀 더 근원적으로 생각해보면 이 나라들은 자국 정부가 발행권을 갖고 있지 않은 유로화나 달러화로 채무를 지고 있다는 사실에 기인한다. 바로 이 때문에 유로화 발행권을 가지고 있는 유럽중앙은행과 유럽연합 차원에서의 유동성 지원 여부가 논란거리가 되고 있는 것이다. 이러한 유럽 채무국들의 상황은 결과적으로 한국의 1997년 국가부도 및 외환위기 상황과 크게 다르지 않다. 단지 그러한 상황을 초래한 원인이 다를 뿐이다.

통화금융정책: 통화량 조절과 통화가치의 안정

정부가 시장경제에 영향을 주는 또 다른 주요 수단은 '통화금융정책'인데, 그 목적은 시중 금리나 통화량을 조절하는 것이다. 폐쇄 민간경제 모델에서 본 바와 같이 상품은 기업에 의해 생산되고 노동력은 가계들에 의해 제공된다. 그런데 법화(불환지폐) 제도 하에서 경제의 피에 해당하는 통화는 가계, 기업, 은행 등 어떤 민간주체에 의해서도 발행(즉 생산)될 수 없다. 이들은 오로지 다양한 방식으로 돈을 벌어들일 수 있을 뿐이다.[15]

그렇다면 돈은 도대체 어디서 나온 것일까라는 의문이 생길 수 있다. 법화제도 하에서는 민간경제에 화폐를 투입해주는 역할을 하는 것은 바로 정

---

15. 돈을 빌려주는 은행도 정말 그럴까? 간단히 말하면 그렇다. 왜냐하면 시중은행은 누군가로부터 받은 예금을 바탕으로 대출을 할 뿐이며 중앙은행처럼 통화 발행권을 가지고 있지 않기 때문이다. 하지만 이러한 수신(예금, 은행의 차입 등) 및 여신(대출, 어음할인 등) 과정에서 은행은 통화를 '창조'할 수는 있다. 그래서 시중의 통화량은 한국은행이 실제로 발행하여 경제에 투입한 돈('본원통화')의 양보다 훨씬 많다. 그렇다면 은행의 통화 창조는 도대체 어떻게 가능한 것일까? 은행들은 예금을 받아 이를 바탕으로 대출을 하는데, 대출된 금액은 곧 예금의 형태로 은행으로 되돌아오므로 이 예금을 바탕으로 또 대출을 할 수 있다. 이러한 과정을 수없이 반복하게 되면 시중 통화량은 본원통화량 이상으로 크게 늘어날 수 있다. 이렇게 은행에 의해 창조된 통화를 '예금통화' 또는 '파생통화'라 하는데, 대출받은 사람이나 기업의 입장에서는 파생통화도 한국은행이 발행한 현금(즉 본원통화)과 동일한 구매력을 가지므로 사용에는 아무런 문제가 없다.

 이러한 시중은행의 통화 창조에 한도가 없는 것은 아니다. 예대금리차를 주 수입원으로 하는 은행의 입장에서 보면 받아들인 예금총액을 모두 대출하고 싶지만 예금의 일부('법정준비금')는 고객의 일상적인 예금 인출에 대비해 보관하고 있어야 한다. 따라서 시중은행의 통화창조의 한도는 한국은행이 결정하는 법정준비율에 달려 있다. 현재 우리나라의 법정준비율은 보통예금의 경우 5%다(예금 종류에 따라 다르다). 그렇다 해도 은행의 현금 보유액 이상의 인출 요구가 있다면 은행도 지불불능bank run에 빠질 수 있다. 이런 경우를 대비한 방책의 하나가 은행들끼리 일일 시재금을 맞추기 위해 매일 이루어지는 콜call 거래다. 이때 적용되는 금리를 '콜금리'라 하며, 이는 경제의 기준금리들 중의 하나로 간주된다.

부다. 통화 발행권을 독점하고 시중 통화량을 조절하는 기능을 담당하는 정부기관을 '중앙은행'central bank이라 한다.[16] 시중 통화량이 시장의 전체 거래액보다 더 많아지면 물가상승이 일어나고 화폐가치는 하락한다. 물가 급등 또는 급락, 즉 통화가치의 지나친 상승 또는 하락은 경제주체들에게 상반되는 영향을 미치기 때문에 불공평을 조장할 뿐만 아니라 경제 전체의 작동에도 악영향을 미친다. 그래서 중앙은행은 시중의 통화량이 적정량보다 많다고 생각할 때는 통화를 흡수하고 그보다 적다고 판단될 때는 방출하는 조치를 취함으로써 통화량을 조절할 수 있다.[17] 한 해 동안 상품시장의 거래액이 국내총생산(GDP)을 결정하므로 연간 GDP 증가율, 즉 경제성장률과 동일한 비율로 통화량이 늘어나도록 조절하는 것이 물가(따라서 통화가치) 안정의 요체다. 하지만 앞서 말한 것처럼 씀씀이가 헤픈 행정부의 요청에 따라 중앙은행은 신규 통화를 발행하여 빌려주기도 하는데, 이렇게 해서 실물경제가 필요로 하는 양 이상으로 통화량이 늘어나게 되면 인플레이션(즉 물가상승)이 유발될 수 있다.[18] 이처럼 정부가 중앙은행을 통해 사용

---

16. 우리나라 중앙은행 이름은 '한국은행'이다. 이처럼 각국의 중앙은행 이름에는 보통 국가명이 사용된다. 하지만 연방국가는 '중앙' 대신 '연방'이란 단어를 사용된다. 과거 독일의 '분데스방크'Bundesbank, 미국의 '연방준비은행제도이사회'(FRB) 등이 그러하다. 통상 중앙은행은 정부조직으로부터 독립된 것으로 간주되지만 지위상 그런 것이고, 크게 보면 정부의 통화금융정책을 전담하는 역할을 하는 것으로 볼 수 있다.

17. 중앙은행이 시중 통화량을 조절하는 수단에는 다음 세 가지가 있다. 기준금리 조정, 공개시장 조작, 지급준비율 변경이 그것이다. 자세한 것은 경제학원론 등 다른 책을 참조하라.

18. 이러한 정부의 행태는 중앙은행의 독립성에 관한 논란의 불씨를 제공하고 있다. 중앙은행의 독립성 주장은 통화가치의 안정 즉 물가안정을 가장 중요한 목표로 삼고 있는 중앙은행이 정부의 간섭을 받지 않고 통화정책을 독자적으로 수행해야 한다는 것이다. 하지만 독립적인 중앙은행 제도 역시 장단점을 갖고 있어 어느 정도의 독립성이 바람직한 지에 대해서는 일치된 견해가 없다. 실제로 각국 중앙은행의 독립성 정도에는 상당한 차이

하는 통화금융정책은 시장경제의 성장과 안정에 막중한 영향을 미칠 수 있다. 다시 말해서, 정부의 관장 하에 있는 화폐금융제도는 시장경제의 작동에서 대단히 중요한 역할을 한다.

공기업: 공공재의 공급

경제순환의 관점에서 보면 정부는 무엇보다 민간이 생산한 재화와 서비스를 구매하는 소비자 기능을 수행하지만, 기업체의 설립·운영을 통해 생산활동에도 종사함으로써 일자리와 소득을 창출하기도 한다. 이처럼 정부가 투자 또는 운영하는 기업을 총칭하여 '공기업公企業'이라 부른다. 공기업은 대개 자본, 기술, 판매상의 이유로 민간기업이 쉽게 진출하기 어려운 분야, 사회적 인프라로서 특정 민간주체에 의한 독점이 바람직하지 않은 분야, 공공서비스 등 공공재 생산 분야 등에 집중된다. 예컨대 전기, 수도, 교통, 교육, 정책개발 분야 등이 그러하다. 공기업의 기본목적은 이윤 추구가 아니라 국민 모두가 필요로 하는 공공재나 가치재를 가능한 한 싸게 안정적으로 공급하는 데 있다. 그래서 대부분의 경우 공기업은 일자리는 창출하지만 이윤을 내서 정부에 소득을 가져다주는 경우는 드물다. 오히려 적자의 누적으로 정부재정을 압박하는 요인이 되는 경우가 더 많은 게 일반적이다.

특히 개발도상국들은 대규모 자본이 필요하고 위험성이 높은 철강, 석유화학, 은행 등 기간산업에 경험이 없고 능력이 부족한 민간기업을 대신하여 정부가 공기업을 창설하여 운영하다가 일정 시점에서 민영화시키는 경우도 적지 않다. 한국의 경우도 예외는 아니며, 오히려 이러한 생산자로

가 있다.

서의 정부의 역할에서 보면 대표적인 성공 사례로 간주될 수 있다. 현재 글로벌 리더로 부상한 포스코(포항제철로 시작)나 두산중공업(한국중공업으로 시작)이 그러하고, 은행으로는 외환은행(국책은행으로 시작)이 대표적인 공기업들이었다.

시장질서의 유지

제정하여 그 준수를 감시하고, 위반하는 경제주체를 처벌함으로써 상거래와 금융거래 등 경제 질서의 유지를 책임진다. 한마디로 시장경제의 외부에서 객관적이고 공적인 입장에서 시장경제 참여자들의 활동 규칙을 제정하고 그 준수 여부를 감시하는 기능을 하는 것이다. 이 기능은 시장경제의 작동에 불가결한 기능이지만 민간주체들 스스로에 의해 수행되기 어려운 과업이기 때문에 국가라는 공적 기구에게 그 역할이 부여된 것으로 볼 수 있다.

시장경제의 작동을 보장하는 가장 기본적인 법률은 사유재산권에 관한 것이다. 앞에서 말한 바와 같이 상품에 대한 사적 소유권이 불분명하다면 매매 자체가 불가능해질 것이고, 남의 재산을 훔치거나(절도) 강제로 빼앗는(강도) 행위가 처벌 받지 않는다면 남의 것을 획득하기 위해 그 대가(즉 가격)를 지불하려 들지 않으려는 사람이 생길 것이므로 상거래 질서는 무너질 것이다. 그리고 화폐법이 없어 누구나 화폐를 발행할 수 있거나 또는 있다 하더라도 위폐 행위를 제대로 단속하지 않는다면 경제는 여러 화폐의 통용으로 거래비용이 증가하고 불편이 가중되거나 위조화폐가 넘쳐나 물가 폭등이 문제가 아니라 무법천지가 될 수도 있다. 근로자의 기본권인 '노동3권'(단결권, 단체교섭권, 단체행동권)을 보장하는 법률이 없다면 근로자들이 노동력의 가치대로, 즉 정당한 임금을 받지 못하는 일이 빈번하게 일어나고 열악한 작업환경은 개선되지 않을 가능성이 높다.

이처럼 시장경제는 하나의 사회적 제도로서 공권력(정부)에 의해 그 질서가 보장되지 않는다면 제대로 작동할 수 없다. 시장이나 경제에 대한 직접적인 개입을 자제하는 정부라 할지라도 시장경제의 기본질서를 유지하는 책임마저 방기할 수는 없을 것이다.

개방경제: 해외부문의 도입

현실의 경제는 또한 대외적으로 개방된 경제다. 국민경제의 외부에 있는 모든 경제주체들의 활동과 경제를 총칭하여 '해외부문'이라 부른다. 국민경제와 해외부문 사이에서 일어나는 국제적 경제활동이라 해서 국민경제 내부에서 일어나는 경제활동과 다를 바 없다. 유일하게 다른 점은 교역, 투자, 대차, 이전 등 경제활동의 상대방이 국적을 달리 하는 외국 기업이나 개인이라는 점이다. 그리고 동일한 활동이지만 그것을 지칭하는 용어가 다를 수 있는데, 예컨대 무역, 수출, 수입, 해외투자, 외국인투자 등이 그러하다.

오늘날 한국 기업들은 평균적으로 최종생산물의 거의 절반 가까이를 해외시장에 내다 팔고 있으며, 외국으로부터 수입하는 액수도 수출액에 맞먹는다. 외국인들은 증권투자를 통해 예컨대 우리나라 주식시장의 주가를 좌우할 정도로 큰손 역할을 하고 있고, 직접투자를 통해 국내에 공장을 짓거나 우리 기업이나 은행을 사들여 직접 경영하기도 한다. 우리나라의 증권회사나 펀드도 외국 증권시장에 투자를 하고 있고, 적지 않은 수의 한국 기업이 해외투자를 통해 외국의 여러 나라에서 공장을 운영하고 있다. 이른바 '외국인투자'는 물론 '해외투자'도 활발히 이루어지고 있는 것이다. 한국의 기업과 은행들은 외국의 글로벌 은행들로부터 많은 차입('해외차입')을 하고 있지만 국내 은행들은 국내외에 있는 외국계 은행이나 기업들에게 대출('해외대출')도 하고 있다.

대외활동이 수출과 수입, 즉 무역밖에 없다고 가정하자. 이때 만약 수출액과 수입액이 같아 무역수지가 제로가 되어 균형을 이루고 있다면 국내 상품시장의 거래총액은 무역이 전혀 없는 경우와 동일한 금액일 것이다. 그럼에도 국내시장에서 거래되는 상품의 종류와 양은 이전과는 상당히 달라질 수밖에 없다. 말하자면 국내시장의 거래 총액은 변하지 않았지만 거래되는 상품의 물적 구성은 당연히 바뀌게 된다. 따라서 무역이 존재하지 않을 때와 비교해보면 국내 소비자의 제품 선택의 폭은 더 넓어지고, 수입품이 더 싸다면 물가 하락의 혜택도 누릴 수 있다. 마찬가지의 논리가 투자의 경우에도 적용될 수 있다. 예컨대 외국인투자와 해외투자가 금액상 일치하더라도 투자의 대상(상품이나 부문)은 다양해질 수 있고, 특히 직접투자의 경우엔 새로운 경영방식, 사업모델, 노하우 등이 이전될 수도 있다.

그런데 과거엔 대다수 국가들이 외국 경제주체들의 국내 활동에 대해 제한을 가하거나 아니면 반대로 특혜를 주곤 했다. 특히 외자가 절실히 필요한 개도국들은 외국인투자 유치를 위해 외자 기업에게 지나친 특혜(조세나 관세의 감면, 낮은 임대료 등)를 줌으로써 국내 기업이 오히려 역차별을 당하기도 한다. 어쨌든 1980년대 이후 무역 및 투자 자유화와 시장 개방이 대세가 되어감에 따라 세계무역기구(WTO: World Trade Organization)[19] 등 다자간 국

19. WTO는 1995년에 '관세 및 무역에 관한 일반협정'(GATT: General Agreement on Tax and Trade)이 발전적 해체를 통해 탄생한 국제경제기구다. 국제무역에 관한 규범을 제정하고 위반 행위를 감시하는 역할을 한다. 통화금융 관련 국제 규범을 관장하는 '국제통화기금'(IMF:

제경제기구는 물론 최근 활발해지고 있는 양자 간 경제협정 체결방식인 자유무역협정(FTA: Free Trade Agreement)[20] 등을 통해 이러한 외국 경제주체들에 대한 차별은 물론 특혜도 없애는 방향으로 국제적 합의가 이루어지고 있다. 특히 국내에서 활동하는 모든 경제주체를 국적에 관계없이 동등한 권리와 의무를 부과하는 이른바 '내국인 대우'national treatment 원칙이 관철되고 있다. 이제 수입품에 대한 쿼터제 등 양적 제한은 거의 예외적으로만 남아있고, 관세도 거의 유명무실한 수준으로 낮아졌다. 외국인의 국내 주식투자에 대한 제한도 거의 사라졌다. 오히려 해외송금 한도의 설정, 외국인 투자에 대한 인센티브 제공 등으로 국내 투자자들이 역차별을 받고 있다는 불평이 나올 지경이 되었다. 이렇게 해서 각국 경제의 대외 개방도가 커지고 외국인의 국내 경제활동의 자유도가 커지는 과정을 통해 세계는 마치 하나의 시장, 나아가 하나의 경제처럼 되어가고 있다. 이러한 과정을 경제적 세계화economic globalization라 부르며, 이 과정의 궁극적인 종착점은 말 그대로 단일한 글로벌 시장, 나아가 글로벌 경제의 형성일 것이다.[21]

International Monetary Fund)과 세계경제를 조율하는 쌍두마차의 역할을 하는 국제경제기구다.

20. WTO가 150개국이 넘는 회원국들 중 다수의 관련국들이 참가하는 다자간회의를 통해 협상을 진행한다면, FTA는 보통 둘 내지 소수의 나라들 사이에서 체결되는 무역 자유화 협정이다. WTO건 FTA건 그 명칭에 무역이란 단어가 들어있지만, 무역과 무관하지 않다는 구실로 투자, 환경, 노동, 보건, 정부발주 등 사실상 경제의 거의 모든 측면을 포괄하고 있다. 이런 점에서 자유무역협정은 사실상 경제통합협정이나 마찬가지라는 평가를 받고 있는 것이다.

21. 세계화는 '공간의 통합'과 '규범의 통일'이란 두 개의 과정을 통해 구현된다. '공간의 통합'이란 각국의 시장개방을 통해 국민적인 경제적 공간들이 더 넓은 하나의 경제적 공간으로 통합되는 것을 말하며, '규범의 통일'이란 서로 다른 국민적 규범(법률, 규정, 관행 등)들이 공동의 규범으로 통일되는 것을 말한다. 이러한 규범은 보통 WTO, IMF 등 국제경제기구들에서의 다자간협상 또는 FTA와 같은 쌍무협상을 통해 논의된다. 이른바 글로벌

3 생태적 경제 순환

현실의 경제는 자연과의 끊임없는 물질적 신진대사 없이는 존재조차 할 수 없다는 것은 엄연한 사실임에도 불구하고 경제 순환에 관한 논의는 통상 여기서 끝난다. 경제학에서 자연은 자원의 보고로서 항상 경제 외부에 주어져 있으며(소여, 所與), 경제주체가 아닌 자연과의 관계는 경제적 거래로 간주하지 않았기 때문이다. 그런데 대량생산과 대량소비가 정착되면서 경제와 자연의 관계에 큰 변화가 일어났고, 자연이 인간의 경제 시스템에 미치는 영향은 더 이상 중립적인 것이 아니게 되었다. 이에 따라 경제 순환을 자연 생태계 전체 시스템의 관점에서 살펴볼 필요가 있다는 인식이 나타난 것이다. 환경경제학, 나아가 생태경제학의 태동은 이러한 인식 변화를 바탕으로 하고 있다.

경제가 자연과 맺는 관계는 두 개의 측면으로 나누어볼 수 있다. 하나는 인간이 자연으로부터 생산에 필요한 자원resources을 가져다 쓴다는 것이고, 다른 하나는 인간이 생산 및 소비 과정에서 생기는 폐기물을 자연으로 되돌려 보낸다는 것이다. 따라서 생태적 경제순환은 "자연->경제->자연"이란 순환고리를 형성한다. 먼저 "자연->경제"의 고리를 살펴본 후 "경제->자연"의 고리를 검토하기로 하자.

스탠더드global standard란 세계의 모든 나라에서 시행 중이거나 시행이 권장되는 규범이라 할 수 있다.

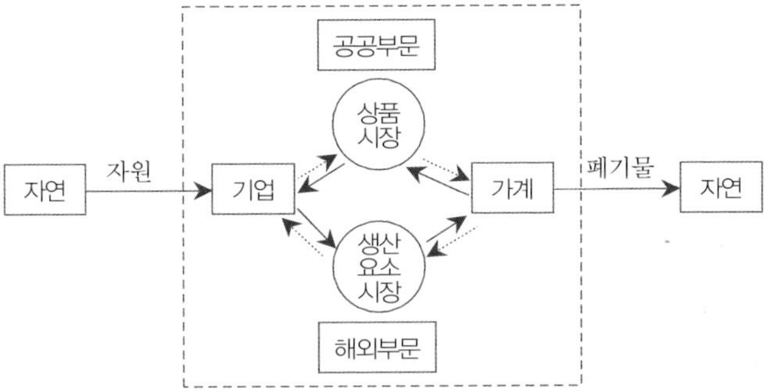

[그림 4] 생태적 경제 순환

자연-〉경제: 자원 고갈

먼저, 자연에서 경제로 흐르는 흐름을 살펴보자. 여기서 자연은 경제에 대해 자원의 보고寶庫 역할을 한다. 자원이란 자연이 제공하는 것 중에서 인간에게 쓸모가 있는 것을 총칭한다. 지하자원이 자연의 생성 때부터 주어져 있으며 그 부존량이 거의 불변이라면, 농림 및 수산 자원은 자연의 생육력에 의해 끊임없이 재생산되면서 생태계 순환에 의거하여 대체로 일정한 개체수가 유지된다. 이러한 자원이 인간에 의해 생산과정, 특히 제조과정에 투입되면, 자원은 비로소 생산요소로 간주된다.[22]

이미 본 바와 같이 인류 최초의 경제 활동은 자연이 가지고 있거나 자연이 생육시키는 동식물을 획득하는 것이었다. 이러한 생산 활동은 채굴, 채취, 사냥으로 대표된다. 그 후 인간은 이처럼 자연에서 가져온 것을 가공,

22. 이러한 관점에서 보면 왜 자원 부국이 경제 대국이 아닌지를 이해할 수 있다. 자원 부국이라 하더라도 그것을 생산요소로 사용하는 제조업을 발전시키지 못하면 개발된 공업국이 될 수 없고, 자원 빈국이라도 자원 부국으로부터 자원을 수입하여 공업 대국이 될 수 있기 때문이다.

변형, 결합시켜 자연에 존재하지 않는 뭔가를 만들어내는 생산 활동인 제조manufacturing 활동을 발전시켰다. 앞에서 본 바와 같이 농업, 임업, 수산업, 광업 등 자연을 대상으로 하는 활동을 1차 산업 없이는 제조업이라 불리는 2차 산업이 존재할 수 없다. 예컨대 보리의 재배 없이 맥주 공장을 생각할 수는 없다. 제조업의 꽃이라 불리는 자동차는 차체, 엔진, 유리창, 바퀴 등 적어도 약 2만 5천 개에 달하는 부품과 부분품을 조립하여 완성되지만 이 수많은 부품을 만드는 데 필요한 원료와 소재는 원래 자연에서 가져온 것이 아닌가.

바로 이러한 사실로부터 문제가 발생한다. 인류의 생산력이 증대되고 소비가 늘어나면서 자연에서 가져다쓰는 자원의 양이 급속하게 늘어나자 자원 고갈이란 문제가 대두될 수밖에 없게 되었다. 부존량이 정해져 있는 지하자원은 인간이 가져다쓰는 만큼 감소할 수밖에 없고, 자연의 생육력으로 일정한 개체수가 유지되는 농림·수산자원은 그 이상으로 갖다 쓰면 줄어들 수밖에 없다. 이리하여 가장 중요한 에너지 자원인 석탄과 석유는 조만간 고갈될 상태에 처해 있고, 바다의 물고기는 남획으로 줄어들고 있다.

물론 인간들이 이 문제에 대해 고민하지 않은 것은 아니다. 지하자원의 고갈이 예상되자 한편으로는 새로운 광산이나 유전을 발굴하거나 지하의 더 깊은 곳에 있는 자원(예컨대 셰일가스)을 채굴하려고 애써왔고, 다른 한편으로는 대체 자원이나 에너지를 개발함과 동시에 에너지 절약적인 생산기술의 개발에도 치중해왔다. 이 모든 노력에도 불구하고 지하자원의 고갈은 단지 시간문제일 뿐 피할 수 없는 것이다. 이와는 달리 농림어업 자원의 고갈 문제에 대해서는 농사, 목축, 양식으로 대처해왔다. 하지만 이처럼 식용 동식물을 인위적으로 대량생산하는 방식은 먹거리의 안전성 문제와 또 다른 환경 훼손을 초래하고 있다.

이제 생태적 순환의 다음 고리를 살펴보자.

경제-〉자연 : 환경 파괴

소비 과정에서는 물론 생산 과정에서도 다양한 폐기물이 발생하는데, 이것들은 모두 자연으로 되돌아간다. 폐기물은 태우면 대기 속으로, 묻으면 땅속으로, 버리면 결국 바다로 들어간다. 자연은 놀랄만한 자정 및 생태계 재생 능력을 가지고 있지만 인간들이 워낙 많은 양의 폐기물을 자연으로 방출하고 있기 때문에 환경 훼손과 생태계 교란을 넘어 자연의 파괴라는 문제가 등장했고, 그 심각성은 나날이 더해가고 있다. 자연을 토대로 구축된 인간의 경제 시스템이 이제 그 토대 자체를 무너뜨리고 있는 셈이다.

공장의 매연, 자동차 배기가스, 쓰레기 소각 등으로 대기 오염이 발생해 오늘날 대다수 도시는 스모그(smog=smoke+fog)로 고통 받고 있다. 온실가스의 다량 방출로 오존층이 파괴되었고, 지구 온난화 현상은 남극과 북극의 빙하를 녹임으로써 해수면이 상승하고 있고, 엘리뇨나 라니냐 현상과 결합하여 이상기후가 빈발하고, 심지어는 온대 지역이 아열대화 하고 있다. 공장과 가정의 오폐수, 가축 분뇨, 식수나 농업 및 공업용수 확보를 위한 댐이나 보의 건설 등은 강과 바다의 수질 오염의 원흉이다. 수질 악화의 단적인 증거는 바다의 적조와 강이나 호수의 녹조 현상이다. 그리하여 물고기의 떼죽음은 해마다 반복된다. 공장의 중금속, 음식물 쓰레기와 못쓰게 된 내구소비재 등 가정 폐기물, 원자력발전소의 방사능 폐기물, 각종 쓰레기 매립은 토양 오염을 유발한다. 도로 개설, 바다 매립 등 무분별한 개발 역시 환경 파괴에 일조하고 있다.

이러한 인간의 횡포에 더 이상 참을 수 없게 된 자연은 기상이변과 자연재해를 빈발시키고 있다. '자연의 보복'이라 해도 지나치지 않다. 기후 변화로 인한 국지성 폭우, 해일과 홍수는 물론 인재에 가까운 산사태, 범람과 침수 등으로 엄청난 물적 및 인적 피해가 초래되고 있다. 지하수 오염으로 부족해진 식수는 공짜나 다름없던 물 값을 폭등시키고, 천연의 수질과 수량을 자랑하던 '금수강산'조차 물 부족 국가가 되었다. 공기도 더 이상 공짜가 아니다. 좋은 공기를 마시기 위해서는 시간과 돈을 들여 수목원이나 둘레길로 나가야 한다.

자원 고갈에 대처해왔듯이 환경 파괴 문제에 대해서도 해법이 모색되어왔다. 원자력의 활용[23], 친환경적인 신재생에너지(풍력, 수력, 조류, 태양열 및 태양광 발전 등) 활용, 폐기물 처리 방법의 개선, 재활용(퇴비, 재생에너지)의 활성화, 오염 총량제와 오염 배출권 거래제 등 다양한 방법들이 동원되고 있다. 하이브리드 또는 전기 자동차, 일반자전거와 전기자전거, 노면전차(트램, tram)와 같은 도시철도 등 친환경 교통수단의 개발과 보급, 걷기와 자전거타기의 활성화, 승용차 수요를 줄이는 대중교통 시스템의 획기적 개선, 생태적 도시 정책의 전개 등도 한몫 하고 있다. 이러한 전방위적 노력에도 불구하고 인간사회의 에너지 시스템이 획기적으로 바뀌지 않고 있는 것은 안타까운 일이다.

국제적 차원의 노력도 전개되어왔다. 경제와 환경 간의 상생만이 아니라 세대 간 연대를 중시하는 '지속 가능한 발전'sustainable development이란 테제는 이미 세계적인 화두가 된 지 오래다. 그 핵심은 후속 세대도 현 세대

---

23. 원자력은 화석연료를 대체하기 위해 개발된 상당히 오래된 에너지원이다. 하지만 방사능 폐기물의 핵무기 원료로의 전용 가능성과 방사능 폐기물 저장소 건설에 따르는 애로에다 측량 불가능한 정도의 피해를 초래하는 방사능 누출 사고로 인해 선진국에서는 원자력 발전을 기피하는 경향이 강하다. 그런데 우리나라 정부는 최근 전기 수급의 불균형을 핑계로 원전 확대 정책을 추진 중이다.

못지않은 환경 및 생활 수준을 누릴 수 있게 해주는 경제발전 방식을 시행하자는 데 있지만, 그 절실한 필요성에 비하면 실천은 미약하기 짝이 없다. 그 주된 이유는 선진국과 개도국 간의 입장 차이 때문이다. 선진국들은 개도국들마저 공업화를 시행하면 지구 환경은 돌이킬 수 없는 파국에 빠질 것으로 인식하고 개도국들도 친환경적인 개발 방식을 채택하도록 강요한다. 하지만 개도국들은 오늘날 인류를 위협하고 있는 환경 파괴와 그로 인한 피해는 대부분 선진국들의 책임이고, 생활수준의 향상을 위해 경제개발이 불가피한데 친환경적인 발전 방식으로는 목적을 달성할 수 없다고 생각하기 때문에 일방적인 희생을 받아들일 수는 없다고 주장한다. 더욱이 선진국들이라고 입장이 다 같은 것은 아니다. 유럽 나라들은 대체로 환경파괴의 심각성을 인식하고 선도적인 실천을 하고 있지만, 세계 최대의 경제대국인 미국은 환경 관련 국제적 합의사항조차 무시하기 일쑤다(온실가스 감축을 위한 교토의정서의 비준 거부, 리오회의 결정의 사실상 미 준수 등).

이처럼 못 사는 개도국 국민들이 갈망하는 생활수준의 향상을 부정하기 어렵고, 이미 길들여진 선진국 소비자들의 에너지 남용이나 대량소비 습관을 바꾸기도 쉽지 않다는 점에서 환경 보호 및 개선에 관한 낙관적인 전망을 세우기는 어렵다. 어쨌든 자원 고갈과 환경 파괴에 대응하는 가장 바람직한 생태적 대안은 자원의 소비량을 줄임과 동시에 폐기물의 양도 줄일 수 있는 적절한 수준의 경제적 생활로 돌아가는 길 외에는 없는 것으로 보인다. 이렇게 볼 때 선진국 국민들의 친환경적인 마인드 전환과 실천을 통해 개도국들의 경제발전과 생활수준 향상에 필요한 환경적 차원의 여지를 확보할 수 있도록 만들어주기 위해 글로벌 차원의 대타협이 이루어질 필요가 있다.

시장 메커니즘: 가격과 수요·공급

제4장

상품의 시장가격은 그 사용가치(효용)를 만들어내는 데 들어간 비용인 생산비와 그 사용으로부터 소비자가 얻는 효용(만족)에 대한 지불용의가 만나서 결정된다고 볼 수 있다. 이처럼 가격에 대한 소비자의 논리와 생산자의 논리가 상충되기 때문에 어떻게든 양자 간에 일종의 '흥정'이 이루어질 수밖에 없다. 이제 이러한 집단적인 흥정이 구체적으로 어떻게 전개되는가를 살펴볼 차례다. 하지만 그 전에 도대체 가격이 시장과 경제에서 어떤 기능을 수행하기에 이다지도 중요하게 취급되는지를 먼저 알아둘 필요가 있다.

제4장

/

시장 메커니즘: 가격과 수요·공급

이제 시장에서 구체적으로 무슨 일이 일어나는가를 살펴보자. 너무나 당연하게도 시장에서는 상품이 거래된다. 대형마트에서는 가격이 표시된 수많은 상품들이 진열되어 있고 소비자들은 원하거나 필요한 상품을 카트에 골라 담고 계산대에서 현금이나 카드로 지불하고 나온다. 식당에서 먹고 싶은 음식을 시켜먹은 후 돈을 주고 나온다. 너무나 당연해 보이는 이러한 일상적인 모습에 여러분은 과연 어떤 의문을 품을 수 있을까? 만약 당신이 현재 아이스크림 가격이 왜 500원도 2,000원도 아닌 1,000원일까, 그리고 왜 지난 한 달 동안 우리나라에서 판매된 아이스크림 개수가 100만 개도 300만 개도 아닌 200만 개일까라는 의문을 가진다면, 당신은 이미 경제학에 입문한 셈이다. 나아가 작년 여름엔 아이스크림 가격이 개당 800원이었음을 생각해낸 당신이 어째서 지금은 1,000원이 되었는지 의아스러워 한다면 당신은 훌륭한 경제학도가 될 수 있는 소질을 가진 사람이다.

이처럼 당연해 보이는 현상에 대해 의문을 품는 것이야말로 모든 학문의 출발점이다. 상기의 의문들은 시장경제의 작동에 관한 이론적 해명의 출발점이자 경제학의 시작이라 할 수 있고, 경제학은 이러한 의문들에 대해 논리적이고 체계적인 답을 구하려는 노력의 산물이다. 이 과정에서 보통 수학의 기호, 방정식, 그래프 등이 많이 사용된다. 하지만 너무 걱정하지 말라. 수학은 경제학을 배우거나 연구하는 데 있어 훌륭한 수단일 뿐, 수학을 모른다고 경제학을 할 수 없는 것은 결단코 아니다.[1]

'구매'buying는 물건을 실제로 사는 행위를, '구매량'은 실제로 구매된 양을 말한다. 마찬가지로 '판매'selling는 실제로 물건을 파는 행위를, '판매량'은 실제로 판매된 양을 말한다. 이처럼 구매와 판매는 실제로 이루어진 행위를 지칭하고, 하나의 거래(또는 매매)에서 동시에 이루어지므로 구매량과 판매량은 당연히 같다. 양자를 동시에 지칭할 때 '거래량'이라 한다. 여기서 우리의 관심은 주어진 기간에 왜 특정의 가격으로 특정 양의 거래(구매량 이자 판매량)가 이루어지는가를 논리적으로 밝히는 데 있다.

이를 위해 경제학에서는 구매와 판매라는 용어 외에 '수요'demand와 '공급'supply이란 용어를 추가로 도입한다. 수요는 사고자 하는 의도를, 수요량은 특정의 가격에서 사고자 하는 양을 지칭한다. 마찬가지로, 공급은 팔고

---

1. 경제학economics은 원래 '정치경제학'political economy이란 이름으로 시작되었다. 경제학의 발전과 더불어 점차 수학 기호들이 사용되기 시작했지만, 방정식이나 미적분 등 고급수학이 본격적으로 도입된 것은 19세기 말 이른바 '한계'marginal 개념이 도입되면서부터다. 그 후 명칭에서도 '정치'가 빠지고 '경제학'economics이 되었고, 수학의 사용이 일반화됨에 따라 경제학은 누구나 일반적인 논리적 사고만으로 이해할 수 있는 학문에서 고등수학의 지식 없이는 접근조차 할 수 없을 정도로 어려운 학문으로 발전(?)했다. 하지만 오늘날처럼 대학교육이 보편화되고 있는 상황에서 경제학을 전문적으로 연구하는 학자나 연구자가 아닌 일반인으로서는 경제 현상을 개념과 이론만으로, 즉 복잡한 고차방정식과 미적분을 사용하지 않고도 이해할 수 있어야 하지 않을까? 최소한 경제학원론까지는 그래야 하지 않을까? 그렇다고 경제학에서 수학의 유용성을 부정하는 것은 결코 아니다. 수학은 여전히 경제학을 배우고 연구하는 데 있어 중요하고 실용적인 수단이다. 간단한 기호, 방정식, 그래프는 말로 풀어쓸 때보다 인과관계를 간단명료하게 보여줄 수 있기 때문에 이처럼 훌륭한 도구를 버린다는 건 어리석은 일이다. 하지만 일반인까지 경제를 이해하기 위해 고등수학을 알아야 할 필요는 없다. 우리가 수학적 도구를 가급적 사용하지 않는 까닭도 바로 이 때문이다.

자 하는 의도를, 공급량은 특정의 가격에서 팔고자 하는 양을 나타낸다. 수요자와 공급자는 가격의 수준에 따라 수요량과 공급량을 달리할 것이므로 가격이 변하면 수요량과 공급량도 변할 수밖에 없다.

시장에서 형성되는 가격과 거래량(즉 구매량과 공급량)의 결정은 시장에 참여하는 수요자 및 공급자들의 의도가 서로 만나서 이루어진다. 이러한 만남과 결정의 과정이 바로 (시장)가격 메커니즘인 것이다. 이러한 가격 메커니즘을 이해하기 위해 먼저 가격의 성격과 기능을 살펴본 후, 수요와 공급에 관한 기본사항을 알아볼 것이다. 그 다음에 수요와 공급이란 의도들이 만나 가격이 결정되는 방식을 살펴보고자 한다.

1 상품의 가치와 가격

상품의 가치, 생산비와 지불용의

상품의 가격price이라 하면 무엇보다 그 상품이 가진 가치(value, 엄격히 말하자면 사용가치 또는 효용)와 밀접한 관계가 있을 것으로 생각하기 십상이다. 상품의 가격이 그 가치에 비례한다는 것은 상식이다. 문제는 현실에서는 이러한 관계가 꼭 그대로 관철되지 않는다는 데 있다.

일단 가격이 가치에 비례한다는 것을 인정한다면, 당장 상품의 가치란 무엇인가 그리고 가치의 크기는 어떻게 측정할 수 있는가라는 문제가 제기된다. 이미 보았듯이 상품 즉 거래의 대상물이 되려면 그 자체가 일정한 가치(효용)를 가지고 있어야 한다. 그렇지 않다면 다른 상품과의 교환이나 판매(화폐와의 교환)는 당연히 불가능하고, 그것을 생산하고자 하는 사람조차 없을 것이다. 경제학의 아버지라 불리는 애덤 스미스Adam Smith이래 상품의 가치는 사용가치use value와 교환가치exchange value라는 이중의 측면에서 파악된다. 사용가치가 상품 그 자체의 속성과 관련이 있다면, 교환가치는 다른 상품과의 교환과 관련이 있다. 화폐가 사용되지 않는 물물교환(상품X↔상품Y) 경제에서 교환가치는 다른 상품과의 양적 교환비율로 나타나지만(예컨대 쌀 1가마=신발 3켤레), 시장경제 즉 화폐경제(상품X↔화폐↔상품Y)에서는 교환가치가 돈의 양(금액)으로 표현된다. 돈으로 표현된 교환가치가 바로 가격인 것이다.[2]

우선, 이미 말한 바와 같이 가격(즉 교환가치)은 효용(즉 사용가치)의 크기에 달려 있다고 생각할 수 있다. 하지만 여기엔 다음 두 가지 문제가 동반된다. 먼저, 상품의 효용은 객관적으로는 존재하지만 그 크기는 사람마다 다르게 평가될 수 있을 뿐만 아니라 추상적인 것이어서 측정(수량화)하기 어렵다. 다음, 상품의 효용이 측정될 수 있다 하더라도 항상 그 크기대로 가격에 반영되지는 않는다. 예컨대 효용은 크지만 가격이 낮은 상품이 있다면, 효용은 작지만 가격은 높은 상품도 있다. 경제학원론에서 빈번히 인용되는 물과 다이아몬드는 이러한 '가치의 이율배반' 또는 '스미스의 역설'Smith's paradox을 보여주는 전형적인 사례이다.[3]

---

2. 현대경제학에서는 사용가치와 교환가치란 용어를 사용하지 않고 그 대신 효용과 가격이란 용어를 사용한다. 그 이유는 불명확하지만 사용가치와 교환가치가 마르크스경제학에서 주로 사용되고 있다는 사실과 무관하지 않은 것으로 보인다.

3. 물은 인간의 생존에 불가결할 정도로 중요하므로 누구에게나 큰 사용가치를 가지지만 그 가격(교환가치)은 대단히 낮다. 이와는 반대로, 다이아몬드는 없어도 사람이 살아가는 데는 아무 지장이 없어 낮은 사용가치를 가지는데도 가격은 대단히 비싸다. 이러한 가치(사용가치)와 가격(교환가치) 간의 불일치를 '가치의 이율배반'이라 하는데, 이 현상은 물은 대단히

이로부터 생산물이 가진 효용은 그것이 상품이 되기 위한 필요조건이지 상품의 가격을 결정하는 데는 충분한 조건은 아니라는 사실을 알 수 있다. 그렇다면 가격의 수준이 결정되기 위한 충분조건은 무엇일까? 이 물음에 답하려면 교환에는 언제나 판매자(생산자)와 구매자(소비자) 양측이 있으며, 이들은 모두 가격에 깊은 관심을 가지면서 가격의 변동에 민감하게 반응한다는 사실에 주목할 필요가 있다.

생산비와 공급법칙

먼저, 공급자인 생산자의 입장을 살펴보자. 생산자로서는 생산에 투입된 비용, 즉 평균 생산비(average cost; =총비용÷생산비)보다 낮은 가격으로 상품을 팔수는 없다. 여기서 말하는 생산비에는 일정한 이윤(예컨대 사회적 평균이윤, 정상이윤 등)이 포함된 것으로 간주한다면, 생산자는 자신의 제품이 최소한 이 생산비만큼의 가치를 가진다고 생각할 것이다. 이에 따라 생산자는 가격이 생산비에 의해 결정되어야 한다고 주장할 수 있고, 이것이 바로 '생산비설'이다.

어떤 상품의 생산자가 한 사람밖에 없다면 그는 적어도 자신의 생산비보다 더 높은 가격을 관철시킬 수 있을 것이고(이 경우 정상이윤을 넘어서는 초과이윤을 누릴 수 있다), 여러 생산자가 있더라도 서로 담합이 가능하다면 그들

흔하지만 다이아몬드는 희소하다는 사실에 의해 설명된다. 즉 상품의 가격은 효용의 크기가 아니라 희소성의 정도에 의해 결정된다는 것을 잘 보여준다. 여기서 유의할 점은 희소성의 정도가 절대적 양이 아니라 그에 대한 수요의 크기에 달려 있다는 것이다. 예컨대 다이아몬드는 누구나 가지고 싶어 하지만 그 공급량이 대단히 제한되어 있어 희소성이 크고, 이에 따라 가격이 비싼 것이다. 마찬가지로 안심하고 마실 수 있는 식수가 희소해지면서 물 값이 전보다 비싸지고 있다.

중 가장 높은 생산비를 가격으로 제시할 수 있는 힘을 가지게 될 것이다. 하지만 해당 상품의 생산자가 다수이고 이들이 상호 경쟁 관계에 있다면 그 중 가장 높은 생산비가 아니라 오히려 가장 낮은 생산비가 시장가격이 될 수밖에 없을 것이다. 물론 가장 낮은 생산비를 가진 생산자의 공급량이 시장수요를 모두 충족시키지 못한다면 그 다음으로 높은 생산비가 시장가격이 될 것이다. 이런 추론을 연장하면 시장수요가 모두 충족되는 수준에 해당되는 생산비가 시장가격이 될 것이라는 결론을 도출할 수 있다. 이로부터 시장가격이 높아질수록 더 높은 생산비를 가진 생산자도 판매가 가능해지므로 시장공급량은 증가하고, 반대로 시장가격이 낮아질수록 시장공급량은 감소한다는 것을 알 수 있다. 이로부터 '가격이 상승(하락)하면 공급량은 증가(감소)한다'는 '공급의 법칙'law of supply이 나오게 된다.[4]

하지만 생산비설은 생산자의 입장만 고려하는 약점이 있다. 가격을 지불해야만 하는 수요자가 과연 이러한 생산자의 논리에 동의할 수 있을까? 수요자의 논리가 생산자의 논리와 상충된다면 어떻게 되는 것일까? 그래서 수요자인 소비자의 입장에서도 생각해볼 필요가 있다.

지불용의와 수요법칙

먼저, 소비자는 특정 상품을 구입하기 위해 일정한 금액을 지불할 용의

---

4. 여기서 미리 지적해두어야 할 것은 공급과 공급량이란 용어의 차이점이다. 통상 혼용해 쓰이는 것 같지만 엄밀히 말해 '공급량'은 해당 상품의 가격 변동(상승 또는 하락)으로 인한 팔고자 하는 양의 변동(증가 또는 감소)을 지칭하고, '공급'은 가격이 아닌 다른 요인의 변화에 대해 모든 가격수준에서 공급하고자 하는 양의 변동을 지칭한다. 따라서 공급량의 변동은 공급곡선 상의 이동으로 나타나지만 공급의 변동은 공급곡선 자체의 이동으로 나타난다. 이러한 논지는 '수요'와 '수요량'에 대해서도 동일하게 적용된다.

를 가지고 있다고 생각할 수 있다. 이를 소비자의 '지불용의'라 부르며, 그 크기는 상품의 사용가치가 소비자에게 가져다줄 효용(만족)의 크기에 달려 있다. 하지만 효용은 개인적이고 또 추상적인 것이어서 그 크기를 측정하기(즉 금액으로 환산하기) 어렵다. 그럼에도 불구하고 소비자는 상품의 효용을 크게 평가할수록 더 높은 가격을 지불할 용의를 가질 것이라는 추론은 가능하다. 그리고 소비에서는 한계효용marginal utility 체감의 법칙[5]이 작용하므로 마지막 한 단위의 소비가 제공할 효용에 해당하는 금액이 소비자의 지불용의가 될 것으로 추론할 수 있다. 요컨대 소비자들은 가능한 한 낮은 가격을 지불하고자 할 것이므로 한계효용보다 더 높은 가격을 지불할 의사는 없을 것이다.

그런데 수요자는 언제나 다수이고, 각 수요자의 지불용의는 다를 수 있다. 그렇다면 어떤 상품의 가격이 낮을수록 지불용의가 더 작은 수요자도 구매할 수 있게 되므로 가격이 낮아지면 소비자들이 사고자 하는 양, 즉 시장수요량은 증가한다. 당연히 그 반대도 성립한다. 이로부터 '가격이 하락(상승)하면 수요는 증가(감소)한다'는 '수요의 법칙'law of demand이 나온다.

결국 상품의 시장가격은 그 사용가치(효용)를 만들어내는 데 들어간 비용인 생산비와 그 사용으로부터 소비자가 얻는 효용(만족)에 대한 지불용의가 만나서 결정된다고 볼 수 있다. 이처럼 가격에 대한 소비자의 논리와 생산자의 논리가 상충되기 때문에 어떻게든 양자 간에 일종의 '흥정'이 이루어질 수밖에 없다. 이제 이러한 집단적인 흥정이 구체적으로 어떻게 전개되는가를 살펴볼 차례다. 하지만 그 전에 도대체 가격이 시장과 경제에서 어

5. 소비자가 소비량을 늘려갈 때 마지막 한 단위의 소비가 주는 효용을 한계효용marginal utility이라 한다. 그런데 이 한계효용은 소비량이 늘어날수록 작아지는 경향이 있는데, 이를 '한계효용 체감의 법칙'이라 한다.

떤 기능을 수행하기에 이다지도 중요하게 취급되는지를 먼저 알아둘 필요가 있다.

가격의 기능

가격이 시장과 경제에서 수행하는 기능은 다양하다.

첫째, 가격은 시장 참여자들이 수요나 공급에 관한 의사결정을 내릴 때 가장 중요하게 고려하는 정보다. 구매 여부와 구매량을 결정해야 하는 수요자에게 시장가격이 중요하다는 것은 당연해 보이지만 공급자나 생산자에게도 그러한 까닭은 무엇인가? 가격에 대한 영향력을 거의 갖지 못하는 완전경쟁시장에 참여하는 생산자는 해당 상품시장에 진출, 즉 해당 상품의 생산 여부를 결정할 때 그에게 외생적으로 주어지는 시장가격은 생산자의 매출액과 이윤(크기와 이윤율)을 결정하는 핵심 요인으로 간주되며, 또한 그가 해당 시장에서 퇴장, 즉 생산의 포기 여부를 결정할 때도 가장 중요한 변수로 고려되기 때문이다.

둘째, 시장가격의 변동은 시장 참여자의 행동을 변화시킬 수 있다. 예컨대 가격이 상승하면 생산자들은 공급을 늘리기 위해 재고를 줄이거나 가동률을 높여 생산량을 늘리게 되고 가격 상승이 지속되면 생산능력을 확충하기 위해 신규투자 계획을 세울 수도 있다. 반면 가격 상승은 소비자들로 하여금 수요를 줄이도록 만들 것이다. 물론 가격이 하락하면 생산자와 소비자는 각각 이와 상반된 반응을 나타낼 것이다.

셋째, 가격은 해당 상품을 누가 소비하고 누가 소비하지 않을 것인지를 결정하는 가장 중요한 요인이다. 이처럼 가격이 상품의 사회적 배분을 결정하는 까닭은 해당 상품의 소비로부터 주어진 가격(즉 비용) 이상의 만족을 기대하는 소비자만이 상품을 구매할 것이기 때문이다.[6] 결국 상품의 가치(효용)를 그 가격보다 높게 평가하는 소비자들만 구매·소비한다는 점에서 소비자 전체가 얻는 후생welfare은 극대화된다.

넷째, 생산요소 시장에서 결정되는 가격은 해당 생산요소의 공급자가 벌어들이는 소득의 크기를 결정하는 중요한 요인이다. 여기서 노동력의 가격은 임금, 자본의 가격은 수익률(이자율, 배당률 등), 임대토지의 가격은 임대료라 불린다. 임금은 근로소득이 되고, 이자, 배당, 임대료 등은 재산소득이 된다. 이처럼 어떤 생산요소를 판매하고 그 반대급부로 얻는 소득을 '요소소득'이라 하는데, 그 크기 역시 다른 상품과 마찬가지로 가격에 판매량을 곱한 것이므로 생산요소의 가격은 그 판매자가 얻는 소득의 크기를 결정하는 주요인이다. 요소소득은 생산물의 생산에 참여한 대가로 받는 소득이기 때문에 생산 과정에서 창출된 부가가치value added의 일부로 지불될 수밖에 없다. 이른바 '소득 분배'란 바로 이 부가가치가 생산에 참여한 각 생산요소의 소유자들, 특히 기업과 노동자 사이에서 나누어지는 것을 말한다.[7]

---

6. 이 때 소비자들의 지불능력에는 문제가 없다는 것이 전제되어 있다. 즉 상품의 시장가격 이상의 지불용의를 가지고는 있지만 소득(구매력)의 부족으로 그 가격을 지불할 능력이 안 되는 사람은 존재하지 않는다는 것이다. 하지만 현실에서는 이 가정이 항상 성립하는 것은 아니라는 사실을 유념해야 한다. 이 점을 포착한 것이 케인스가 말하는 유효수요 effective demand 개념으로서 나중에 다시 거론될 것이다.

7. 생산요소 시장은 노동시장, 자본시장, 토지시장으로 이루어진다. 생산요소 시장의 작동 원리도 생산물 시장의 그것과 기본적으로 같다. 하지만 거래의 대상이 되는 노동력, 자본, 토지가 갖는 고유의 특성으로 인해 이 시장들은 각각 일반 생산물 시장과는 다른 나름의 독특성을 가지고 있다. 이에 대한 자세한 논의는 또 다른 한 권의 책을 필요로 할 것이므로 여기서는 생략한다.

2 수요와 공급

이제 우리는 수요법칙과 공급법칙이 무엇을 말하는지 그리고 이 두 법칙이 대부분의 상품에 대해 성립하는 이유를 알게 되었다. 그런데 현실에서 수요와 공급은 해당 상품의 가격만이 아니라 그 밖의 다른 많은 요인으로부터 영향을 받고 있지만, 이 법칙들은 가격에 대한 수요자 및 공급자의 반응만 고려한다. 다시 말해서 수요법칙이나 공급법칙은 해당 상품의 가격을 제외한 나머지 요인은 모두 불변이라는 가정 하에 성립하는 것이다. 따라서 가격 이외의 다른 요인들은 어떻게 되는지를 살펴보아야 하고, 그 후 다시 수요법칙과 공급법칙으로 되돌아올 필요가 있다.

수요: 개별수요와 시장수요

어떤 상품 시장이건 수요자의 수는 충분히 많다고 볼 수 있다. 그러므로 시장가격의 형성과 관련하여 중요한 것은 특정한 가계(또는 개인)의 수요를 말하는 '개별수요'가 아니라 시장에 참여하는 가계들의 수요를 모두 합친 '시장수요'이다. 완전경쟁시장에서 개별수요가 시장가격에 미치는 영향은 거의 무시할 만하지만 그럼에도 수요에 관한 결정은 가계별로 이루어질 수밖에 없으므로 개별수요의 결정논리를 생략할 수는 없다.

개별 수요자는 어떤 상품에 대한 구매량을 결정하기 위해 어떤 요인을 고려할까? 여기서는 많은 경제학원론에서 인용되고 있는 아이스크림이란 상품을 예로 들어보자.

어떤 수요자가 아이스크림을 몇 개 살 것인가를 결정함에 있어 무엇보다 먼저 아이스크림 가격을 살펴볼 것이다. 이것이 해당 '상품의 가격'이란 요인이며, 구체적으로 그가 가격에 어떻게 반응하는가는 이미 살펴본 수요 법칙에 따른다고 볼 수 있다.

아이스크림을 좋아하는 사람과 그렇지 않은 사람은 같은 가격에서 사고자 하는 양이 다를 수 있다. 이 요인을 '선호' 또는 취향이라 부른다.

하지만 아이스크림을 아무리 좋아하는 사람이라도 지금 호주머니에 들어 있는 돈으로 구입 가능한 양보다 더 많이 구매할 수는 없다. 이것이 '소득' 또는 '가처분소득'dispensable income[8]이란 요인이다. 당장 지출 가능한 돈이 많을수록 더 많이 사고자 할 것이라는 가정은 설득력이 있다. 그런데 소득은 없어도 재산이 있다면 재산을 팔아 돈을 확보할 수 있다고 생각할 수 있다. 하지만 이러한 가능성이 당장의 아이스크림 수요를 결정하는 데 영향을 준다고 보기는 어렵다.[9]

만약 아이스크림의 대체재라 할 수 있는 팥빙수도 좋아하는 사람이라면 팥빙수의 가격도 고려할지 모른다. 이 사람은 팥빙수 가격이 생각보다 낮다면 아이스크림 대신 팥빙수로 더위를 달래려 할 수 있기 때문이다. 이것이 '대체재의 가격'이란 요인이다.[10]

---

8. 가처분소득이란 일정 기간의 소득에서 정부에 낸 세금을 공제하고 정부로 받은 보조금을 더한 것을 말한다. 즉 개인이 자신의 의사대로 소비하거나 저축할 수 있는 소득액을 지칭한다. 소비나 수요와 관련하여 그냥 소득이라 말할 때 사실은 가처분소득을 말하는 것으로 해석해야 한다.

9. 이와 관련하여 최근에 '부(재산)의 효과'wealth effect) 강조되고 있다. 이것은 부동산이나 주식 등 재산 가격이 지속적으로 오르면 미래 소득의 증가를 감안하여 현재의 소비를 늘리는 경향을 말한다. 경우에 따라선 이 요인이 중요하게 작용할 수도 있는데, 1990년대 후반의 미국경제에서 전형적으로 나타난 적이 있다. 대체로 자산가격의 지속적 상승으로 거품이 형성되고 있는 경우라면 일반적으로 나타나는 현상으로 간주된다.

10. 어떤 상품의 수요는 다른 상품의 가격으로부터 영향을 받을 수도 있고 안 받을 수도 있

그런데 아이스크림이라면 '날씨'도 한 몫 하지 않을까. 별로 덥지 않은 여름이라면 평소보다 아이스크림 구매 욕구가 낮을 것이기 때문이다. 그리고 만약 당신이 향후 아이스크림 가격이 상승할 것으로 예상한다면 값이 오르기 전에 지금 더 많이 사놓으려 들 수 있다. 그 반대의 경우라면 당장의 수요를 줄이고 값이 내릴 때까지 기다릴 수도 있다. 이처럼 해당 상품의 '가격 변동에 대한 예상'이라는 요인도 수요에 영향을 줄 수 있다.

'시장수요'는 시장에 참여하는 모든 소비자들의 '개별수요'를 합친 것이므로 당연히 참여자들의 수효에 영향을 받는다. 만약 새로운 소비자가 이 시장에 참여하면 시장수요는 늘어나고, 기존 소비자가 시장에서 나가버리면 시장수요는 줄어들 것이다. 그런데 문제가 하나 있다. 시장수요를 개별수요의 합으로 계산할 수 있기 위해서는 개별 수요자는 각자의 수요를 타인의 소비에 영향을 받지 않고 독립적으로 결정해야 한다. 그런데 현실의 소비자들이 항상 그렇게 한다고 보기는 어렵다. 많은 사람들이 사는 물건이라면 자신의 의도와 무관하게 남 따라 사는 사람도 있고(모방효과, 유행효과), 명품처럼 다른 사람이 같은 것을 가지고 있으면 더 이상의 구매를 포기해버리는 사람도 있다(속물효과)[11]. 더욱이 혹시 가격이 높아질수록 더 많이 사고자 하는 '비합리적인' 수요자가 전혀 없다고 단언할 수는 없다.

다. 이러한 관계로부터 상품들은 독립재independent goods와 연관재related goods로 나뉘고, 후자는 또한 대체재substitute goods와 보완재complementary goods로 분류될 수 있다. 어떤 상품의 가격이 다른 상품의 수요에 아무런 영향을 주지 않는다면 이 두 상품은 독립재다. 만약 어떤 상품의 가격이 오를 때 다른 어떤 상품의 수요가 늘어나고 그 역도 성립한다면, 이 두 재화는 대체재다. 예컨대 쌀과 빵, 커피와 녹차의 관계가 그러하다. 이와는 반대로 어떤 상품의 가격이 오를 때 다른 어떤 상품의 수요가 줄어들고 그 역도 성립하면, 두 재화는 보완재다. 예컨대 설탕과 커피, 버터와 빵의 관계가 그러하다.

11. 이러한 현상들은 소비에서의 네트워크 효과의 발로로 간주된다. 네트워크 효과가 크다면 개별수요의 합으로 시장수요를 계산한다는 것은 논리적으로 타당하지 않게 된다.

이러한 이유들로 해서 시장수요가 개별수요들의 합과 반드시 일치하는 것은 아니라 할지라도 대다수 소비자가 가격이 높을수록 더 적게 살 의도를 가지고 있는 한 시장에서 수요법칙이 관철되는 데는 큰 하자가 없다.[12] 이제부터 수요(량)는 별도의 수식어가 없는 한 항상 시장수요(량)를 가리킬 것이다.

상기의 논의를 통해 아이스크림의 수요에 영향을 주는 요인에는 여러 가지가 있음을 알 수 있다. 이를 간략하게 함수관계로 표현해보면 다음과 같다.

$$Q_{dx} = f\,(P_x,\ P_y,\ R,\ C,\ E,\ N,\ \ldots)$$

여기서 Q_{dx}는 아이스크림(X재)의 수요량quantity of demand, f는 함수관계function[13], P_x는 X재의 가격price, P_y는 대체재 또는 보완재(Y재)의 가격, R은 소득revenue, C는 기후, E는 가격 변동에 관한 예상expectation, N은 수요자의 수효number를 가리킨다. 나머지 다른 요인들은 생략되어 있다.

소비자에 따라서는 상기의 요인들 각각에게 서로 다른 중요도를 부여할 수 있고, 심지어는 여기서 거론되지 않은 다른 요인을 더 중시할 수도 있

---

12. 이를 '대수의 법칙'large number's law이라 한다. 표본의 수가 일정 수를 넘으면 개인들의 편차가 상쇄되어 대표적 개인의 행동이 전체 모집단의 행동으로 간주될 수 있다는 것이다. 이것은 인간사회에는 항상 예외적 현상이 있을 수밖에 없기 때문에 나온 법칙이라 할 수 있다. 자연법칙의 경우라면 단 하나 또는 단 한 번의 예외라도 있다면 법칙으로 인정받을 수 없다. 예컨대 땅으로 떨어지지 않는 물체가 하나라도 발견된다면 뉴턴의 중력법칙은 기각될 것이다. 또한 백조(swan)란 이름은 호주에서 검은 백조black swan가 발견된 후 잘못 붙여진 이름이 되어버렸다.

13. 상관관계가 있는 두 변수 중 어느 한 변수의 값이 주어지면 다른 변수의 값도 주어지는 1대 1 대응관계를 함수관계라 한다. 함수관계는 원인과 결과를 나타내는 인과관계의 수학적 표현이라 할 수 있다. 일반적으로 두 변수 사이에 어떤 관계든 관찰되면 상관관계가 있다고 할 수 있지만, 이러한 상관관계가 있다고 해서 반드시 인과관계 즉 함수관계가 있다고 볼 수는 없다는 사실에 유의하자.

다. 어쨌든 현실의 소비자가 이처럼 수요에 영향을 줄 수 있는 여러 요인을 일일이 따진 후에 수요량을 결정하지는 않을 것이다. 그럼에도 합리적인 소비자라면 의식적이건 무의식적이건 이들 요인을 고려하면서 구매(즉 소비) 결정을 내린다는 것은 각자 경험으로 알고 있다.

이제 특정 상품에 대해 가격과 수요량의 관계를 나타내는 수요법칙으로 되돌아가보자. 여기서 오직 이 두 개의 변수 간의 관계를 알아내기 위해서는 가격 이외의 다른 요인들은 수요에 전혀 영향을 주지 않거나 혹은 불변이라는 가정이 필요하다.[14] 수요자는 상품의 가격 수준에 따라 사고자 하

---

14. 여기서 "다른 조건이 일정할 때" 또는 "다른 변수들이 일정하다면"ceteris paribus라는 경제학에서 가장 유명한 가정을 알아둘 필요가 있다. 사실 경제학의 모든 명제(예컨대 "가격이 상승하면 수요는 감소한다"처럼 "A면 B다"라는 형식의 정언)는 예외 없이 이 가정을 암묵적으로 전제하고 있다. 현실에서는 거의 모든 변수들이 직접 또는 간접적으로 그리고 많건 적건 상호 영향을 주고받고 있기 때문에 특정한 두 개의 변수 간의 관계가 여타의 다른 변수들과 전혀 무관하게 결정되는 경우는 결코 없다. 그래서 특정의 한 변수가 특정의 다른 한 변수에 어떤 영향을 주는가를 알아내기 위해서는 그 외의 다른 모든 변수들과는 어떤 영향도 주고받지 않는다는 가정이 불가결하다. 왜냐하면 이러한 가정 없이는 두 변수 간의 이론적 관계를 규정하는 것 자체가 불가능하기 때문이다. 이처럼 현실에서는 여러 요인(변수)이 상호 영향을 주고받고 있는데도 불구하고 "가격과 수요량 이외의 요인들은 불변이라고 하자"라고 가정하는 것은 마치 자연과학에서 인위적으로 실험실을 만들어 원하는 환경을 조성하는 것과 같다. 경제학과 같은 사회과학에서는 그러한 실험실을 만들 수 없기 때문에 이러한 가정이 필요한 것이다. 따라서 경제학의 모든 명제는 "다른 변수는 모두 불변"이라는 전제를 깔고 있다는 사실을 꼭 염두에 두어야 한다. 특히 현실 경제에 관한 어떤 설명이나 주장도 거기에 언급되지 않은 수많은 다른 변수들이 모두 불변이라는 가정을 깔고 있다는 사실을 결코 잊어서는 안 된다.

그렇다면 '가정'assumption이란 무엇인가? 이미 짐작할 수 있듯이 그것은 현실에서 성립될 수 없는 상황을 상정하는 것이다. 예컨대 "내일 해가 서쪽에서 뜬다면", "내가 그녀와 헤어지지 않았더라면"라고 하는 것이다. '가정'과 유사한 의미를 갖는 '조건'condition과 '가설'hypothesis이란 용어와 혼동하지 않도록 유의해야 한다. 조건이란 "가격이 상승하면"처럼 현실에서 이루어질 수 있는 어떤 일이 실제로 일어나는 상황을 상정하는 것이다. 그리고 '가설'은 특정한 조건이 주어지면 특정한 결과가 나타난다는 명제를 지칭한

는 양을 달리할 것이다. 그리고 합리적인 소비자라면 가격이 낮을수록 더 많이, 가격이 높을수록 더 적게 사고자 하는 의도를 가질 것이다.

그렇다면 특정 상품의 가격이 하락하면 (시장)수요가 늘어나는 이유는 뭘까? 경제학원론에 의거하여 앞에서와는 다른 방식으로 설명해보자. 우선, 가격이 낮아지면 동일한 소득으로 해당 상품을 더 많이 살 수 있게 된다. 이를 '소득효과'라 부른다. 다음, 다른 상품들의 가격이 주어져 있으므로 해당 상품은 상대적으로 더 싸졌다. 이 경우 상대적으로 더 싸진 상품을 전보다 더 많이 구입한다면 동일한 소득으로 더 많은 효용을 누릴 수 있다. 이를 '대체효과'라 한다. 요컨대 가격이 하락하면 이 두 개의 효과의 결합으로 수요량이 늘어난다. 반면, 가격이 상승하면 이와 정반대의 논리로 수요량은 줄어들 것이다.

이제 특정 상품(X재)의 가격과 수요량의 관계를 함수식으로 표현하면 다음과 같다(임의의 상품을 지칭하는 첨자x는 편의상 생략한다).

$$Q_d = f(P)$$

이 함수는 다른 요인들이 일정할 때 가격이 주어지면 수요량도 주어진다는 것을 의미한다. 이미 말한 바와 같이 수요법칙에 의거하여 가격이 상승하면 수요는 감소하고, 가격이 하락하면 수요량은 증가한다. 이러한 함수관계를 그래프로 그려보면 우하향하는 곡선([그림 5]의 곡선 D)이 될 것이다.[15]

다. 예를 들면 "가격이 상승하면 수요는 감소한다"고 말하는 식이다. 이러한 가설은 현실에서 검증되어야 하고, 검증된 가설은 '법칙'law으로 간주된다. 물론 이미 말한 바와 같이 사회과학에서 말하는 '법칙'은 자연과학의 '법칙'과는 달리 예외를 포함하고 있다는 점에 유의해야 한다. "예외 없는 법칙은 없다"는 격언도 그래서 나온 말일 것이다.

15. 이 그림에서 가격(P)을 세로축에 수량(Q)을 가로축에 표시한 것은 편의상의 약속에 지나지 않는다. 사실 수요 및 공급함수를 나타내는 방정식을 수학의 관행에 의거하여 그래프

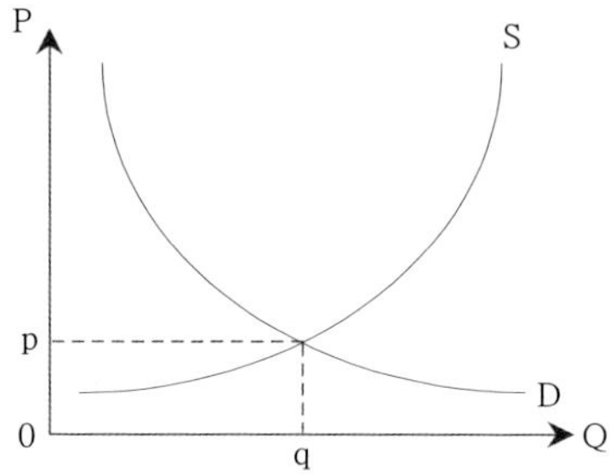

[그림 5] 수요곡선과 공급곡선

여기서 수요곡선의 모양에 의문을 품을 수 있다. 왜냐하면 가격이 변할 때 수요하고자 하는 양이 증가 또는 감소하는 정도가 다르면 곡선의 모양은 달라질 수 있기 때문이다. 소비자들이 가격의 변동에 얼마나 민감하게 반응하는가에 따라 수요곡선은 더 가파르거나 아니면 더 평평한 모양을 가질 수 있다. 이 민감도를 측정하기 위해 수요량의 변동률을 가격의 변동률로 나눈 값인 '수요의 가격 탄력성'electricity16이 사용된다. 이 탄력성은 그래

로 표시한다면 세로축에 Y변수에 해당하는 수량을, 가로축에 X변수에 해당하는 가격을 표시하는 게 맞다. 하지만 방정식은 언제든지 형태 변화가 가능하다. 예컨대 y=f(x)[=ax+b]를 x에 대해 풀면 x=f(y)[=(y/a)-(b/a)]로 만들 수 있고, 이 두 방정식은 같은 것이다. 굳이 해명하자면 가격은 상승하거나 하락하므로 Y축에 표시하고 수량은 증가하거나 감소하므로 X축에 표시한다고나 할까. 어쨌든 어느 나라에 가서 경제학을 배우건 그래프를 그릴 때는 항상 Y축에 가격 변수를 X축에 수량 변수를 표시하도록 통일되어 있으므로 혼란을 일으킬 염려는 없다.

16. 탄력성은 어떤 한 변수가 변할 때 그로 인해 어떤 다른 한 변수가 변화하는 정도를 말한다. 달리 말해서 어떤 변수가 다른 어떤 변수의 변동에 얼마나 민감하게 반응하는가를 보여주는 '민감도'라 할 수 있다. 수요의 가격 탄력성은 "수요의 증감률(%) ÷ 가격의 변동률(%)"로 측정되며, 이 수치가 1이면 '단위 탄력적'이라 하고, 1보다 크면 '탄력적', 1보다 작으면 '비탄력적'이라 한다.
수요가 가격에 대해 탄력적이라는 것은 수요의 변동률이 가격의 변동률보다 크다는 것

프 상에서 곡선의 기울기로 나타난다. 하지만 이 탄력성의 크기나 곡선의 기울기가 얼마이건 관계없이 모든 수요곡선은 우하향하는 모양을 가진다는 사실에는 변함이 없다.[17] 그래서 전형적인 수요곡선의 모습을 보여주기 위해 대략 45° 로 기울어진 곡선 또는 직선이 사용되는데, 그 이유는 오직 보기 좋고 설명하기 편하기 때문이다.

공급: 개별공급과 시장공급

공급의 경우에도 수요의 경우와 동일한 논지를 전개할 수 있다. 완전경쟁시장을 가정한다면 공급자의 수도 많다. 여기서도 개별 공급자의 의사결정과 그 합으로서의 시장공급에 영향을 주는 요인을 살펴보자.[18]

여러분이 만약 아이스크림을 생산하는 기업의 사장이라면 시장에 내다

을 의미하며, 이 값이 클수록 곡선의 모양은 수평선에 가까워진다. 반대로 수요가 비탄력적이라는 것은 이와 반대의 의미를 가지며, 곡선의 모양은 수직선에 가까워질 것이다. 예컨대 어떤 상품의 대체재의 수가 많을수록 수요의 가격 탄력성은 커진다. 왜냐하면 가격이 조금이라도 상승하면 수요자들은 대체재로 옮겨가버릴 것이고, 조금이라도 하락하면 대체제의 수요가 해당 상품의 수요로 옮겨올 가능성이 그만큼 더 커지기 때문이다. 또한 수요의 가격 탄력성은 필수품의 경우가 사치품의 경우보다 더 작다고 할 수 있다. 필수품의 수요는 그만큼 가격 변동에 상대적으로 둔감하기 때문이다.

17. 엄밀히 말해서 수요곡선이 직선이 아니라면 탄력성 또는 기울기는 가격의 수준에 따라 달라진다. 여기서는 직선의 수요곡선을 가정하고 있다는 점에 유의하자. 이는 공급곡선의 경우에도 그대로 적용될 것이다.

18. 수요의 경우와는 달리 공급의 경우는 공급자가 생산자와 동일한 경제주체가 아닌 경우가 많다. 대부분의 생산자는 시장에서 공급자가 되어 소비자에게 직접 팔기보다는 전문유통기업인 도매상이나 소매상에게 자신의 생산물을 넘겨주며, 시장에서 소비자와 대면하는 것은 소매상이다. 하지만 유통기업은 결국 생산기업이 직접 할 수도 있는 판매업무를 전문적으로 대행하기 위해 분화된 기업에 지나지 않기 때문에 시장 메커니즘에 관한 논의에서는 공급자를 생산자와 동일시해도 무방하다.

팔고자 하는 양, 즉 공급량을 결정하기 위해 어떤 요인들을 고려할 것인가? 아마 당신은 무엇보다 먼저 아이스크림의 시장가격을 살펴볼 것이다. 현재 주어져 있는 생산비 등 생산 조건 하에서, 이미 알고 있는 공급법칙에 의거하여 가격이 올라가면 공급을 늘리고 가격이 내려가면 공급을 줄이고자 할 것이다.[19] 왜냐하면 평균 생산비가 일정할 때 가격이 오르면 단위당 이윤폭이 커지고 가격이 내리면 이윤폭이 작아지기 때문이다. 시장경제에서 이윤은 생산 활동의 거의 유일무이한 동기가 아닌가. 이것이 가장 중요한 '해당 상품의 가격'이란 요인이다.

어떤 이유로 아이스크림 원료 구입비, 에너지 요금, 인건비 등 생산비를 구성하는 요소들의 가격이 상승하여 평균생산비가 상승한다면 시장가격이 일정할 때 이윤폭이 줄어들므로 생산자는 공급량을 줄이고 싶을 것이다. 이를 '생산비' 요인이라 한다.

수요의 경우와 마찬가지로 해당 상품의 가격 변동에 대한 예상도 영향을 준다. 가격이 오를 것으로 예상되면 나중에 오른 값으로 더 많이 팔기 위해 현재의 공급을 줄일 수 있다. 아이스크림의 경우라면 날씨도 공급의 의도에 영향을 미칠 수 있을 것이다.

생산에도 대체재와 보완재가 있다. 예컨대, 성인복과 아동복을 동시에 만들 수 있는 의류회사가 있다고 하자. 당장 생산능력을 증가시킬 수 없다

19. 시장가격이 하락하면 개별 생산자가 공급량을 줄일 것으로 보는 것은 뭔가 잘못된 판단은 아닐까? 현실에서 공급자는 가격의 하락으로 이윤폭(=가격-생산비)이 줄어들면 오히려 판매량을 증가시켜 이윤을 회복하려 들려 하지 않을까? 개별 공급자의 입장에서는 충분히 그럴 수 있고, 현실 공급자들은 일단 그런 식으로 가격 하락에 대응할 것이다. 하지만 다수의 공급자가 존재하는 완전경쟁시장에서는 가격이 하락하면 생산비를 보전하지 못해 생산을 중단하는 생산자가 나타날 수 있고, 혹은 생산라인을 다른 품목의 생산으로 대체시키는 생산자가 생길 수 있기 때문에 시장공급은 결국 줄어드는 것이다.

고 할 때, 성인복 가격이 오른다면 성인복 생산을 늘리기 위해 아동복 생산을 줄일 것이다. 이는 '대체재의 가격'이란 요인이다. 다른 예를 들어보자. 석유회사는 기술적인 문제로 휘발유와 경유를 동시에 생산할 수밖에 없다. 만약 휘발유 가격이 올라 휘발유 공급을 늘리기 위해 생산을 증가시키면 자연히 경유의 생산 및 공급도 늘어날 수밖에 없다. 이는 '보완재의 가격'이란 요인이다.

'시장공급'은 개별 공급자들의 공급량을 합친 것이다. 하지만 완전경쟁시장에서는 공급자의 시장 진입과 퇴출이 자유로운 것으로 가정하므로 공급자의 수가 변할 수 있음은 물론이다. 따라서 시장공급은 공급자의 수효에도 영향을 받는다.

상기의 논의를 함수식으로 표현하면 다음과 같다.

$$Q_{sx} = f\ (P_x,\ C,\ N,\ \ldots\ )$$

여기서 Q_{sx}는 아이스크림(X재)의 공급량Quantity of Supply, f는 함수관계, P_x는 X재의 가격Price, C는 생산비Cost of production, N은 공급자 수효Number를 가리키며, 날씨 등 나머지 다른 요인은 생략되어 있다.

여기서도 당장 우리의 관심은 해당 상품의 가격과 공급량 간의 관계에 있으므로 공급에 영향을 주는 다른 모든 요인은 불변이라고 간주하자. 그렇다면 위의 함수식은 간단히 다음과 같이 표기될 수 있다(특정 상품을 지칭하는 첨자 x는 수요의 경우와 마찬가지로 생략한다.).

$$Q_s = f\ (P)$$

이 함수식은 다른 요인이 불변일 때 가격이 주어지면 공급량도 주어진다는 것을 의미한다. 이미 알고 있는 '공급법칙'에 따라 가격이 상승하면 공급량은 증가하고, 가격이 하락하면 공급량은 감소한다. 간단히 말해서 가격과 공급량은 비례 관계에 있다. 이 함수식을 그래프로 나타내면 우상향하는 곡선([그림 4]의 S)으로 표시될 수 있다.

공급곡선의 모양에 대해서도 수요곡선과 동일한 언급이 가능하다. 그 모양은 가격 수준이 변할 때 공급하고자 하는 양이 증감하는 정도에 따라 달라진다. 즉, 공급자들이 가격의 변동에 얼마나 민감하게 반응하는가에 따라 공급곡선은 더 가파르거나 아니면 더 평평한 모양을 할 수 있다. 이처럼 가격 변동률에 대한 공급량의 변동률의 비율을 '공급의 가격 탄력성'[20]이라 하며, 그래프에서는 곡선의 기울기로 반영된다. 하지만 탄력성의 크기가 얼마이든, 그래서 곡선의 모양이 어떻게 바뀌든, 모든 공급곡선이 우상향하는 모양을 가진다는 사실에는 변함이 없다. 전형적인 공급곡선의 모습을 보여주기 위해 보통 편의상 거의 45° 로 우상향하는 곡선 또는 직선이 사용된다.

3 균형점에 의한 가격과 거래량의 결정

이제 해당 상품의 수요와 공급에 영향을 주는 요인들 중 가격 이외의 다른 모든 요인은 불변이라고 가정하자. 이미 알고 있듯이 수요법칙과 공급법칙에 의거하여 수요와 공급은 가격에 대해 서로 상반된 반응을 보인다. 이처럼 수요와 공급 양측의 의도가 상반되기 때문에 어떻게든 일치를 보지 않

20. 공급의 가격 탄력성 역시 수요의 가격 탄력성과 동일한 성격을 가진다. 공급의 경우엔 '공급의 증감률(%) ÷ 가격의 변동률(%)'로 측정되며, 이 경우에도 1이면 단위 탄력적이라 하고, 1보다 크면 탄력적, 1보다 작으면 비탄력적이라 한다.

는다면 시장 가격과 거래량이 일정한 수준에서 결정될 수 없다. 이러한 일치 과정이 이루어지는 방식이 시장(또는 가격) 메커니즘이라 할 수 있다.

이제 앞 장에서 살펴본 수요(함수)와 공급(함수)이 주어져 있다고 하자.[21] 이 함수들은 [그림 6]에서 각각 곡선 D와 곡선 S로 표시되어 있다. 수요곡선은 우하향하고 공급곡선은 우상향하기 때문에 두 곡선은 반드시 교차할 수밖에 없다. 두 곡선이 만나는 점을 '균형점'이라 부르며, 이에 해당하는 가격을 '균형가격'(p), 그 거래량(수요량이자 공급량)을 '균형거래량'(q)이라 부른다.

균형가격에서는 수요하고자 하는 양과 공급하고자 하는 양이 일치한다. 그래서 공급 초과(또는 수요 부족)도 공급 부족(또는 수요 초과)도 없다. 균형가격에서 수요자들은 사고자 하는 양을 다 살 수 있고, 공급자들은 팔고자 하는 양을 다 팔 수 있다. 이처럼 균형가격에서는 수급상의 과부족이 사라진다는 점에서 균형가격은 '시장청산가격'이라 불리기도 한다.

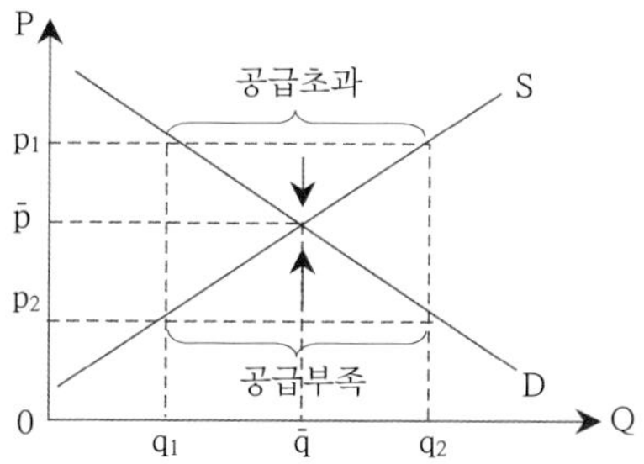

[그림 6] 균형가격과 균형거래량의 결정 메커니즘

21. 수요곡선과 공급곡선이 주어져 있다고 가정하는 것은 가격의 각 수준에 대해 수요자들이 수요하고자 하는 양과 공급자들이 공급하고자 양이 주어져 있다는 것을 의미한다. 달리 말해서 수요자와 공급자들의 의도에 영향을 주는 요인들이 불변이라고 가정하는 것이다. 하지만 현재 주어져 있다고 가정되는 이 요인들이 현실에서는 당연히 시간과 더불어 변한다는 사실을 잊어서는 안 된다.

균형이란 말이 암시하듯이, 시장가격이 균형가격에 도달하면 그로부터 벗어나려는 어떤 유인(즉 과부족)이나 압력도 없으므로 균형가격은 안정성을 가진다. 이러한 안정성은 균형수준이 아닌 다른 어떤 가격 수준에서도 확보될 수 없다는 사실을 보여주는 것으로 증명될 수 있다. 이해를 돕기 위해 상기의 [그림 6]을 활용하여 설명하기로 한다.

먼저, 시장가격이 균형가격보다 높은 어떤 가격수준(p_1)에 있다고 가정해보자. 이 가격수준에서는 공급초과 상태가 조성된다. 사고자 하는 양(q_1)보다 팔고자 하는 양(q_2)이 더 많으므로 공급자들 사이에 판매 경쟁이 일어나게 되는데, 가격 이외의 다른 요인은 불변이란 가정 때문에 다른 공급자보다 먼저 팔 수 있는 방법은 오로지 가격 인하밖에 없다.[22] 이렇게 해서 가격이 하락하기 시작하면 공급량이 공급곡선을 따라 감소함과 동시에 수요량이 수요곡선을 따라 증가하기 때문에 공급초과의 크기는 그만큼 더 빠르게 줄어든다. 이 운동은 시장가격이 균형가격 수준에 도달하여 공급초과가 사라질 때까지 계속될 것이다.

다음, 이와는 반대로 시장가격이 균형가격보다 낮은 임의의 한 수준(p_2)에 있다고 가정해보자. 이 가격수준에서는 사고자 하는 양(q_2)이 팔고자 하는 양(q_1)보다 더 많기 때문에 이번에는 수요자들 사이에서 구매 경쟁이 일어난다. 여기서도 수요자들이 남보다 먼저 살 수 있는 유일한 방법은 더 높은 가격을 제시하는 것뿐이다.[23] 이렇게 해서 가격이 상승하기 시작하면

22. 아마 현실에서는 공급 초과가 발생하면 공급자(기업)들은 가격 인하 외에도 서비스 개선, 포인트 제도의 도입, 선물 제공 등 다양한 판매촉진 방법을 동원할 수 있다. 어떤 것이든 기업에게 추가 비용을 초래함으로써 이윤폭을 줄인다는 점에서 공급자에게는 가격 인하와 동일한 결과가 초래되겠지만, 그럼에도 기존의 가격은 그대로 유지된다는 점에서 차이가 있다. 여기서는 가격 인하 이외의 다른 방법은 사용되지 않는 것으로 가정한다.

23. 공급자의 입장에서 보면 가격을 인상해도 살 사람이 있다고 예상되기 때문에 가격을 인

수요곡선을 따라 수요량이 줄어듦과 동시에 공급자들이 공급곡선을 따라 공급량을 늘리게 된다. 이에 따라 공급부족의 크기는 그만큼 더 빠르게 줄어든다. 이 운동은 공급부족(즉 수요초과)이 사라지는 균형가격 수준까지 상승한 후에야 비로소 멈추게 될 것이다.

어떤 상품의 수요곡선과 공급곡선이 주어져 있는 한, 즉 수요자들과 공급자들의 의도가 주어져 있는 한, 시장가격은 균형가격 수준에서 안정될 수밖에 없다. 균형가격이 아닌 다른 어떤 가격수준도 수급 불균형(공급 초과 또는 부족)으로 인해 상승 또는 하락 압력을 받아 균형가격 수준으로 이동하게 되는 것이다. 이처럼 시장 메커니즘 속에는 수급 불균형 상태를 해소하고 균형 상태로 되돌아가려는 복원력이 내재되어 있다. 바로 이 때문에 시장가격 메커니즘은 안정적이라는 것이다.

요컨대 시장에 참여하는 수요자들과 공급자들의 의도와 이들 간의 양적인 세력 관계에 의해 결정되는 '시장가격'은 바로 균형가격이다. 그렇다면 이렇게 해서 시장가격이 결정되면 그 안정성 때문에 전혀 변동할 수 없는 것일까? 논리적으로 보면 균형수준에서 결정된 시장가격은 수요 측이나 공급 측의 의도가 변하지 않는 한 변동할 수 없다는 것을 알 수 있다. 곡선들의 모양이 주어져 있다고 가정할 때 균형가격은 수요곡선과 공급곡선 중 어느 하나 또는 둘 다가 이동해야만 바뀔 수 있을 것이다. 그렇다면 수요곡선이나 공급곡선은 어떤 경우에 이동하는 것일까. 이에 대해서는 장을 바꾸어 살펴보고자 한다.

상할 것이다. 현실에서 공급부족 상태가 나타나면 가격 인상 외에도 다른 방법도 강구할 것이다. 아파트와 같은 특별한 상품의 경우엔 선착순이나 추첨 등이 가장 일반적으로 사용되는 방법이다. 하지만 판매자에게 웃돈이나 뇌물을 주는 등 불법적인 수단이 사용될 수도 있다. 다시 한 번 상기하자. 다른 요인들은 불변임을! 따라서 당연히 가격 인상 이외의 다른 방법은 사용될 수 없다.

균형점의 이동과 시장 외부 환경의 변화

제5장

태풍, 가뭄 등 이상기후로 채소나 과일 등 농산물 작황이 타격을 받으면 해당 농산물 가격이 급등한다는 사실은 누구나 알고 있다. 농업 생산이 타격을 받으면 농산물의 공급이 줄어들고, 공급곡선은 좌측으로 이동한다. 하지만 기상이변이 있다고 해서 소비자들의 농산물 가격에 따른 구매 의도, 즉 수요가 당장 바뀌는 것은 아니므로 수요곡선은 영향을 받지 않을 것이다. 그리고 몇 해 전 연평도 해전이 발발했을 때 중서부 연안의 어민들이 꽃게를 잡지 못한 적이 있다. 당연히 꽃게의 시장공급은 대폭 줄어들었다. 이 역시 공급곡선의 좌측 이동을 초래하고, 그 결과 꽃게 가격은 폭등하고 거래량은 급감했다. 하지만 이 경우에도 꽃게 수요자들의 가격에 대한 구매 의도는 그대로라 볼 수 있으므로 수요곡선은 이동하지 않는다.

제5장

/

균형점의 이동과 시장 외부 환경의 변화

현실에서 시장가격은 수시로 변한다. 대부분의 상품 가격이 날마다 변하는 것은 아니지만 지나고 보면 물가는 끊임없이 올랐다는 사실을 알 수 있다. 그리고 주가나 환율처럼 가격이 시시각각 변하는 경우도 있다. 시장 거래량도 날마다 변하지 않는가. 그렇다면 시장가격이 일단 균형가격 수준에서 성립하게 되면 변화의 동인이 없어 안정적이라는 말은 어떻게 되는 것인가? 뭔가 잘못된 건 아닌가? 당연해 보이는 이 물음에 어떻게 답할 수 있을까?

1 곡선의 이동과 균형점의 변동

여기서 다시 한 번 상기해둘 것은 균형가격에 관한 지금까지의 논의에 관한 다음과 같은 요약이다. 우선, 수요와 공급에 영향을 주는 여러 요인들 중 해당 상품의 가격을 제외한 다른 모든 요인들이 불변이라는 것과 가격의 각 수준에서 수요량 및 공급량은 주어져 있다는 가정이다. 이로부터 수요함수와 공급함수의 형태가 주어지고, 이는 그래프 상에서 특정한 모양과 위치를 갖는 수요곡선과 공급곡선으로 그려진다. 공급곡선은 우상향하고 수요곡선은 우하향하므로 두 곡선은 반드시 교차하게 된다. 두 곡선이 교차하는 균형점에서 균형가격과 균형거래량이 결정된다. 완전경쟁시장에서 시장가격은 균형가격에서 안정되고, 균형거래량만큼 거래가 이루어진다. 이렇게 성립된 균형점, 따라서 균형가격과 균형거래량은 상기의 가정들이 철회되지 않는 한 결코 스스로 이동하거나 변할 수 없다.

곡선의 이동

이처럼 일단 성립된 균형점은 곡선의 위치가 바뀌지 않는 한 이동할 수가 없다. 곡선 자체의 위치 이동을 '곡선의 이동'이라 부르는데, 이는 '곡선 상의 이동'과 전혀 다른 의미를 가진다는 점에 유의해야 한다. 다시 말하건대 '곡선 상의 이동'은 앞에서 다룬 바와 같이 특정 상품의 수요(또는 공급)을 결정하는 여러 요인들 중 다른 요인들은 일정하다고 가정한 후 그 상품의 가격이 변동할 때 수요량(또는 공급량)이 주어진 곡선의 모양을 따라 변동하는 것을 지칭했다. 이와는 달리 '곡선의 이동'은 수요(또는 공급)곡선 그 자체가 통째로 좌측(또는 우측)으로 이동하는 것을 지칭한다.[1] 이러한 곡선의 이동은 불변으로 가정되었던, 해당 상품의 가격을 제외한 다른 요인들 중 어느 하나 또는 둘 이상이 변할 때 일어난다. 왜냐하면 이러한 변화가 일어나면 해

1. 우리는 수요(또는 공급) 곡선이 항상 좌우로 이동한다고 본다. 경제학원론에 따라서는 곡선이 상하로 또는 대각선 방향으로 이동하는 것으로 표현되어 있는 경우가 있는데, 틀렸다고 하기는 어렵지만 일관성이 없다. 왜냐하면 곡선의 이동이란 모든 가격수준에서 수요량이나 공급량이 변한다는 것을 의미하므로 곡선이 거래량을 나타내는 가로축을 따라, 즉 좌우로, 이동하는 것으로 보는 것이 논리적 일관성을 갖기 때문이다.

당 상품의 가격의 각 수준에서 수요(또는 공급)하고자 하는 양이 동시에 변하기 때문이다.

예를 들어보자. 수요곡선은 가계들의 가처분소득이 증감하거나, 소비자들의 선호가 변하거나, 대체재나 보완재의 가격이 변하거나, 해당 상품의 가격이 변동할 것으로 예상되거나, 심지어는 날씨에 이상이 있으면 이동할 수 있다. 공급곡선은 생산비가 변화하거나, 생산 측면의 대체재나 보완재의 가격이 변하거나, 해당 상품의 가격 변동이 예상될 때 이동할 수 있다. 이처럼 곡선을 이동시키는 요인들 중에서도 경제적으로 가장 의미 있는 것은 수요함수의 경우엔 가계 (가처분)소득의 증감이고, 공급함수의 경우엔 생산비의 증감이라 할 수 있다.

지금까지 이 요인들은 불변으로 가정되어 왔다. 그 이유는 이미 알고 있다시피 해당 상품의 가격과 수요(및 공급) 간의 관계를 알아보기 위해서였다. 그렇다면 만약 이 가정이 철폐되면 어떻게 될까? 불변으로 가정된 요인들 중의 하나 또는 둘 이상이 변한다면 곡선(들) 자체가 좌우 어느 한 방향으로 이동할 수 있고, 그 결과 새로운 균형점이 나타나 균형가격과 균형거래량의 수준도 달라질 것이다. 곡선의 이동을 초래하는 원인을 살펴보기 전에 곡선 이동의 종류와 그 결과를 먼저 살펴보기로 한다.

곡선 이동의 유형과 결과

우선, 곡선 이동의 유형과 그 결과에 대해 살펴보자. 곡선의 이동에는 다음 네 가지 경우가 있다는 것은 쉽게 알 수 있다. 수요곡선의 우측 이동과 좌측 이동, 그리고 공급곡선의 우측 이동과 좌측 이동이 그것이다([그림 7] 참조).

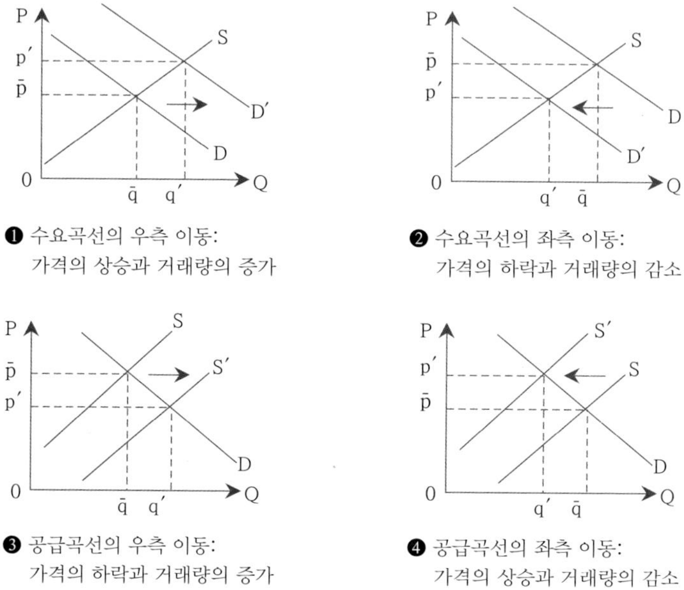

[그림 7] 곡선의 이동의 4가지 경우와 그 결과

이제 이러한 결과들이 갖는 경제적 의미를 간략하게 생각해보자. 여기서는 개별시장 차원보다는 거시경제 차원(물가와 GDP)에서 살펴볼 것인데, 그 까닭은 개별시장의 차원(가격과 거래량)에서 본 곡선 이동의 결과가 무의미해서가 아니라 동일한 이동이 많은 시장에서 동시에 일어남으로써 총수요와 총공급의 변동으로 나타날 때 그 경제적 의미가 더욱 확실해지기 때문이다.[2]

---

2. 방법론적으로 보면 거시경제학에서는 개별 시장 메커니즘을 원용하여 총수요(AD; aggregated demand)와 총공급(AS; aggregated supply)이란 개념으로 분석한다. 경제 전체를 하나의 시장으로 간주하는 이러한 방법론은 개별 차원과 전체 차원 사이에 집계의 문제와 구성

먼저, ❶의 경우를 보자. 어떤 이유로 수요곡선이 우측으로 이동하면 그래프가 보여주듯이 물가는 상승하고 거래량(즉 GDP)는 증가한다는 것을 알 수 있다. 물가 상승은 수요자인 국민의 입장에서 보면 일단 바람직하지 못한 것으로 간주된다. 왜냐하면 가계의 실질소득, 즉 구매력을 감소시키기 때문이다. 하지만 수요곡선의 우측 이동은 보통 경제성장에 따른 소득 향상이 주된 원인이므로 물가 상승률이 가계의 명목소득 증가율을 상회하지 않는 물가 상승 자체를 문제로 삼기는 어렵다. 거래량의 우측 이동 즉 GDP의 증가는 다름 아닌 경제성장을 의미한다. 경제성장은 통상 고용 증가와 때로는 임금 상승도 동반하기 때문에[3] 대단히 바람직한 것으로 간주된다. 그래서 GDP의 증가는 바람직한 현상이고, 정부 경제정책의 가장 중요한 목표이기도 하다. 여기서는 수요 증가로 인한 경제성장이 물가 상승(즉 인플레이션)을 동반한다는 것을 보여준다. 이를 성장 또는 개발 인플레이션이라 지칭한다. 그런데 물가 상승률이 아무리 높더라도 명목 GDP의 성장률이 그보다 더 높다면 실질 GDP는 증가할 수 있다. 현실에서 경제성장은 대개 이런 방식으로 이루어진다.

다음, ❷의 경우는 어떤 이유로 수요가 감소하여 수요곡선이 좌측으로 이동하면 물가가 하락하고 거래량이 감소한다는 것을 보여준다. 물가 하락은 소비자로서는 실질소득의 증가를 가져다주므로 일견 바람직한 것으로 보이지만 기업의 수익성은 악화될 수 있다. 기업들이 어려워져 고용과 임

의 오류라는 문제를 가지고 있지만 경제 전체의 변동을 잘못 설명할 정도로 치명적인 문제는 아니다. 그리고 시장들 전체의 거래량을 GDP(실질)와 동일시하는 까닭은 재고변동이 없는 것으로 가정하고 있기 때문이임을 유의하기 바란다.

3. 이른바 '고용 없는 성장'은 최근에 나타난 현상이며 전통적으로 경제성장은 가동률 상승과 투자 증가를 통해 고용 증가를 동반해왔다. 그리고 고용이 완전고용 수준 이상으로 늘어난다면 임금도 상승할 수 있다.

금이 동결되거나 심지어 축소된다면 가계로서도 좋다고 보기는 어려워진다. 거래량의 감소 즉 GDP의 감소는 마이너스 성장을 의미하며 경제는 크게 위축된다. 현실에서 마이너스 성장은 위기나 공황의 경우가 아니면 잘 나타나지 않으며 통상은 실제성장률이 잠재성장률을 하회함으로써 불황이나 침체로 나타난다. 이를 저성장이라고도 한다. 이처럼 수요 감소는 불황과 물가 하락을 동시에 유발함으로써 전형적인 디플레이션deflation 현상을 초래한다. 이것이 급격하게 진행되면 경제 공황 내지 위기가 발생했다고 한다.[4]

그리고 ❸은 어떤 이유로 공급이 증가하여 공급곡선이 우측으로 이동하면 물가가 하락하고 거래량은 증가한다는 것을 보여준다. 각각의 경제적 의미는 이미 본 바와 같다. 공급 증가로 인한 물가 하락은 대단히 바람직한 현상이다. 공급 증가는 주로 기업의 기술혁신, 생산성 향상, 비용 절감 노력에 따른 평균생산비의 감소의 산물이기 때문에 생산자인 기업에게는 불이익을 주지 않으면서 소비자에게는 구매력 증가라는 혜택을 누리게 해준다. 이른바 '생산성 이득'gains of productivity을 생산자와 소비자 모두가 나누어가질 수 있는 것이다. 사실 인류의 장기적인 경제발전은 과학의 발전과 기술혁신을 바탕으로 가능했다고 해도 지나치지 않다.

끝으로, ❹에서는 공급이 감소하여 공급곡선이 좌측으로 이동하면 물가가 상승하고 거래량은 감소한다는 것을 보여준다. 물가 상승과 거래량 감소의 경제적 의미는 이미 지적한 바와 같다. 이 경우는 GDP의 감소 또는 정체 하에 물가가 상승한다는 점에서 유명한 스태그플레이션(stagflation=

4. 오늘날 주요 선진경제들을 비롯하여 세계경제가 위기에 처해 있다고들 한다. 하지만 과거처럼 대공황의 형태가 아니라 장기침체의 형태로 나타나고 있는데, 이는 정부가 각종 경기부양책을 사용하여 불황의 급격한 진행을 억제하는 역할을 하고 있기 때문이다.

stagnation+inflation) 현상을 드러내준다.[5]

곡선 이동의 결과에 관한 상기 논의로부터 공급곡선이건 수요곡선이건 감소를 나타내는 좌측 이동은 거래량(GDP)의 감소를 초래해 불황 등 각종 문제를 야기하는 반면, 이들 곡선의 우측 이동은 거래량(GDP)의 증가를 초래해 호황을 조성하고 경제성장을 가져다준다는 것을 알 수 있다. 단, 경제의 성장 또는 후퇴가 각각 물가를 상승시키는지 아니면 하락시키는지에 따라 그 영향이 달라질 수 있다는 점에 유의해야 한다.

현실에서는 수요곡선과 공급곡선 둘 다 동시에 또는 시차를 두고 이동하는 경우가 많다. 이 경우 네 가지 조합이 가능한데, 그 경제적 해석은 더욱 복잡해질 것이다. 이에 대해서는 각자가 그래프를 이용하여 생각해보자. 더욱이 실제에 있어서는 곡선이 어느 정도 이동하느냐, 그래서 가격과 거래량이 어느 정도 변동하느냐는 곡선 이동의 유발 요인이 시장에 미치는 영향이 구체적으로 어느 정도인가에 달려 있다. 사실 곡선의 이동 정도는 사후적으로는 알 수 있지만 사전적으로는 대략적인 추정만 할 수 있을 뿐 어느 누구도 정확히 알 수 없다.

사전에 정확한 결과를 예측하려면 면밀한 조사가 필요하고, 이 조사에는 경우에 따라 복잡한 방법론이 요구된다. 그래서 여기서는 단지 곡선의 이동 방향만 결정하고 이동의 폭은 적당하게 보기 좋을 정도로 나타내는 데 그쳤다. 비록 이동의 정도는 정확하지 않더라도 이동의 방향만 예상할

---

5. 스태그플레이션은 역사적으로 흔한 현상은 아니었다. 그 대표적인 사례는 1970년대에 일어났던 오일쇼크oil shock다. 1973년 중동전쟁과 1978년 이란혁명에 따른 두 차례의 석유가 폭등으로 산유국을 제외한 거의 모든 나라들이 스태그플레이션에 시달렸던 것이다. 1980년대 중반부터 유가 하락으로 스태그플레이션은 사라졌다. 그 후 2000년대 중반 들면서 유가를 비롯한 각종 원자재의 국제 가격의 급등으로 우리나라를 비롯한 자원 수입국들에게 스태그플레이션 우려가 팽배한 적이 있었다.

수 있어도 경제주체들로선 대단히 중요한 정보를 가지는 셈이다. 그런데 사실은 시장 여건의 변화가 결과적으로 가격과 거래량에 어떤 영향을 미칠지는 굳이 이처럼 까다로워 보이는 논증을 거치지 않더라도 누구나 상식적으로 또는 직관적으로 알 수 있다. 그렇다면 학문의 주요 역할 중의 하나는 상식적인 것을 논리적이고 체계적인 방식으로 해명하는 데 있을 것이다.

요약해보자. 현재 균형을 이루고 있는 어떤 한 상품시장에서 주어진 것으로 가정되었던 여건에 변화가 일어났을 때 그것이 시장에 어떤 결과를 초래하는가를 알아보는 것은 그로 인해 가격과 거래량이 어떻게 변화하는가를 살펴보는 것을 의미한다. 이 과정은 다음 세 가지 절차로 요약된다. 먼저, 애초의 여건 변화를 초래한 요인이 해당 상품의 가격이 아니라 불변으로 간주된 나머지 다른 요인들 중의 하나인지를 확인한다. 다음, 이 변화가 수요(곡선)와 공급(곡선) 중 어느 것에 영향을 주는지 혹은 둘 다에 영향을 주는지를 판단한다. 끝으로, 영향을 받는 수요나 공급이 늘어날지 줄어들지를 판단한 후 해당 곡선(들)을 좌우로 적당히 이동시킨 후 새로운 균형점을 찾는다. 이 새로운 균형점이 나타내는 가격과 거래량을 각 좌표축에 표시한 후 원래의 그것들과 비교하여 가격이 상승(또는 하락)하는지 그리고 거래량은 증가(또는 감소)하는지를 판단한다.

2 곡선의 이동을 초래하는 원인

이제 수요와 공급에 영향을 주는 요인들 중에서 곡선 자체의 이동을 유발하는 해당 상품의 가격이 아닌 다른 요인들은 어떻게 해서 변동하는가라는 의문이 제기된다. 여기에는 여러 요인들만큼이나 많은 원인이 있을 수 있는데, 이것들은 크게 시장경제 자체의 역동성에 기인하는 내적 원인과 시장경제를 둘러싼 환경(또는 여건)의 변화를 초래하는 외적 원인으로 분류될 수 있다. 나아가 시장 외적 원인은 다시 두 개의 부류로 나뉠 수 있다. 하나는 인위적인 성격을 띠는 것으로 대개 공공주체인 정부가 시장경제에 영향을 주기 위해 시행하는 다양한 경제정책의 변경이며, 다른 하나는 우발적인 성격을 갖는 것으로 전쟁이나 기상이변 등 대체로 비경제적인 사건이다. 이 절은 앞에서 논의한 곡선 이동의 결과를 보여주는 [그림 7]을 참조하면서 읽어주길 바란다.

시장경제 내적 원인

시장경제 내부에서 곡선의 이동을 초래하는 원인들은 시장경제 자체의 역동성에 기인하며, 이 역동성은 생산자인 기업의 다양한 혁신innovation 노력과 소비자인 가계의 소득이나 기호 변화로 나타날 것이다.

한편으로, 특히 완전경쟁시장의 기업은 시장가격에 대한 영향력이 전혀 없기 때문에 이들은 이윤 극대화를 위해 크게 다음 두 가지 방향으로 노력할 수밖에 없다. 그 하나는 기존 제품의 평균생산비를 낮춤으로써 초과이윤(=시장가격−정상이윤 포함한 생산비)을 추구하여 이윤폭을 키우는 것이다. 이를 위해 인건비 절약, 협력업체 납품단가 조정, 낭비의 근절, 생산 효율성 제고, 신기술 채택 등 비용절감을 위한 다양한 방식이 동원될 수 있다. 다른 하나는 판매량을 증대시켜 매출액(=시장가격×판매량)과 이윤량(=판매액−총비용)을 늘리는 것이다. 그 주된 방법은 품질 개선과 서비스 확충이다. 만약 매출이 늘어 시장점유율이 확대되면 일정한 시장 지배력 즉 시장가격에 대한 영향력을 가질 수 있게 된다. 이렇게 해서 이윤폭과 이윤량이 늘어나면 공급이 늘어나고 이는 공급곡선의 우측 이동을 초래한다([그림 7]의 ❸ 참조). 물론, 다른 모든 기업과 마찬가지로 완전경쟁시장의 기업들은 연구개발을 통해 신제품을 개발하여 새로운 블루오션blue ocean[6] 시장으로의 진출을 도모할 수 있다. 이는 전혀 새로운 수요와 시장을 창조하는 것으로 시장경제의 장기적인 역동성의 원천을 이룬다.

다른 한편으로, 시장경제의 역동적인 전개는 경제성장을 가져다주고, 이는 가계 소득의 증가를 동반한다. 가계 소득의 증가는 무엇보다 가계 소비를 증대시켜 수요곡선의 우측 이동을 야기하며([그림 7]의 ❶ 참조), 이에 따라 중장기적으로는 기업의 생산과 공급도 늘어나 공급곡선의 우측 이동을 초래한다([그림 7]의 ❸ 참조). 이는 고용 증가와 임금 상승을 동반할 수 있고, 그 결과 가계의 소득과 소비가 더욱 증가될 수 있다. 이렇게 되면 경제에는 생산과 소비 간의 선순환 메커니즘이 작동하게 된다. 이는 마치 공급곡선과 수요곡선이 앞서거니 뒤서거니 하면서 서로의 우측 이동을 부추기는 것과 같다. 또한 가계 소득의 증가는 소비자 기호의 변동을 가져올 수 있다. 소비자의 선호가 강화되는 상품의 수요는 증가하고, 소비자 선호가 약화되는 상품의 수요는 감소할 것이다. 이러한 상품들의 부침에 더하여 기존 상품의 소멸과 새로운 상품의 등장이 끊임없이 반복될 것이다.

---

6. 블루오션 시장은 레드오션red ocean 시장에 대응하는 용어로서 프랑스 인사이드 경영대학원의 김위찬 교수와 르네 마보안 교수(『레드오션 전략』, 2005)에 의해 제안된 용어다. 블루오션 시장은 새로 개발된 신제품의 무경쟁 시장은 '파란 바다'로, 경쟁자들이 피투성이가 되도록 싸울 수밖에 없는 기존 시장들은 '붉은 바다'로 비유한 것이다. 블루오션 시장에서는 수요가 경쟁이 아니라 창조에 의해 획득되며 높은 수익과 빠른 성장이 가능한 시장이다.

시장경제 외적 원인

다음, 현실의 시장경제는 일정한 외부 환경 속에서 작동한다. 무엇보다 '혼합경제' 체제 하에서 시장경제는 항상 정부의 경제정책이 시행되는 일정한 '정책 환경' 속에 놓여 있다고 볼 수 있다. 따라서 시장의 수급 상황은 정부의 경제정책이 변경되면 직접 영향을 받게 된다. 그리고 시장경제 역시 인간 사회는 물론 자연 생태계의 일부를 이루기 때문에 비경제적 사건들로부터도 영향을 받을 수밖에 없다. 이 점들을 조금 더 자세히 살펴보자.

정부정책의 변경

시장의 외부에 존재하는 공공 주체로서 정부는 시장 및 경제를 자신이 바람직하다고 생각하는 상태로 유도하기 위해 또는 시장경제의 작동으로부터 생기는 문제를 해결하기 위해 다양한 경제정책을 시행한다. 이러한 정부의 경제정책은 경제성장의 촉진, 경기 부양, 물가 안정, 대외수지 균형 유지, 경쟁의 패배자 돌보기와 경제적 약자 돕기 등 다양한 목적을 가지고 있다. 주어진 시점에서 시행 중인 정부 정책은 시장 참여자들로서는 당장 어떻게 할 수 없는 시장의 일상적인 여건을 이루는 것이라는 점에서 '정책 환경'이란 말이 사용된다. 그렇다면 여기서 다루어야 할 문제는 주어진 정책적 여건 그 자체가 아니라 기존 정책에 변경이 일어날 때 시장이 어떤 영향을 받을 것인가를 알아보는 것이다.

예를 들어보자. 만약 정부가 경기 부양 또는 경제성장의 촉진을 위해 기업의 투자세액을 감면해주거나 법인세를 인하했다고 하자. 그러면 기업들은 그만큼 생산비가 감소하거나 이윤이 증가하게 되므로 생산과 투자를 늘리고 이에 따라 시장에 공급을 늘리고자 할 것이다. 또한 정부는 동일한 목적을 위해 개인소득세를 감면하거나 저소득층에 대한 보조금을 늘림으로써 가계들로 하여금 소비지출을 늘리도록 유도할 수 있다.

이처럼 내수 진작을 위한 두 개의 방법 중 전자는 공급곡선의 우측 이동을, 후자는 수요곡선의 우측 이동을 야기함으로써 결과적으로 시장의 거래량을 늘릴 수 있다. 거래량이 늘어난다는 것은 생산과 소비 모두 그만큼 증가한다는 것을 의미하므로 경기 부양과 경제성장에 도움이 되는 것이다. 단, 이미 본 바와 같이 공급 증가는 가격에 하락 압력을, 수요 증가는 상승 압력을 가하기 때문에 어떤 정책을 사용할 것인가는 이러한 정책의 부수적인 효과를 감안해 이루어진다([그림 7] ❶과 ❸ 참조).

또한 정부는 물가불안이 가시화되면 물가상승을 억제하기 위해 금리를 올리거나 통화량을 줄일 수 있다. 한편으로, 한국은행이 기준금리를 인상하면 시중금리도 인상되는데, 이러한 금리 상승은 기업의 자금조달 비용, 즉 생산비 증가 요인으로 작용하기 때문에 공급곡선의 좌측 이동을 야기할 수 있다([그림 6]의 ❹ 참조). 금리 인상은 또한 부채를 가진 가계의 채무부담을 늘려 소비 의욕을 약화시킴으로써 수요곡선의 좌측 이동을 초래할 수 있다([그림 7]의 ❷ 참조). 다른 한편으로, 물가안정을 위해 시중 통화량을 흡수하는 정책이 시행되면 시중에 돈이 희소해져 돈의 가격인 금리가 상승하게 되는데, 이는 중앙은행의 금리 인상 조치와 동일한 결과를 초래할 수 있다.

공급곡선이건 수요곡선이건 곡선의 좌측 이동은 거래량의 축소를 가져온다. 하지만 이 경우에도 가격에 대해서는 상반된 영향을 준다. 즉 공급곡선의 좌측 이동은 가격을 상승시키지만, 수요곡선의 좌측 이동은 가격을 하락시킨다. 지나친 호황으로 형성된 거품의 폭발이 우려될 때는 이처럼 거래량의 축소 즉 경제성장률을 낮추는 정책이 시행될 수 있다. 왜냐하면 경제성장률은 다소 낮아지더라도 거품의 폭발로 인한 급격한 경기침체의

발생을 방지하는 게 더 중요하다고 판단할 수 있기 때문이다.7

다른 한편으로, 특정 상품의 가격이 지속적으로 상승하는 경우 정부는 시장 개방 조치나 수입 증대 정책을 사용할 수 있다. 이렇게 해서 외국 상품들이 시장에 유입되면 시장공급은 그만큼 증가한다. 이때 수입품이 국내 제품보다 더 싸다면 가격 하락의 효과는 더욱 커질 것이다. 그러나 일시적인 물가 불안에 대처하기 위해 사용되는 잠정적인 수입 증대 조치는 그다지 문제될 게 없지만, 지나치게 빠른 속도의 시장 개방은 국내 기업들의 경쟁력을 해칠 수 있다는 점에서 개방은 하되 신중하게 점진적으로 시행해야 한다는 게 일반적인 생각이다.

우발적인 사건

국내외에서 우발적으로 일어나는 여러 가지 사건들도 시장 여건에 영향을 준다. 특히 지구 온난화로 대변되는 기후변화와 각종 자연재해, 전쟁이나 소요 등 사회적 및 정치적 불안정이 시장, 특히 공급에 미치는 영향은 엄청나다. 예를 들어 살펴보자.

태풍, 가뭄 등 이상기후로 채소나 과일 등 농산물 작황이 타격을 받으면 해당 농산물 가격이 급등한다는 사실은 누구나 알고 있다. 농업 생산이 타격을 받으면 농산물의 공급이 줄어들고, 공급곡선은 좌측으로 이동한다([그림 7]의 ❹ 참조). 하지만 기상이변이 있다고 해서 소비자들의 농산물 가격에 따른 구매 의도, 즉 수요가 당장 바뀌는 것은 아니므로 수요곡선은 영향을

---

7. 거품 형성을 지칭하는 붐boom은 사실 잠재성장률을 상회하는 경제성장률을 함의하는 것이므로 실제 성장률을 잠재성장률까지 낮추는 것은 문제가 되지 않는다. 이러한 정책은 이른바 경제의 '경착륙'hard landing을 피하고 '연착륙'soft landing을 유도하는 정책이라 할 수 있다.

받지 않을 것이다. 그림에서 볼 수 있듯이, 그 결과는 농산물 가격의 폭등과 거래량(판매량과 구매량)의 축소다. 그리고 몇 해 전 연평도 해전이 발발했을 때 중서부 연안의 어민들이 꽃게를 잡지 못한 적이 있다. 당연히 꽃게의 시장공급은 대폭 줄어들었다. 이 역시 공급곡선의 좌측 이동을 초래하고, 그 결과 꽃게 가격은 폭등하고 거래량은 급감했다. 하지만 이 경우에도 꽃게 수요자들의 가격에 대한 구매 의도는 그대로라 볼 수 있으므로 수요곡선은 이동하지 않는다.

이처럼 기상이변이나 전쟁 등 비경제적인 사건은 대개 공급을 감소시켜 가격 폭등과 거래량 축소를 초래함으로써 경제에 악영향을 미친다. 그렇다고 좋은 영향을 주는 사건이 전혀 없는 것은 아니다. 예를 들어 대규모 유전이 새로 발견되었다 하자. 이에 따라 석유 공급이 늘어나면 공급곡선은 우측으로 이동한다([그림 7]의 ❸ 참조). 하지만 석유에 대한 수요가 당장 영향을 받지는 않을 것이므로 수요곡선은 이동하지 않는다. 그 결과 가격은 하락하고 거래량은 늘어난다. 이를 거시경제적 차원에서 보면 물가안정과 경제성장이 동시에 나타나기 때문에 말 그대로 금상첨화錦上添花의 결과다.

경제에 장기에 걸쳐 긍정적인 영향을 미치는 것은 바로 과학의 발전(발명과 발견)이다. 과학의 발전은 기업의 기술혁신의 토대 역할을 한다. 기술혁신으로 성능이 더 좋은 또는 더 높은 효율성을 가진 생산장비(기계와 도구)가 도입되면 기업의 평균생산비가 하락할 수 있고, 이는 공급의 증가 즉 공급곡선의 우측 이동을 야기한다. 그 결과 물가를 하락시키거나 아니면 적어도 물가 상승을 억제함과 동시에 거래량(및 생산량)을 증가시킨다. 장기적으로 보면 안정된 물가 하에서 생산이 늘어나면 소득이 증가하고, 소득 증가는 소비의 증가 즉 수요곡선의 우측 이동을 초래함으로써 거래량과 생산량을 더욱 증가시키게 된다. 과학발전과 기술혁신이 지속되는 한 이처럼 생산과 소비가 서로를 부추기는 선순환 메커니즘은 계속될 수 있다. 단, 여기에는 기업이 창출하는 부가가치(즉 소득)의 증대가 소비의 증가로 이어지기 위해서는 소득의 분배(때로는 재분배)가 제대로 이루어져야 한다는 전제가 깔려 있다.[8]

8. 오늘날 '고용 없는 성장'이 큰 문제가 제기되고 있다. 이것은 경제는 성장하는데 일자리는 늘어나지 않는 현상을 말하지만 그 함의가 여기서 그치는 것은 아니다. 그것은 또한 임금을 소득원으로 하는 가계에게로 부가가치가 배분되는 통로가 좁아지고 있음을 의미한다. 그래서 가계 소비가 정체되면 수요 부족으로 경제성장이 더 이상의 탄력을 받지 못하거나 오히려 둔화될 수 있다. 따라서 '고용 없는 성장'은 '저성장 기조'로 이어질 수 있는 개연성이 농후하다. 이러한 상황이 세계경제는 물론 우리 경제에서도 현실화되고 있다는 우려가 커지고 있다.

시장경제의 평가

제6장

시장가격 메커니즘은 생산물(상품) 시장뿐만 아니라 생산에 투입되는 생산요소(노동, 자본, 토지) 시장에서도 마찬가지로 작용하므로 생산요소도 균형가격으로 거래된다. 그런데 생산요소의 가격은 그 보유자인 판매자의 입장에서 보면 생산에 참가한 대가로 얻는 소득의 크기를 결정하는 핵심 요소다. 이미 보았듯이 균형가격은 자발적으로 거래에 참가한 어느 누구에게도 불만을 초래하지 않는 가격수준이기도 하므로 균형가격에 의한 소득의 분배는 '공정한' 것으로 해석될 수 있다. 그러나 균형가격에 의해 결정되는 소득의 수준이 생산요소의 공급자에게 해당 사회에서 평균적인 삶 또는 인간다운 삶을 보장해줄 수 있는 수준인지는 알 수 없는 일이다.

제6장

/

시장경제의 평가

지금까지 우리는 시장경제와 시장가격 메커니즘에 관한 객관적인 이해를 돕기 위해 나름으로 노력해왔다. 그러기 위해 전제된 수많은 가정들 중에서도 완전경쟁이란 가정은 가장 중요한 것들 중의 하나였다. 완전경쟁시장은 시장의 한 모형model으로서 현실에서는 거의 찾아보기 어렵지만 그럼에도 이것을 탐구대상으로 삼는 까닭은 시장경제의 존재 이유와 그 작동 메커니즘을 가장 잘 드러내줄 수 있는 이상적인ideal 모형이기 때문이다.

시장경제에 대한 기본사항을 알게 된 이제, 시장경제에 대한 다양한 평가를 살펴보는 것으로 본서를 마무리하고자 한다. 먼저 완전경쟁시장 모형이 가진 장점에 대해 알아본 후 '시장 실패'와 그 원인 그리고 정부 개입과 '정부 실패'에 관한 논의를 살펴본다.

1 완전경쟁시장 모형의 장점

완전경쟁시장 모형이 그 비현실성에도 불구하고 이상적인 것으로 간주되는 까닭은 그것이 가진 여러 가지 장점들 때문이다. 이 장점들은 시장경제를 설명하거나 찬양하는 서적들에서 거의 빠짐없이 발견된다. 여기서는 이에 관한 논의를 정리하여 살펴보기로 한다.

자원의 효율적 배분

완전경쟁시장이 수행하는 자원의 효율적 배분 기능은 시장경제 예찬론자들이 가장 강조하는 시장의 미덕이다. 이미 보았다시피 가격은 해당 상품의 생산과 소비를 결정하는 가장 중요한 기준이다. 균형가격에서는 팔고자 하는 공급량(즉 생산량)이 사고자 하는 수요량(즉 소비량)과 같기 때문에 생산량은 모두 판매되어 소비된다. 모든 상품과 생산요소 시장이 균형(이를 '일반균형general equilibrium')이라 부른다)을 이룬다고 가정해보자. 이는, 한편으로 생산 측면에서 보면, 한 사회가 필요로 하는 상품들이 이것들을 가장 싸게 만들 수 있는 기업들에 의해서만 생산되어 공급되는 것이므로 그 사회가 가진 자원이 낭비 없이 효율적으로 배분되고 있다는 것을 의미한다. 다른 한편으로 소비의 측면에서 보면, 이렇게 생산된 상품들이 그 가치를 적어도 균형가격 수준 이상으로 평가하는 소비자들에 의해서만 구매되므로 자원의 상품별 배분 역시 효율적으로 이루어졌다는 것이 사후적으로 소비자들에 의해 재확인된다는 것을 의미한다.

다수의 생산자들 간의 자유경쟁은 이들로 하여금 생산 효율의 극대화를 통한 생산비의 절감 및 품질의 개선을 위해 끊임없이 노력하게 만든다. 더욱이 경쟁은 기업들이 항상 소비자 욕구needs를 파악하여 그에 부응하는 제품을 개발하게 만든다. 이러한 기업의 노력이 자발적으로 이루어지는 까닭은 기업은 시장에서 살아남아 더 적은 비용으로 더 많은 돈을 벌고자(즉 이윤 극대화) 하는 동기를 본성적으로 가지고 있기 때문이다. 이러한 점에서 시장경제는 생산자가 소비자에게 봉사하도록 만드는 메커니즘이라 해도 지나치지 않다. 시장에서 소비자들의 환영을 받지 못해 충분한 판매를 하지 못하는 기업은 시장에서 퇴출될 수밖에 없다. 그래서 제품, 기술, 공정, 조직 등 모든 분야에서 혁신革新, innovation이 조장되고, '규모의 경제economies of scale'와 '범위의 경제economies of scope'[1]를 최대한 활용할 수 있는 방식으로 기업의 규모 및 그룹의 크기가 선택된다.

불만 없는 시장 참여자와 공정한 소득 분배

시장에서 결정되는 균형가격 수준에서는 공급자들은 팔고자 하는 양을 다 팔 수 있고 수요자들은 사고자 하는 양을 다 살 수 있다는 점에서 시장에 참여한 경제주체들 중 불만을 느끼는 주체는 있을 수 없다고 보는 것은 논리적이다. 이처럼 수급의 과부족이 사라지고 없다는 의미에서 균형가격은 '시장청산가격'이라 불리기도 한다. 역으로, 이 점은 시장경제에서는 균형

1. '규모의 경제'는 생산시설 규모가 주어져 있을 때 생산량이 늘어날수록 평균생산비가 낮아진다는 비용 절감 효과를 말한다. 하지만 이 효과는 주어진 생산시설이 가진 최대 생산능력까지만 작동한다. '범위의 경제'란 서로 다른 상품이나 기업들 사이에 공통의 생산요소가 있을 때 이를 공동으로 활용함으로써 중복되는 비용을 줄일 수 있는 효과를 말한다. 범위의 경제는 특히 기술적 연관이 있는 상품들 사이에 그리고 부산물이 있는 상품의 생산에서 전형적으로 나타난다. 그런데 범위의 경제는 한국의 재벌그룹들의 문어발경영을 합리화하는 근거로 사용되기도 한다. 경영 노하우나 자본조달 능력은 모든 기업에 공통적으로 필요한 요소이므로 기술적으로 상호 무관한 분야라 하더라도 이러한 공통요소가 활용될 수 있다고 주장하는 것이다. 하지만 문어발식 경영은 장점 못지않게 단점도 많다. 특히 지분참여나 상호출자, 상호보증 등을 통해 순전히 자본적으로만 연결된 기업들은 연쇄 도산의 위험에 항상 노출되어 있다. 구 대우그룹의 해체야말로 이 위험의 전형적인 사례라 할 수 있다.

가격보다 높은 가격으로 판매할 수밖에 없는 공급자(및 생산자)와 그보다 낮은 가격이 아니면 구매할 수 없는 수요자(즉 소비자)는 균형가격으로 이루어지는 거래에 참여할 수 없다는 것, 즉 시장에서 배제된다는 사실을 의미하기도 한다. 물론 이러한 배제가 자발적으로 선택되는 것으로 간주되므로 문제가 되지 않는 것이다. 만약 시장가격이 상승하면 더 높은 생산비를 가진 생산자가 시장에 진입할 수 있게 되고, 시장가격이 하락한다면 더 낮은 지불용의를 가진 소비자도 당연히 시장에 참여할 수 있게 될 것이다.

시장가격 메커니즘은 생산물(상품) 시장뿐만 아니라 생산에 투입되는 생산요소(노동, 자본, 토지) 시장에서도 마찬가지로 작용하므로 생산요소도 균형가격으로 거래된다. 그런데 생산요소의 가격은 그 보유자인 판매자의 입장에서 보면 생산에 참가한 대가로 얻는 소득[2]의 크기를 결정하는 핵심 요소다. 이미 보았듯이 균형가격은 자발적으로 거래에 참가한 어느 누구에게도 불만을 초래하지 않는 가격수준이기도 하므로 균형가격에 의한 소득의 분배는 '공정한' 것으로 해석될 수 있다. 그러나 균형가격에 의해 결정되는 소득의 수준이 생산요소의 공급자에게 해당 사회에서 평균적인 삶 또는 인간다운 삶을 보장해줄 수 있는 수준인지는 알 수 없는 일이다.[3]

---

2. 이러한 소득을 요소소득이라 한다. 요소소득은 노동력이나 자본과 같은 생산요소를 제공함으로써 생산에 기여한 대가로 얻는 소득이다. 요소소득은 나라 경제 전체로 보면 생산자(기업)들이 일 년 동안 새롭게 창출한 부가가치 총액인 GDP(국민소득)의 일부를 이루므로, 역으로 보면 국민소득이 생산에 기여한 사람들 사이에 그 기여도에 따라 분배된 것으로 간주될 수도 있다. 요소소득은 그 원천에 따라 근로소득, 이자 및 배당소득, 지대수입 등으로 나뉜다. 근로소득을 제외한 나머지 요소소득은 재산소득이기도 하다.

3. 요소소득이 있다고 해서 빈곤 문제가 해소되는 것은 아니다. 그래서 대다수 정부는 재분배정책을 시행한다. 요소소득은 일차소득으로서 소득세 부과대상이 된다. 소득세는 통상 누진세제가 적용되므로 과세 후 국민소득의 분배 상태는 달라질 수밖에 없다. 더욱이 정부는 재정지출을 통해 빈곤층 등 특정 계층에게 보조금을 주기도 하므로 이것까지 감안

시장경제의 안정성

이미 살펴본 바와 같이 시장경제는 그 내부에 스스로 균형을 회복하는 자동 조절 메커니즘을 가지고 있다. 우선, 시장 내부에서 발생한 교란으로 인해 시장가격이 균형가격으로부터 이탈하게 되더라도 원래의 균형가격으로 복귀하는 일종의 복원력이 작동한다는 점이다. 다음, 정부정책의 변경이나 비경제적 사건의 발생으로 시장 외부로부터 시장에 충격이 가해져 수급 불균형이 초래된다 하더라도 가격이 신축적으로 변동하고 또 가격 변동에 따라 수요와 공급 역시 자율적으로 반응한다면 시장은 스스로 새로운 균형점을 찾아가서 안정된다는 점이다.

이러한 시장에 어떤 내적 교란이 일어나거나 어떤 외부 충격이 가해지더라도 이를 시장 스스로 해결할 수 있다는 자동 조절 장치에 대한 믿음이야말로 시장 외부에 존재하는 어떤 주체(특히 정부)도 시장에 개입할 필요가 없고 또 그래서도 안 된다는 시장주의자들의 주장을 뒷받침하는 강력한 근거이다.

'보이지 않는 손'에 의한 사익과 공익의 조화

'보이지 않는 손'invisible hand이란 말은 경제학의 아버지라 불리는 애덤 스미스가 『국부론』에서 사용한 말로서 경제학을 전공하지 않은 사람조차 들어

하면 더욱 달라질 것이다. 이처럼 정부는 재정정책의 운용을 통해 민간의 일차소득의 분배 상태를 바꿀 수 있다. 재분배가 이루어진 후의 소득을 재분배 소득이라 하며 민간경제 주체의 입장에서는 가처분소득이 된다. 그리고 시장경제체제 하에서 정부는 요소소득의 분배 상태를 좌우하는 요소 가격(임금, 이자율, 지대 등)의 결정 과정에 직접 개입하지 않는 게 일반적이다. 그래서 보통 말하는 분배정책이란 사실은 재분배정책을 말한다.

본 적이 있을 정도로 유명한 말이다. 그런데 이 '보이지 않는 손'은 도대체 누구의 손이며, 또 무슨 일을 한다는 것일까? 한마디로 그것은 보이지 않는 신神의 손이고, 개인의 논리와 사회 전체의 논리, 즉 사익私益, private interest과 공익公益, public interest을 조화시키는 역할을 한다. 각 개인이 다른 사람이나 사회 전체의 이익을 전혀 의식하지 않은 채 자신의 사적 이익의 극대화에만 몰두한다면, 아니 오로지 그렇게만 함으로써 사회 전체의 이익에도 기여하는 결과를 가져온다는 것이다. 스미스는 이러한 관계를 '자연적인' 질서로 간주했으며, 자연법 철학자답게 '보이지 않는 손'이 그렇게 만들어준다는 식으로 은유적으로 표현한 것이다. 그럼에도 그것이 사실은 자유경쟁시장의 가격 메커니즘을 비유적으로 표현한 것임을 알아채기는 어렵지 않을 것이다.

여기서 말하는 사익의 추구란 구체적으로 생산자는 더 많은 돈을 버는 것, 즉 이윤의 극대화를, 소비자는 동일한 돈으로 더 많은 만족을 얻는 것, 즉 효용의 극대화를 지칭한다. 스미스가 강조했듯이 당연히 합법적인 방법으로 그렇게 한다는 것이 전제되어 있다. 그렇다면 경제적 차원에서 사회 전체의 이익을 지칭하는 공익은 구체적으로 뭘 말하는 것일까? 그것은 한마디로 말해 거시경제의 안정적인 성장growth과 사회적 후생welfare의 극대화로 간주될 수 있다.

경제성장은 더 많은 생산과 소비는 물론 소득과 일자리의 창출을 함의하며, 경제안정은 완만하고 예측 가능한 경기변동(호황과 불황의 반복적인 교체)과 물가 안정을 말한다. 사회적 후생의 극대화란 간단히 말해서 개인들이 누리는 이득의 총합을 극대화한다는 것인데, 이에 대해서는 뒤에서 별도로 상술하고자 한다.

이러한 미시경제적 주체의 사익과 거시경제적 공익은 경제의 가장 기본적인 문제인 생산과 소비에 관한 결정을 매개로 반드시 연계될 수밖에 없다. 누가, 무엇을, 얼마나, 어떻게 만들어, 얼마에 팔 것인가가 생산의 문제라면, 누가, 무엇을, 얼마나, 얼마에 살 것인가는 소비의 문제다. 이 양측의 문제가 동시에 해결될 수 있도록 만들어주는 것이 바로 생산물이 거래되는 시장이고, 이 시장에서 결정되는 가격이 서로 독립적으로 이루어지는 생산자와 소비자라는 양측의 선택은 물론 이익을 조화시켜줄 뿐만 아니라 모두가 그 결과에 만족한다면 당연히 사회 전체의 이익도 극대화된다고 보는 것이다. 이것이 바로 '보이지 않는 손'으로 상징되는 '예정조화설'—조화로운 결과가 사전에 예정되어 있다는 주장—이다.

과거 현실 사회주의 경제들에서는 이러한 '예정된 조화'나 '보이지 않는 신의 손'의 존재를 믿지 않았기 때문에[4] 보이는visible 누군가가, 예컨대 중앙계획당국이 인위적으로 계획을 세우고 지시(명령)를 내려야 한다고 믿었다. 이것이 이른바 '계획경제'planned economy다. 원리적으로 계획경제에서는 생산과 분배가 사전 계획에 의거하여 이루어지므로 생산과 소비 간의 모순(불일치)은 존재조차 할 수 없다. 따라서 적어도 논리적으로는 경기변동도 물가 상승도 있을 수 없다. 이와는 반대로 생산과 소비의 주체가 분리되

4. 사회주의자들이 이러한 예정조화설을 믿지 않았던 것은 자본주의 경제체제의 내적 모순과 현실 자본주의가 드러낸 결함 때문이었다. 자본주의의 내적 모순은 무정부주의적(즉 사회적으로 계획되지 않는) 생산과 착취(노동자가 생산하는 잉여가치를 자본가가 전유하는 현상)로 인해 생산에 비해 소비가 상대적으로 부족해지는 생산과 소비 간의 불일치 현상에 따른 경기변동의 불가피성과 경쟁의 필연적인 결과로 나타나는 독점화 경향이다. 실제로 자본주의 경제의 역사에는 호황과 불황이 주기적으로 반복되어 왔고, 크고 작은 경제공황economic crisis도 간헐적이나마 재발되어 왔다. 금융산업과 정보산업이 주도하는 오늘의 첨단 자본주의 경제에서도 이 점은 변함없이 관철되고 있다. 따라서 사회주의 경제의 실험은 실패로 귀착되었지만 그렇다고 이를 자본주의 경제의 무오류성의 근거로 간주하는 것은 논리적 모순이 아닐 수 없다.

어 있고 양측이 독자적으로 의사결정을 하는 상태에서는 다양한 불균형이 발생될 수 있지만 이 불균형들을 조화롭게 해소되도록 만들어주는 자율적인 시장가격 메커니즘이 작동한다는 것, 나아가 이 메커니즘의 만능성을 가정하는 것이 바로 예정조화설인 것이다. 이 주장은 생산과 소비에 관한 모든 결정이 개별 경제주체의 자율에 맡겨진다면 공익의 극대화도 자연적으로 달성된다는 '믿음'을 바탕으로 하고 있으며, 그러한 경제가 다름아닌 자유시장경제liberal market economy라는 것이다.

사회적 후생의 극대화

균형가격이 가장 효율적인 자원배분을 가져다주고 요소소득의 공정한 분배를 보장하는 가격수준이라 할지라도 그것이 사회 전체의 관점에서도 가장 바람직한 결과를 가져다주는가라는 것은 또 다른 문제다. 경제학은 이 점을 논리적으로 증명하고자 하는데, 그 핵심은 균형가격에서 경제 전체의 후생(또는 복지)이 극대화된다는 것을 보여주는 데 있다. 이 논지는 경제학의 중요 분야의 하나인 후생경제학welfare economics의 출발점이기도 하다.

균형가격이 사회적으로도 바람직한 결과를 가져다준다는 것을 보여주기 위해 표준경제학은 균형가격 수준에서 소비자와 생산자는 물론 이들 전체가 누리는 추가이득이 극대화된다는 점을 증명한다. 이를 위해 소비자잉여consumers' surplus와 생산자 잉여producers' surplus 그리고 이 양자의 합을 지칭하는 순사회편익net social benefit이란 개념이 도입된다.

소비자 잉여와 생산자 잉여

먼저, 각 가격수준에서 소비자들이 수요하고자 하는 양을 보여주는 수요곡선은 소비자의 관점에서 보면 각자가 해당 상품의 구입을 위해 지불하고자 하는 최대 금액을 나타낸다. 이를 '지불용의'라 부른다는 것은 이미 기술한 바와 같다.

아이스크림을 예로 들어보자. 아이스크림을 별로 좋아하지 않는 소비자라면 100원도 아깝다 생각할 것이고, 아주 좋아하는 사람이라면 2,000원도 기꺼이 지불하고자 할 것이다. 이처럼 가격은 그 상품이 제공할 효용(쓸모 또는 만족)에 대한 소비자의 주관적인 평가를 금액으로 환산한 것이기도 하다. 균형점에서 결정된 시장가격이 예컨대 1,000원이라고 하자. 그렇다면 이보다 더 많은 금액(예컨대 2,000원)을 지불할 용의가 있는 소비자라면 당연히 구매를 하겠지만, 그렇다고 해서 그가 합리적인 경제인이라면 2,000원을 지불하려 들지는 않을 것이고 또 그래야 할 어떤 이유도 없다. 따라서 이 소비자는 자신의 지불용의와 시장가격 간의 차이만큼 추가적인 이득(이 경우 2,000원−1,000원=1,000원)을 얻는 셈이다. 이러한 추가이득을 '소비자 잉여'라 부른다. [그림 8]에서 보면 시장에 참여하는 소비자 전체가 얻는 잉여의 크기는 시장가격 즉 균형가격선(ef)보다 위에 있으며 수요곡선(D) 아래에 있는 면적을 나타내는 △aef로 표현될 수 있다. 이 삼각형은 시장에 참여하면서 균형가격 이상의 지불용의를 가진 소비자들이 얻게 될 추가이득의 총합을 나타낸다. 이와는 반대로, 균형가격보다 낮은 수준의 지불용의를 가진 소비자는 자신의 의사를 바꾸지 않는 한 또는 가격이 하락하지 않는 한 이 상품을 구매하지 않을 것이다. 따라서 이 소비자들은 자의로 또는 어쩔 수 없이 시장에서 배제된다.[5]

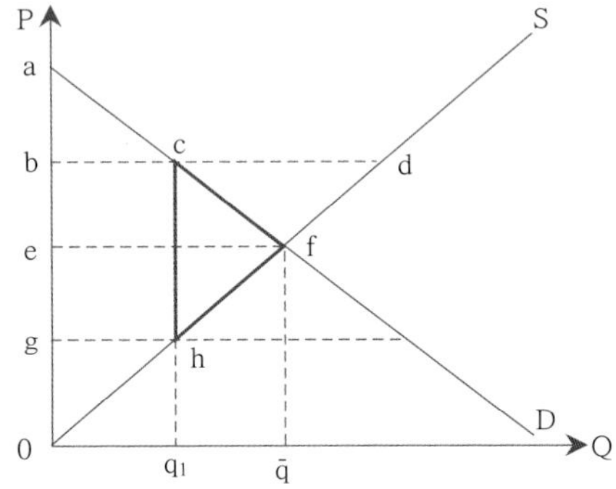

[그림 8] 소비자 잉여, 생산자 잉여 및 순사회편익

다른 한편으로, 주어진 가격 수준에서 공급자들이 팔고자 하는 양을 나타내는 공급곡선은 생산자의 관점에서 보면 상품을 팔아 생산비를 보전하고 정상이윤—완전경쟁시장에서는 사회적 평균이윤—을 올릴 수 있는 최소한의 금액들을 나타내는 곡선으로 볼 수 있다. 따라서 공급곡선은 생산자들의 평균생산비(정상이윤을 포함한 생산단가)를 연결한 곡선으로 보아도 무방하다.

앞에서와 마찬가지로 균형점에서 결정된 시장가격이 1,000원이라고 하자. 그러면 균형가격 수준 이하의 평균생산비(예컨대 500원)로 생산 및 판매할 수 있는 생산자만 시장에 참여할 것이다. 하지만 1,000원보다 낮은 가격으로 판매해도 정상이윤을 올릴 수 있다는 이유로 시장가격보다 낮은 가격

5. 균형가격 이하의 지불용의를 가진 소비자는 아마 해당 상품(예컨대 쌀)의 가치를 낮게 평가하기 때문일 수도 있고 혹은 소득이 낮아 보다 높은 가격을 지불할 능력이 없기 때문일 수도 있다. 만약 해당 상품이 생존에 필수적인 재화라면 그는 시장가격이 더 낮은 어떤 다른 대체재(예컨대 밀가루, 감자 등)를 구매하여 생존해나갈 것이다.

으로 판매하는 비합리적인 생산자는 없을 것이다. 그렇다면 시장에 참여할 수 있는 생산자는 균형가격과 생산비의 차이(이 경우엔 1,000원-500원=500원) 만큼 추가 이득을 누릴 수 있다. 이러한 추가이득을 '생산자 잉여'라 부른다. [그림 8]에서 보면 생산자 잉여의 크기는 시장가격 즉 균형가격선(ef)보다 아래에 있으며 공급곡선(S) 위에 있는 부분을 나타내는 △ef0로 측정될 수 있다. 이 삼각형은 균형가격보다 낮은 생산비를 가진 생산자들이 누리는 추가 이득(다른 말로 하자면 정상이윤을 초과하는 이윤으로서 초과이윤)의 총합을 나타낸다.

이와는 반대로, 균형가격보다 높은 생산비를 가진, 즉 가격선보다 위쪽에 있는 수요곡선 상에 위치하는 생산자들은 평균생산비를 시장가격 이하로 낮출 수 없거나 혹은 시장가격이 오르지 않는 한, 손해 보는 사업을 할 수는 없으므로 결국 시장에서 배제될 것이다.[6]

균형가격과 순사회편익

생산자 잉여와 소비자 잉여의 합을 '순사회편익'이라 부른다. 명칭이 너무 고답적이긴 하지만, 주어진 가격수준에서 시장에 참여한 생산자 및 소비자 전체가 거래를 통해 추가로 얻는 이익의 총합을 가리킨다. 즉, 순사회편익은 소비자잉여와 생산자잉여의 합으로 측정되고, 그 크기는 [그림 8]에서

---

6. 소비자의 경우와는 달리 높은 생산비와 낮은 효율을 가진 생산자가 시장으로부터 배제되는 것은 경쟁을 바탕으로 하는 시장경제에서는 당연한 일이고, 더욱이 사회적으로는 전혀 문제 삼을 일이 아니다. 오히려 그러한 생산자는 퇴출되는 것이 사회적으로도 자원의 낭비를 막는 결과가 될 것이다. 만약 그가 시장에서 퇴출당하지 않으려면 기술혁신이나 생산성 향상 노력으로 생산비를 시장가격 수준으로 낮출 수 있어야 한다. 이미 본 바와 같이 여기서도 시장가격 메커니즘은 생산자들로 하여금 생산비 인하를 위한 끊임없는 노력을 강제하고 있음을 알 수 있다.

△af0에 해당된다는 것을 쉽게 알 수 있다.

여기서의 관심은 어떤 가격수준에서 순사회편익이 극대화되는가를 알아보는 데 있다. 왜냐하면 바로 그러한 가격수준이야말로 사회적으로 바람직한 가격수준으로 간주될 수 있기 때문이다. 미리 답을 말하자면 균형가격에서 순사회편익은 극대화되는데, 이를 증명하기 위해 여기서도 균형가격이 아닌 어떤 가격수준에서도 순사회편익의 크기가 균형가격 수준의 그것보다 작다는 사실을 보여주는 방법이 사용된다. 다시 [그림 8]을 보자.

한편으로, 시장가격이 균형가격보다 높은 임의의 수준 b라고 하자. 이 가격수준에서는 수요가 공급보다 작기(수요 부족 또는 공급 초과) 때문에 실제 거래량은 수요량(q_1)을 초과할 수 없다. 이 경우 소비자 잉여는 수요곡선 아래와 가격선 위에 있는 면적인 △abc가 된다. 생산자 잉여는 가격선 아래 공급곡선 위에 해당하는 면적인 □bch0가 된다. 따라서 순사회편익은 이 두 개의 합으로 이루어지는 □ach0가 될 것이다. 이 면적을 균형가격 수준에서의 순사회편익을 나타내는 △af0와 비교해보면 △cfh만큼 작다는 것을 알 수 있다.

다른 한편으로, 시장가격이 균형가격보다 낮은 임의의 수준 g에 있다고 하자. 이 가격수준에서는 수요가 공급을 초과하므로 공급 부족 상태가 조성된다. 소비자들은 더 많이 사고자 하나 생산자들이 더 적게 팔고자 하므로 거래량은 공급량을 넘어설 수 없고, 추가 이득도 실제 거래량에 대해서만 누릴 수 있다. 이 가격 수준에서 소비자 잉여는 □achg이고, 생산자 잉여는 △gh0이므로 순사회편익은 □ach0가 된다. 이것을 균형가격 수준의 순사회편익과 비교해보면 △cfg만큼 작다는 것을 알 수 있다.

이러한 결과가 나온 까닭은 가격이 균형수준보다 높아질수록 소비자 잉여는 급격하게 줄어들지만 생산자 잉여는 그보다 적게 늘어나며, 반대로 가격이 균형수준보다 낮아질수록 생산자 잉여는 크게 줄지만 소비자 잉여는 그보다 더 적게 늘어나기 때문이다. 이 현상은 무엇보다 균형가격이 아닌 다른 어떤 가격수준에서도 공급 부족이나 수요 부족이 발생하므로 실제 거래량이 균형 거래량보다 적어진다는 사실에 기인한다. 따라서 가격이 균형가격으로부터 멀어질수록 순사회편익의 감소분이 커지는 반면, 가격이 균형가격에 가까워질수록 순사회편익의 감소분이 줄어든다는 것을 알 수 있다.

이렇게 해서 균형가격 수준에서 얻을 수 있는 순사회편익이 가장 크다는 사실이 증명된 셈이다. 이것은 시장가격이 균형수준에서 성립할 때 시장 참여자들이 얻을 수 있는 추가이득이 가장 크다는 것을 의미한다. 이에 따라 균형가격이 사회 전체의 관점에서 가장 바람직한 가격수준이라는 결론이 도출된다.

2 '시장 실패'와 그 원인

앞에서 본 것처럼 이처럼 엄청난 장점들을 가진 완전경쟁시장 모형 또는 일반적으로 말해서 시장경제에는 어떤 결점도 없는 것일까. 시장가격 메커니즘은 인간이 발명한 여러 제도들 중 가장 나은 것들 중의 하나이지만 다른 모든 제도와 마찬가지로 완전무결한 제도는 결코 아니다. 현실에서는 시장이 상기와 같은 소기의 목적을 달성하거나 장점을 실현하지 못하는 경우가 빈번하게 일어나는데, 이런 경우를 총칭 '시장 실패'market failure라 부른다. 그렇다면 시장 실패를 초래하는 원인은 무엇일까? 시장경제는 무엇보다 그 자체의 태생적인 한계를 가지고 있으며, 여러 가지 비현실적인 가정들 위에서만 성립할 뿐만 아니라 그 작동이 항상 바람직한 결과를 가져다주는 것도 아니다. 여기서는 시장 실패의 원인에 관한 논의를 이 세 가지 관점에서 정리해 보자.

시장경제의 태생적 한계

우리는 시장경제가 자신의 존재를 위한 조건을 스스로 갖출 수 없다는 점을 그 태생적 한계로 간주한다.

정부에 의한 사유 재산권 및 거래의 안전성 보장과 결제 시스템의 운용

시장경제는 사유 재산권과 거래의 안전성 보장 그리고 공신력 있는 결제 시스템 없이는 제대로 작동할 수 없다는 점은 이미 언급한 바와 같다. 그런데 이 조건은 시장경제 자체, 즉 시장 참여자들이 아니라 시장 외부의 제3자(결국에는 공권력인 국가)에 의해서만 충족될 수 있다는 사실이다. 국가에 의해 소유권 및 안전한 거래가 보장되지 않는다면 그리고 중앙은행에 의해 관장되는 은행 네트워크를 통한 결제 시스템이 운용되지 않는다면 재산의 보유, 상품의 거래, 대금의 결제는 불가능하지는 않겠지만 적어도 그러한 조건이 구비되지 않았을 경우와 비교해 생각해보면 원활하게 이루어지기는 어렵다.

역사적으로 볼 때 오늘날과 같은 시장경제의 형성은 국민국가national State의 성립과 궤를 같이 한다는 사실, 그리고 서로 다른 국가들 간의 자유로운 교역은 세계무역기구(WTO)와 같은 다자간 국제협정 또는 자유무역협정(FTA)과 같은 쌍무협정 없이는 제대로 이루어질 수 없다는 사실로부터 이

점은 명백하다.

시장 자체의 불완전성

완전경쟁시장 모형과 완벽하게 일치하는 시장은 현존하지 않는다. 시장 근본주의자들은 바로 이러한 현실 자체가 시장 실패의 원인이라고 보기 때문에 현실의 시장들이 완전경쟁시장으로 되기 위해 필요한 조건을 갖추도록 만들어야 한다고 주장한다. 그런데 완전경쟁시장 모델을 현실에서 구현할 수 없도록 만드는 대표적인 요인 중의 하나가 바로 미래의 불확실성uncertainty이다. 이에 대해 인간들이 만들어낸 대비책의 하나가 보험insurance 제도다. 그러나 미래에 일어날 수 있는 모든 위험risk에 대비할 수 있는 보험시장을 만든다는 것은 어려운 일이고, 만들 수 있다 하더라도 완벽하게 작동하는 보험시장을 만들기는 더욱 어렵다. 더욱이 보험이란 위험이 현실화될 때 그로 인해 발생한 손실을 보상해주는 장치이지 위험 그 자체를 제거해주는 장치는 아니라는 점에서 경제 활동의 불확실성과 그에 따른 위험은 제거될 수 없는 것이다. 물론 이것은 시장경제체제만이 아니라 다른 어떤 경제체제라도 피할 수 없는 숙명 같은 것이라 할 수 있다.[7]

비非 시장적 경제 활동의 존재

사실 시장경제는 현실 경제의 일부를 이룬다. 인간사회에는 가사노동, 상속, 기부, 자원봉사 등 시장 논리와 무관하게 이루어지는 경제활동이 적지

---

7. 신고전파 표준이론에서는 이러한 불확실성을 무시해버리거나 '합리적 기대'의 도입으로 해결하고자 하는 반면, 포스트 케인지언들은 불확실성을 전제하고 이를 경제이론에 도입하고자 애쓴다. 여기서는 지면상의 제약과 본서의 독자에게는 불필요한 이론적 탐색이 될 것이므로 이 정도로 그친다.

않으며, 공공재나 가치재는 시장 메커니즘에 맡기면 사회가 필요로 하는 양만큼 생산되거나 제공되지 않는다. 그래서 인간들의 모든 경제활동이 시장에서 이루어지는 것도 아니고, 그렇다고 시장 논리에 의해 해명되는 것도 아니다. 상품화 또는 시장화가 급속하게 진전되어 시장경제가 경제의 중추를 이루고 시장 논리가 지배적인 논리로 되어 왔지만, 인간이 필요로 하거나 원하는 모든 생산물이 상품으로 거래되는 상황은 아마 도래하지 않을 것이다. 만약 그런 상황이 조성될 수 있다 하더라도 모든 것이 시장에 의해 해결되는 그런 경제가 과연 사회적으로도 바람직한 것인지는 판단하기 쉽지 않다.

대가 없는 경제 활동이 존재하지 않는 인간사회가 얼마나 삭막할 것인지 그리고 무료나 싸게 제공되는 공공재가 전혀 없는 사회에서 빈곤층의 삶은 얼마나 힘들 것인지를 생각해보자. 사회적 또는 공동체적 가치(봉사, 우정, 연대, 희생, 지원, 협력 등)가 경시되고 경제적 가치(돈, 타산 등)만이 중시되는 사회가 진정 바람직한 사회라 할 수 있는지도 생각해보자. 이와 관련하여 최근 주목할 만한 현상은 사회적 기업이나 협동조합 같은 기업형태의 부상이다. 이는 한편으로는 고용 없는 성장으로 인한 일자리 부족 문제를 해결하고, 다른 한편으로는 경제적 가치와 사회적 가치의 조화를 추구함으로써 시장과 시장 논리를 보완하려는 노력의 일환이라 할 수 있다.

시장이 다룰 수 없는 상품: 공공재와 가치재

먼저, 시장에서 거래될 수 있는 상품은 민간재 또는 사유재private goods에 한정된다. 사유재가 될 수 있으려면 경합성(또는 소진성, rivality과 배재성excludability이란 두 가지 성격을 동시에 가지고 있어야 한다. 경합성이란 어떤 재화 한 단위를 누군가가 소비하면 다른 사람은 그것을 소비할 수 없기 때문에 소비자들 사이에 일종의 경합이 이루어지는 성격을 말한다. 그 근본 원인은 해당 상품의 생산량이 무한하지 않다는 데 있다. 또한 사유재는 대가(즉 가격)를 지불하지 않는 사람의 소비를 막을 수 있는 성격을 가지고 있어야 하는데, 이를 배재성이라 한다. 요컨대 시장에서 거래될 수 있는 사유재는 희소성이 있어야 하고 대가(즉 가격)의 지불 없이는 양도하지 않거나 사용하지 못하게 할 수 있어야 한다.

그런데 세상에는 이 두 가지 성격 중 어느 하나 또는 둘 다를 가지고 있지 않은 재화나 서비스가 존재하는데, 이러한 상품을 공공재public goods라 부른다.[8] 광의의 공공재에는 치안, 국방, 소방, 도로, 매스컴, 의무교육, 공공시설 등이 있는데 간단히 말해서 여러 사람이 공동으로 소비하는 재화나 서비스다. 특히 순수공공재는 누군가 소비한다고 해서 그 양이 줄어들지도 않고 심지어는 가격을 매겨 유상으로 판매될 수 없는 경우도 있기 때문에 이윤 추구를 목적으로 하는 민간기업이라면 어느 누구도 이러한 공공재를 생산하여 공급하려 들지 않을 것이다. 이러한 공공재 중에서 사회적으로 반드시 필요한 것들은 정부가 공기업을 설립하여 공급할 수밖에 없다. 이것이 공기업의 존재이유를 설명해주는 가장 중요한 근거다.

다음, '가치재'merit goods를 살펴보자. 가치재란 개인의 자발적인 선택에 맡기는 경우 사회적으로 바람직한 수준까지 소비되지 않는 재화나 서비스를 말한다. 이러한 가치재가 존재하는 이유는 단순히 생존에 필요한 필수

8. 재화(및 서비스)는 경합성(소진성)과 배제성의 두 가지 성격을 기준으로 통상 다음 네 가지 부류로 구별된다. 이 두 성격 모두를 가진 것을 사유재, 두 가지 성격 모두 없는 것을 공공재, 경합성은 있지만 배제성이 없는 것을 공유자원(공유재산 포함), 경합성은 없지만 배제성이 있는 것을 클럽재(자연독점 재화)라 한다. 공유자원에는 바다, 하천 등이 있고, 클럽재에는 공공시설, 고속도로 등이 있다. 하지만 사유재가 아닌 것은 모두 광의의 공공재에 속하며, 그래서 공공재 중 공유자원과 클럽재를 제외한 나머지를 순수공공재라 부르기도 한다.

품 중에서도 인간으로서의 품위를 유지하는 데 꼭 필요한 것으로 간주되는 재화들을 소득이 낮아 시장가격으로 구매할 능력이 없는 사람들이 존재하기 때문이다. 만약 사회 구성원 모두가 반드시 소비해야 할 이유가 없는 재화라면 시장가격보다 낮은 지불용의를 가진 소비자들은 자발적으로 해당 재화의 소비를 거부하는 거나 마찬가지이므로 사회적으로 문제 삼을 필요가 없다. 가치재의 대표적인 사례로는 교육, 의료, 주택 등을 들 수 있다. 대다수의 나라에서 일정 수준까지의 의무교육이 무상으로 시행되고, 보건소 등 무료 또는 실비의 공공의료기관이 운영되며, 저소득층을 위한 공공임대주택이 공급되는 까닭이 여기에 있다. 이처럼 사회적 가치가 높은 재화나 서비스는 통상적으로 복지나 사회안전망 차원에서 논의되어 왔지만, 최근 가치재의 관점에서 바라보아야 한다는 주장이 대두되기도 했다.[9] 물론 가치재는 명칭이 암시하듯이 가치판단을 전제하고 있기 때문에 가치재의 규정과 범위를 둘러싸고 논란이 있을 수 있다. 그럼에도 가치재가 존재한다는 것 그리고 이러한 가치재가 시장 논리만으로는 사회적으로 충분히 공급될 수 없다는 사실만은 부정하기 어렵다.

균형 개념의 이론적 약점

상당수의 학자들은 균형 개념을 중심으로 전개되는 시장이론 자체에 대해 의문을 제기한다. 무엇보다 균형은 정의상 변화를 내포할 수 없다. 균형 상

9. 최근 무상급식 논란과 관련하여 이준구 교수는 오마이뉴스(ohmynews, 2010.3.13)에 인용 게재된 글에서 "모든 국민이 최소한 일정 수준 이상의 혜택이 돌아가게 만들어야 한다는 관점에서 정부가 직접 생산, 공급하는 상품으로서 ... 의료, 주택, 교육 서비스가 그 좋은 예로 공공재의 성격과는 전혀 관계가 없다. 의무교육은 교육이 가치재의 성격을 갖기 때문에 정부가 개입하는 대표적 사례 중 하나"라고 주장한 바 있다.

태에서는 변화를 유발하는 동인이 있을 수 없고, 균형점의 이동은 시장 메커니즘 외부로부터 주어질 수밖에 없다. 균형점의 이동이 시장경제의 내적 역동성에 의한 것이라 할지라도 균형이론은 균형점의 이동 과정만 설명할 수 있을 뿐 그 내적 역동성의 원인 자체를 규명하지는 못한다. 이처럼 균형이론은 본성상 정태적 성격을 띠고 있으며, 결과론적 설명에 지나지 않는다는 것이다. 바로 이 점 때문에 균형이론은 경제에서 가장 중요한 동태적 현상으로 간주되는 경제성장이나 경기변동을 설명하는 데는 나름의 한계를 드러낼 수밖에 없다.

끊임없이 변화하는 현실경제는 항상 불균형 상태에 있다고 해도 과언이 아니다. 왜냐하면 경제주체들은 결코 균형 상태에 만족하지 않으며, 특히 생산자들은 연구개발 등 혁신을 통한 초과이윤을 항상적으로 추구한다. 정부의 경제정책과 시장을 둘러싼 제반 환경의 변화도 시장의 불균형을 조장하는 외적 요인이다. 그래서 비록 균형 상태가 이루어진다 해도 그야말로 일시적인 것이며, 시장과 경제는 항상 불균형 상태에 있다. 균형이론은 불균형을 초래하는 역동적인 인간의 활동 그 자체에 대한 고려는 할 필요도 없고 할 수도 없다. 요컨대 균형 개념을 중심으로 하는 시장이론만으로는 현실의 복잡한 경제를 이해하기가 턱없이 부족한 것이다.

또한 균형이란 아이디어에는 어떤 사회적 가치판단도 배제되어 있다. 예컨대 노동시장의 경우 균형 임금수준이 사회적으로 평균적인 생활수준 심지어는 최저 생활수준조차 보장하지 못할 정도로 낮은 수준에서 형성된다 하더라도 시장경제의 관점에서는 아무런 문제가 되지 않는다.[10] 또 다

10. 그럼에도 불구하고 오늘날에는 거의 모든 나라에서 최저임금제가 시행되고 있다. 이것은 시장경제에서 생활임금이나 최소생계비에 미치지 못하는 임금노동자가 상당수 존재한다는 것을 반증한다. 실제로 우리나라 고용노동부는 최근 최저임금제의 적용을 받을

른 예를 들어보자. 어떤 상품이 모든 사람에게 반드시 필요한 필수품이 아니라면 원하는 사람만 소비를 하고 더욱이 소비자 잉여라 불리는 추가이득까지 누린다고 해서 문제될 것은 전혀 없을 것이다. 하지만 만약 해당 상품이 누구나 반드시 사서 소비를 해야만 최소한의 생존이나 품위를 유지할 수 있는 필수품 혹은 가치재라면 자발적으로건 강제적으로건 그 상품의 소비로부터 배제되는 소비자가 있다면 이는 사회 문제가 될 수 있다. 사실 어느 사회건 극빈층과 저소득층은 존재하기 마련이고, 여기에 소득과 부의 양극화 경향이 가세하고 사회적 일탈 현상(자살, 묻지마 살인이나 방화, 절도나 강도, 폭동 등)이 늘어나고 있다. 그런데 완전경쟁시장 모형으로는 실재하는 이 문제에 대한 실효성 있는 해법 제시는 고사하고 제대로 다룰 수조차 없다. 그래서 표준경제이론이 사회적 문제는 정치적으로 복지 차원의 문제로 해결해야 한다고 주장한다면, 이는 경제적 영역이 정치적 영역의 개입 없이 홀로 존재할 수 없다는 것을 보여주는 훌륭한 반증이 아닐까?

완전경쟁시장 모형의 비현실적인 가정들

지불능력을 가진 지불용의

수요곡선의 도출에 결정적인 역할을 하는 지불용의는 소비자의 지불능력에는 문제가 없다는 것을 전제로 하고 있다. 그런데 균형가격 수준보다 낮은 지불용의를 표명한 소비자 중에는 해당 상품에 대한 강력한 구매 욕구를 가지고 있지만 소득의 제한으로 낮은 지불용의를 표명할 수밖에 없는 사람도 있을 수 있다. 실제로 1929년 대공황 이후 케인스Keynes는 그 원인

노동자 수가 256만 명에 달하는 것으로 추정했다.

으로 지불능력을 가진 수요의 부족을 지적하고 '유효수요'effective demand란 개념을 창안했는데, 이 문제와 무관하지 않다. 이론적으로는 지불능력과 무관하게 지불용의를 거론할 수 있겠지만 현실에서는 지불능력 없는 지불용의가 있을 수 있는 것이다.

완전경쟁

자유시장경제는 완전경쟁perfect competition의 조건을 갖추고 있을 때 비로소 사회가 필요로 하는 재화와 서비스가 가장 효율적인 방법으로 생산될 수 있도록 한정된 자원을 상품별로 배분함과 동시에 기업들이 가장 효율적인 생산기술을 채택하도록 강제할 수 있다. 또한 완전경쟁시장에서는 시장가격을 좌우할 수 있을 정도의 가격 설정력을 가진 독과점 기업이 존재하지 않으며, 상호 경쟁하는 다수의 기업들이 시장의 수급 상태에 의해 결정되는 가격으로 판매 여부를 결정할 수밖에 없다.[11]

하지만 현실의 시장에는 기업의 진입을 가로막는 다양한 진입장벽entry barriers이 존재한다. 예를 들면, 특허 등 지적재산권에 의한 독점, 막대한 초기투자자금, 시장수요의 크기에 맞먹거나 심지어 그것을 상회하는 '규모의 경제', 특정의 전략산업 육성을 위한 정부의 산업정책, 선발 기업의 제품차

---

11. 일정한 가격 지배력을 가진 생산자를 '가격 설정자'price setters라 하고, 시장에서 주어지는 가격을 수용할 수밖에 없는 생산자를 '가격 수용자'price takers라 한다. 가격수용자만 존재하는 완전경쟁시장에서 기업들은 가격이 아니라 품질이나 생산비로 경쟁할 수밖에 없다. 그래서 품질 개선, 생산성 향상, 비용 절감 노력이 경주되며, 가장 바람직한 방법이 바로 연구개발(R&D)과 혁신이다. 그러나 현실에서 기업들은 비용이 많이 들고 장기적이고 불확실한 효과가 기대되는 혁신 노력 외에도 협력업체의 납품단가 인하, 근로자의 임금인상 억제, 정리해고 등 구조조정의 강행 등으로 비용 절감이라는 단기적이고 효과가 확실해 보이는 처방에 몰두하는 경우도 적지 않다.

별화나 광고 전략 등이 진입장벽의 역할을 한다. 그래서 사실상 현실에서는 완전경쟁시장을 거의 찾아볼 수 없고, 오히려 독과점, 독점적 경쟁 등 '불완전 경쟁'imperfect competition이 지배하는 시장이 일반적이다. 이미 살펴본 바와 같이 시장의 가격기구가 효율적인 자원배분을 가져다줄 수 있는 것은 완전경쟁의 조건이 충족되는 경우에만 그러하다. 시장 지배력을 가진 독과점 업체의 이윤이 극대화되는 가격은 통상 완전경쟁시장 가격보다 더 높고 해당 거래량(즉 생산량)은 더 적기 때문에 사회 전체의 관점에서 볼 때 바람직하지 못한 결과가 초래된다.[12] 불완전경쟁 시장은 가장 효율적인 자원 배분과 후생의 극대화를 가져다줄 수 없다는 점에서 시장 실패를 초래하는 원인이 된다.

또한 교복이나 휘발유 같은 상품에서 볼 수 있듯이 과점 기업들은 담합談合을 통해 초과이윤을 추구하기도 하며, 재벌그룹은 계열사들에게 물량 몰아주기 행태를 보임으로써 공정경쟁의 질서를 해치기도 한다.

완벽한 정보

완전경쟁시장은 공급자건 수요자건 모든 시장 참여자들이 상품과 시장 상황에 관한 완벽한 정보perfect information를 가지고 있다고 가정한다. 그러나 현실에서는 이들이 경제적 의사결정에 필요한 정보를 획득하는 데에는 시간과 비용이 들 뿐만 아니라 정보가 공개되어 있지 않아 정보 자체에 접근할 수 없는 경우도 흔하다. 그래서 시장 참여자들은 대개 불충분한 정보를 가지게 되고, 그들이 가진 정보도 양과 질에서 서로 차이가 날 수 있다. 후

12. 독점에 의해 초래되는 사회후생의 손실을 자중손실(自重損失; deadweight loss)이라 부르며, 그 크기는 후생 삼각형welfare triangle으로 측정된다 (자세한 것은 경제학원론 참조).

자의 경우를 '정보의 비대칭'asymmetric information이라 부른다. 이처럼 정보가 부족하거나 공유되고 있지 않을 때 시장 참여자들은 합리적인 선택을 할 수 없다. 예컨대 중고차 시장의 경우 판매자는 해당 중고차에 대해 잘 알고 있지만 구매자는 잘 모르기 때문에[13] 이른바 '역선택'逆選擇, adverse selection[14]이 일어날 수 있다. 이처럼 '마찰'로 비유되는 정보의 부족이나 비대칭이 존재할 때 시장은 실패할 수 있는 것이다.

하지만 디지털 기술혁명에 따른 IT산업의 발전과 사이버 공간의 출현은 시장참여자들의 정보에 대한 접근 및 획득을 보다 빠르고 용이하게 만들어 주고 있다. 이러한 경향이 특히 소비자와 생산자 간의 정보 비대칭을 축소시키고 있다는 사실을 부정하기는 어렵다. 하지만 디지털 경제에서도 디지털 기술 표준의 선점과 무한대에 달하는 규모의 경제 등으로 인해 독과점이 강화되는 경향 역시 강하게 존재한다는 것도 사실이다.[15]

---

13. 이러한 상황을 비유적으로 정보의 유통에 '마찰'friction이 존재하는 것으로 본다면 정보의 완벽한 공개와 완전한 공유를 가정하고 있는 완전경쟁시장 모델에서는 이른바 '마찰 없는 경제'(friction-free 또는 friction-less economy)가 작동하는 것으로 간주할 수 있다.

14. 선택의 주체가 그 선택으로 기대했던 것과 정반대의 결과를 가지게 될 때 그러한 선택을 역선택이라 부른다. 이 용어는 애초 보험시장에서 나왔다. 예를 들어 건강보험의 경우를 보자. 동일한 보험가입 조건에서 건강한 사람보다는 건강이 나쁜 사람이 더 많이 가입하는 결과가 나타났고, 이를 역선택이라 지칭했다. 이러한 결과가 나타난 것은 건강보험 가입자는 자신의 건강상태를 잘 알고 있는 반면 보험회사는 잘 알 수가 없는 상태에서 건강이 나쁜 사람은 건강보험 가입 유인이 큰 반면 건강이 좋은 사람은 보험 가입의 필요성을 크게 느끼지 못하기 때문이다. 그 후 보험사들은 이러한 정보의 비대칭과 역선택의 문제를 해결하고자 보험가입자에게 건강상태에 관한 더 많은 정보를 요구하거나 건강상태에 따라 차등 보험료를 부과하는 등 다양한 방법을 강구해왔다.

15. 이른바 '디지털 경제'의 특징에 대해서는 서익진(2010)을 참고하라.

'외부효과'의 부재

외부경제external economy 또는 외부성externalities이라 불리기도 하는 외부효과external effects는 어떤 경제주체의 경제활동이 다른 경제주체(들)에게 손실 또는 이익을 초래함에도 불구하고 서로 그 대가를 지불하거나 수령하지 않는 경우를 말한다. 이러한 외부효과는 거래 당사자가 아닌 제3자에게 미치는 의도하지 않은 효과이므로 시장 내부에서 통제되기 어려울 뿐만 아니라 그 크기를 측정하기도 쉽지 않기 때문에 비용이나 가격에 반영되지 않는다. 그럼에도 외부효과는 실재하는 경제현상이기 때문에 경제학원론에서 시장 실패의 원인의 하나로 다루어진다. 하지만 완전경쟁시장을 가정하는 표준이론에서는 당연히 무시된다.

외부효과는 두 개의 부류로 나뉜다. 제3자에게 이익을 주면 긍정적positive 외부효과 또는 외부경제라 하고, 손실을 초래하면 부정적negative 외부효과 또는 외부 불경제external diseconomy라 한다. 긍정적 외부효과의 예를 들어보자. 영화관과 같은 대중집객시설이 들어서서 유동인구가 증가하여 매출이 증가한 인근 가게들이 영화관에 어떤 직접적인 대가도 지불하지 않는 경우가 그러하다. 부정적 외부효과의 대표적인 사례는 공해pollution다. 온실가스를 방출하는 자동차를 만든 회사나 운전자가 자동차 매연과 그로 인한 대기오염으로부터 시민들이 피해를 입어도 어떤 직접적인 보상도 하지 않는 경우가 이에 해당된다.

이처럼 거래의 당사자가 아닌 제3자에게 미치는 긍정적 또는 부정적 외부효과가 실재하며, 그 영향이 사회적 문제가 될 정도로 커지더라도 그로 인해 발생한 수익이나 비용이 민간 경제주체들의 의사결정에 반영되지 않는다. 이 경우엔 사회적으로 바람직한 최적의 생산이나 소비가 보장될 수 없게 된다. 그래서 특히 부정적 외부효과를 야기하는 경제주체들에게 정부가 그 비용을 부담하도록 강제하는 규제를 가하는 것이 보통이다.

시장경제가 야기하는 바람직하지 못한 결과들

구성의 오류와 시스템 위험

시장경제는 시장 참여자들이 오로지 자신의 이익을 극대화하는 데만 몰두하면 '보이지 않는 손'이 이러한 사적 선택들이 조화를 이루도록 만들어줌과 동시에 사회 전체 차원에서도 가장 바람직한 상태가 조성된다는 예정조화설을 전제하고 있다. 그러나 이러한 미시적 합리성과 거시적 합리성 간의 일률적인 관계는 이론적으로도 현실적으로도 항상 성립하는 것은 아니다. 이처럼 미시적 논리와 거시적 논리가 배치되는 경우를 논리학 용어를 빌려 '구성의 오류'fallacy of composition[16]라 한다.

---

16. 구성의 오류는 인식론에서 개체에 대해 참인 것을 전체에 대해서도 참인 것으로 잘못 추론하는 오류를 말한다. 가장 비근한 예는 다음과 같다. 장터에서 펼쳐지고 있는 마산오광대 탈춤 공연을 구경하기 위해 사람들이 동심원을 이루며 죽 둘러앉았다고 하자. 두 번째 줄에 앉은 관객들이 앞 사람 때문에 잘 보이지 않아 더 잘 보기 위해 일어선다면(이는 개인적으로 합리적인 행동이다) 세 번째 이후의 동심원에 앉은 관중들 모두 일어설 수밖에 없을 것이다(이 역시 합리적인 행동이다). 그 결과 모두 다 일어서서 관람을 하게 된다. 하지만 모두가 일어서서 본다면 모두가 앉아서 볼 때보다 더 잘 볼 수 있는 것도 아니고 오히려 모두의 다리만 아프게 될 뿐이다.

경제학에서 구성의 오류는 미시적인 개별 주체들의 합리적인 행동이 결과적으로 자신이 의도했던 목적을 달성하지 못하게 될뿐더러 거시경제 전체의 차원에서도 합리적인 결과를 가져오지 못하게 되는 경우를 말한다. 그 전형적인 사례는 '저축의 역설'paradox of thrift이다. 불황이 오면 개별 경제주체는 미래를 대비하기 위해 소비를 줄이고 저축을 늘이는 경향이 있다. 이는 개별 차원에서는 합리적인 행동이지만 많은 경제주체들이 동일한 행동을 하게 되면 시장수요가 줄어 불황은 더 장기화될 수 있고 그래서 결국 소득이

이 현상은 대체로 실수요 거래보다 투기 거래가 압도적으로 많이 일어나고 있는 주식, 외환, 부동산 시장 등에서 흔히 나타난다. 이 시장들에서는 어떤 이유로 가격이 오르기 시작하면 계속 오르고, 일단 내리기 시작하면 계속 내려가는 현상이 반복된다. 왜냐하면 가격이 오를 때는 누구에게나 먼저 사두는 것이 이득을 극대화하는 합리적인 행동이고, 반대로 가격이 떨어지기 시작하면 누구나 먼저 팔아치우는 것이 손실을 극소화하는 합리적인 행동이 되기 때문이다. 이처럼 미래의 가격 변동을 예상하고 가격 차이로부터 이득을 도모하려는 투기 거래가 지배하는 시장에서는 그 참여자들이 모방(무리, 떼거리) 행태를 보이기 십상이다. 이러한 시장에서는 민간주체들이 개별 이익(손실)의 극대화(극소화) 전략을 충실하게 실행한다면 시장가격이 균형수준으로 복귀하여 시스템을 안정시키는 것이 아니라 가격의 지속적인 상승(하락)을 유발함으로써 시스템은 오히려 불안정해진다. 가격의 지속적인 상승으로 형성된 거품(bubble; 실제 가치를 상회하는 가격)은 영원히 커질 수 없다는 속성을 가지고 있어 결국 언젠가는 폭발하게 되고 이때부터 가격의 하락이 지속된다. 이러한 현상을 붐-버스트boom-burst라 부른다. 문제는 이 과정에서 거래자들의 손실이 눈덩이처럼 커질 수 있다는 점이다. 더욱이 이러한 시장의 참여자들이 다른 경제주체들과 연쇄적인 채권-채무 관계를 맺고 있다면 이를 통로로 손실이 자산시장과 무관한 다른 경제주체들에게로 이전되어 파산하거나 아니면 최소한 자금상의 곤란에 빠질 수 있다. 이런 일이 급격하게 일어나면 해당 시장에서의 거래 자체가 소멸되는 시장 붕괴 현상이 나타날 수도 있다. 이처럼 개별 참여자의 차원을

줄어들면 사회 전체의 저축도 줄어들게 된다. 결국 저축은 개인에게 합리적인 행동이지만 모두가 저축을 늘이면 경제 전체로서는 이롭지 않은 결과가 초래된다는 것이다.

넘어 시장 시스템 전체가 마비될 수 있는 위험을 '시스템 위험'systemic risk이라 부르며, 이 위험이 현실화될 때 '시스템 위기'systemic crisis가 발생했다고 말한다.

이러한 '구성의 오류'와 '시스템 위험'은 시장 자체의 존립 근거를 위협하는 요인이기 때문에 표준경제학에서는 이를 거의 다루지 않는다. 오히려 효율적 시장이론이라 해서 금융시장 등 자산시장에도 적용 가능하다고 주장한다. 경제학원론 중에는 이 문제를 다루는 책이 거의 없다 해도 지나치지 않은데, 간혹 있다 하더라도 경제학적 추론상의 유의사항으로 간략하게 지적해두는 게 고작이다.[17] 그런데 오늘날처럼 고도로 발전된 금융시장을 가진 시장경제체제에서는 구성의 오류와 시스템 위험의 중요성이 갈수록 커지고 있다. 특히 최근 글로벌 금융시장에서 시스템 위기가 반복해서 발생하자[18] 시스템 위험에 대한 관심이 늘어나고 있다.

소득과 부의 양극화

소득income의 획득과 재산fortune의 증식은 개인의 경제활동이 추구하는 기본목적이라 할 수 있다. 그런데 자유경쟁을 기반으로 하는 시장경제의 발전은 '부익부 빈익빈' 현상을 동반할 수 있다.

시장경제는 무엇보다 자유경쟁을 통해 작동하기 때문에 시장 참여자들

---

17. 유명한 새뮤얼슨(P. Samuelson)의 『경제학』Economics의 초기 판본들에는 구성의 오류가 다소 상세하게 다루어지고 있었는데 몇 번째 판부터인지는 확실치 않으나 그 후론 구성의 오류가 더 이상 다루어지지 않고 있다.

18. 금융시장에서 발생했던 시스템 위기의 대표적인 사례는 1997년에 태국에서 시작되어 한국에까지 전파되었던 아시아 외환위기, 2008년에 미국의 서브프라임 대출시장에서 시작된 글로벌 금융위기일 것이다.

에게 기회의 균등이 보장된다 하더라도 경쟁의 결과 각자가 올리는 성과에는 격차가 생기게 마련이다. 물론 이 격차가 자유롭고 공정한 경쟁의 결과라면 일단 그러한 성과 격차를 문제 삼을 수는 없다. 그럼에도 이러한 개인별 성과 격차가 누적되어 경제주체들 간의 소득 격차가 일정 수준을 넘어서고 그로 인해 시장수요의 증대마저 억제될 정도가 되면, 이는 사회 문제로 간주될 수 있다. 시장 근본주의 및 경쟁 지상주의를 표방하는 신자유주의 시대에 소득 및 부의 불평등 확대, 이른바 양극화가 빠르게 진행되어왔다는 것은 그 증거가 아닐까.

상품시장에서 생산자인 기업들 간의 자유경쟁에 따른 승패는 원리상 받아들일 수밖에 없지만 그로 인한 독과점의 형성과 경제력 집중의 심화마저 용인하기는 쉽지 않다. 더욱이 이 과정이 불공정 거래 관행에 의해 조장되고 있다면 더욱 그러할 것이다. 오늘날 한국경제가 보여주듯이 대기업과 중소기업 간의 경제력 격차가 갈수록 벌어지고, 대기업은 글로벌 그룹으로 발전하는 반면 중소기업은 대기업의 하청업체로 전락해가고 있다. 이러한 기업 간 양극화를 억제하고 대기업과 중소기업 간 상생관계의 확립이 한국경제의 새로운 도약을 위해 시급하다는 진단이 세를 얻고 있다.

노동시장에서 공급자인 개인들은 일자리 경쟁의 출발점에서부터 불평등한 상태에 놓여 있다. 무엇보다 자본주의 시장경제의 근간을 이루는 사유재산권에 기초한 상속 제도와 이에 따른 부의 세습은 개인들이 타고난 재능과 후천적 노력만 가지고 경쟁하도록 놔두지 않는다. 노동의 공급 측면에서 볼 때 교육의 중요성과 노동시장 진입 이전에 지출되어야 하는 교육비가 커지는 경향을 감안하면 소득 및 부의 양극화와 그 세습은 출발점상의 불평등을 더욱 강화시킨다. 더욱이 부동산과 금융자산의 상품화 및 시장화의 진전으로 재테크(재산의 운용을 통해 벌어들이는 소득, 즉 재산소득의 획득을 노리는 활동)가 일상화되면서 부익부 빈익빈 현상은 더욱 심화된다. 게다가 이러한 노동력 공급 상의 왜곡 경향은 수요 측 요인에 의해 더욱 강화될 수 있다. 기업의 필요와 사정에 따른 노동시장의 분절화(정규직과 비정규직, 사무직과 생산직 등) 경향이 강화될수록 제대로 된 일자리를 차지하기 위한 경쟁이 치열해지고, 이에 따라 교육 및 교육비의 중요성이 증대되고 결국 가계의 소득과 재산 상태의 중요성도 커지는 것이다.

이렇게 해서 일종의 악순환이 발생할 수 있게 된다. 이는 "노동력 격차->소득 격차->부의 격차->교육 격차->(지식 격차 또는 디지털 격차)->노동력 격차"로 요약될 수 있다.

이처럼 시장가격 메커니즘이 효율적인 자원 배분을 보장할 수 있다 하더라도 소득과 부의 격차는 확대될 수 있고, 시장 원리주의의 득세는 이러한 경향을 강화시켜 왔다. 그런데 이러한 양극화 경향은 시장경제 그 자체로서는 해결할 수 없는 문제이기 때문에 이것이 사회적 문제로 비화되지 않도록 하기 위해 정부의 개입이 요청된다. 나아가 장기침체에 빠져 있는 각국 경제들과 세계경제가 성장의 궤도를 되찾기 위해서는 분배 개선을 통한 양극화 해소 정책이 불가결한 것으로 보인다.

실업과 인플레이션

자유경쟁은 끊임없는 기술혁신을 조장함으로써 경제발전에 이바지한다. 하지만 기술혁신이 고용이나 실업에 미치는 영향은 일률적이지 않다. 장기적으로 볼 때 기술발전은 한편으로는 새로운 산업을 출현시키고 일자리도 창출하지만, 다른 한편으로 기존 산업을 도태시키고 자동화, 생력화省力化, 정보화 등으로 노동을 절약함으로써 일자리를 감소시킨다. 이처럼 기술혁신의 순고용 효과는 시공에 따라 다를 수 있지만, 오늘날 현대경제에서는 장기실업의 증가 경향과 재취업의 곤란이 강화되고 있다. 요컨대 '고용 없는 성장'이 괜한 말이 아닌 상황이 된 것이다.

법화로서 불환지폐가 사용되는 오늘의 화폐경제에서는 인플레이션의 만성화 경향이 내재해 있다. 불환지폐 제도는 시장경제의 발전에 따라 이전의 금본위제가 가진 통화 공급 상의 제약을 극복함과 동시에 나아가 통화량 조절을 통해 거래의 원활화 및 경제의 성장을 도모하기 위해 불가피한 선택이었다. 하지만 통화량의 인위적인 조절이 가능해짐에 따라 시장경제에 내재된 경기변동(호황과 불황의 계기적 반복)을 완화시키기 위해 정부가 통화금융 정책을 운용하는 것이 일반화되었다. 경기부양을 목적으로 시행되는 통화량 확대 정책은 인플레이션(통화가치의 지속적인 하락)이 만성화될 수 있는 배경을 제공했다. 불환지폐의 도입 이후 그 이전의 금본위 시대와 비교해볼 때 거의 모든 나라에서 장기적으로 인플레이션(즉 물가 상승)이 나타났다는 사실은 부정할 수 없는 사실이다. 물론 명목 경제성장률이 물가상승률을 상회하는 한 실질 경제성장률은 플러스가 될 수 있고, 불환지폐가 통용되는 경제에서 성장은 대개 이런 식으로 이루어져왔다. 글로벌 불황이 지속되고 있는 오늘날 미국, 유럽, 일본 등 거의 모든 선진국이 시행하고 있는 '양적 완화'(제로금리 상태에서 이루어지는 통화팽창) 정책이 당장은 수요의 침체로 가시적인 인플레이션을 유발하지 않고 있지만 잠재적인 글로벌 인플레이션에 대한 우려가 커지고 있는 것이 작금의 상황이다.

경제성장의 부산물

경제의 성장에는 부산물이 따르게 마련인데, 시장경제라고 예외는 아니다. 시장경제는 개인의 자유로운 사익 추구를 기반으로 삼고 있기 때문에 오히려 성장의 부산물이 더 많을 수 있고, 또 그로 인해 초래되는 문제들은 해결이 더 어려울 수 있다. 이러한 부산물에는 자원의 남용과 고갈, 환경의 오염과 파괴, 인구의 도시 집중과 도시의 난개발, 교통 혼잡 등이 대표적인 것들인데, 그 대부분은 '부정적인 외부효과'의 좋은 사례들이라 할 수 있다.

문제는 긍정적인 외부효과건 부정적인 외부효과건 시장경제는 외부효과를 스스로 내부화internalization 할 수 있는 유인을 가지고 있지 않다는 데 있다. 내부화를 위한 시장경제적 해법의 하나로 오염권 거래제도가 도입되고 있지만 그 활성화와 확산에는 많은 시간이 걸릴 것으로 보이고 그것만으로 문제가 완전히 해결되는 것도 아니다. 사실 환경오염 물질을 배출하는 회사는 오염 배출 방지시설을 위한 투자를 하거나 배출된 오염의 정화비용을 지출한 후 이를 자신의 생산물의 판매가격에 반영시키는 게 마땅하지만, 다른 경쟁자들도 동시에 그렇게 하지 않는 한 자신의 경쟁력만 약화되므로 자발적으로 그러한 선택을 할 수 없는 처지에 있다. 이것도 일종의 '구성의 오류'인 셈이다. 개별 기업의 입장에서는 비용이 많이 드는 오염정화시설을 하지 않는 게 합리적인 선택이지만 모든 기업이 그런 선택을 한다면 환경 악화는 불가피해진다. 그 결과 사회 구성원 전체가 피해를 입게 되고, 나아가 환경적으로 지속가능한 발전도 어려워진다. 바로 이 때문에 시장경제 외부에 있는 제3의 주체인 정부가 공공주체로서 환경 관련 규제 등을 통해 모든 생산자에게 동일한 의무를 강제할 수밖에 없게 된다.

3 정부 개입과 정부 실패

시장 실패는 정부의 시장 개입을 정당화하는 강력한 근거가 된다. 시장 자체에 내재된 결함은 물론 시장의 원활한 작동으로 초래되는 폐해나 부작용조차 시장 스스로 치유할 수 없다는 사실로 인해 시장 외부의 공공주체인 정부의 개입이 요청된다. 여기서는 정부의 시장 개입의 목표와 수단을 간략히 살펴본 후, 정부의 개입 역시 항상 바람직한 결과를 가져다주는 것은 아니라는 사실을 검토할 것이다. 이른바 '정부 실패'government failure의 현상과 그 원인에 대해 살펴보기로 한다.

정부 개입의 목적과 수단

정부는 시장 실패를 유발할 수 있는 원인을 사전에 제거하기 위해 또는 이미 발생한 시장 실패로 인해 초래된 폐해를 해결하기 위해 시장에 개입할 수 있다. 전자가 사전 예방책이라면, 후자는 사후 교정책이다.

무엇보다 정부는 사유재산권을 규정하고 시장 질서에 관한 법률을 제정·집행한다. 그리고 무역이나 투자 등 대외 경제활동을 위해 다른 나라들과 경제협정을 체결한다. 이러한 정부의 행동은 어찌 보면 너무 당연한 일이지만, 너무나 당연시될 만큼 중요한 역할이 아닐 수 없다. 그렇다면 "정부 없이 시장은 없다"고 해도 지나친 말이 아닐 것이다.

정부는 민간이 생산하려 들지 않거나 민간기업에 의해서는 충분히 공급되기 어려운 공공재를 공급하기 위해 세금으로 공기업을 설립·운영하기도 하고, 교육, 의료, 주택 등 '가치재'의 공급을 위해 의무교육, 무상급식, 공공임대주택, 국민건강보험 등의 제도를 시행하기도 한다. 전기, 전화, 수도, 우편, 가스, 철도, 지하철 등 공공서비스는 대개 정부가 직접 경영하면서 요금을 결정하는 경우가 많고, 버스나 택시 등 대중교통 서비스는 대개 민간위탁으로 운영되지만 이 경우에도 요금 결정은 정부나 지방자치단체

의 통제를 받는다.[19]

역설적이지만 정부야말로 완전경쟁시장 모형을 현실에서 구현할 수 있는 유일한 주체다. 반독점법(미국) 또는 공정거래법(한국)을 제정하여 독점의 형성을 사전에 방지하거나 이미 형성된 독점기업이 그 시장지배력을 부당하게 행사하지 못하도록 규제함으로써 독과점의 폐해를 방지하고 공정한 경쟁 질서를 확립하고자 애쓴다. 한국의 공정거래위원회가 독과점 업체들의 가격 담합이나 재벌회사들의 계열사에 물량 몰아주기 행태 등을 적발해 과징금을 부과했다는 뉴스가 심심찮게 들리는 것은 바로 이 때문이다.[20] 이와 동시에 정부는 과거 국가 주도 공업화 시절에는 나름대로 긍정적인 역할을 했던 인·허가나 보호주의 조치 등 각종 규제들 중에서 더 이상 불필요할 뿐만 아니라 오히려 시장의 진입장벽으로 작용할 수 있는 규제는 가급적 폐지하려는 노력을 기울일 수도 있다.

정보의 비대칭성과 불완전성을 축소하기 위해 시장과 기업 관련 정보의 공개를 촉진하고 정보의 확산과 공유를 위해 인터넷 관련 인프라를 구축하기도 한다. 생산자의 횡포나 정보의 비대칭으로 인한 소비자 피해를 방지하기 위해 소비자보호법을 제정하기도 한다.

외부효과가 존재하는 경우, 긍정적 외부효과에 대해서는 인센티브를 제공함으로써 그 확산을 조장하고, 부정적 외부효과에 대해서는 벌칙을 부과하거나 규제를 가함으로써 그 발생을 억제하고자 한다. 특히 부정적 외부

---

19. 여기서 정부는 중앙정부와 지방정부를 총칭한다. 우리나라에서는 엄밀한 의미에서의 지방정부는 존재하지 않으므로 지방자치단체(시·도 등 광역단체와 시·군·구 등 기초단체)란 용어가 사용된다. 공공서비스 요금의 통제권은 대개 지자체에 위임되어 있다.

20. 정부의 노력과는 별도로 소비자들도 독과점의 횡포에 대응방안을 강구한다. 소비자 집단 소송, 공동구매를 통한 가격 인하 등이 대표적인 사례들이다.

효과에 대한 정부 규제가 없다면 어느 민간주체도 자발적으로 그 비용을 부담하려 들지 않을 것이다. 그래서 예컨대 기업의 공해방지시설 설치를 의무화하거나 배출하는 오염량에 따라 벌금이나 환경세를 부과함으로써 비용을 시장에 내부화하도록 만들고, 때로는 하이브리드 엔진이나 전기차를 개발하는 기업 또는 그 구매자에게 재정자금을 지원함으로써 그 비용을 사회화시킬 수도 있다.

정부는 구성의 오류와 시스템 위험을 방지하기 위해 유달리 투기성 거래가 번창하고 있는 주식시장이나 외환시장 등 금융시장에 대한 각종 규제를 시행할 수 있다. 특히 금융시장이 붕괴 위험에 처하면 공적자금 등 긴급 유동성을 투입하여 시스템의 붕괴를 저지하기 위해 개입하게 되는데, 이를 '최종대부자'lender of last resort[21] 역할이라 한다. 막대한 고용을 하고 있는 거대한 산업체나 수많은 예금자의 돈을 운용하는 시중은행이 도산 위험에 처하면 그 사회적 악영향을 우려하여 구제자금을 지원하기도 한다. 이런 경우를 이른바 '대마불사(大馬不死; too big to fail)' 정책이라 부른다.

정부는 빈부격차를 해소할 수는 없어도 소득 불평등을 시정하기 위해 소득 재분배 정책을 시행한다. 누진소득세를 통해 소득의 크기에 따라 차별적인 세율을 적용하거나 시장경쟁에 참여할 능력이 없는 사람(장애인, 노인 등 사회적 약자)과 경쟁에서 패배하여 시장에서 배제된 사람들(빈곤층과 실업자)을 위해 보조금 지급 등 공공부조 정책을 시행한다. 사회안전망의 역할을

---

21. 최종대부자란 말 그대로 최종 대출기관을 말한다. 이 말은 다른 경제주체로부터 예금이나 차입을 하지 않고 스스로 통화를 발행하여 대출을 할 수 있는 기관을 뜻하는데, 현 금융 시스템에서는 바로 중앙은행central bank이 그러한 기능을 담당한다. 중앙은행의 최종대부자 역할은 시중에 유동성이 부족함에도 불구하고 시중은행들이 이를 공급할 수 없는 처지에 빠졌을 때 중앙은행이 통화발행을 통해 긴급 유동성을 주입함으로써 시스템의 붕괴를 막아야 한다는 것을 함의한다.

하는 이러한 소득 재분배 및 복지 정책은 무엇보다 그것이 없을 경우 야기될 수 있는 사회적 불안을 사전에 방지하는 역할을 하지만 이와 동시에 유효수요의 창출을 통해 경기를 부양하는 경제적 역할도 할 수 있다.

정부는 심지어 경기부양을 위해 적자재정 정책을 쓰기도 한다. 이 정책의 논리는, 이미 본 바와 같이, 정부가 차입한 돈으로 시장에 돈을 풀거나 사업을 전개하여 경기 부양에 성공하면 동일한 조세구조(세목, 세원, 세율 등) 하에서도 더 많은 세금이 들어오게 되므로 채무를 갚을 수 있게 된다는 것이다. 민간 경제주체들이 소비나 투자를 꺼리고 있어 시장 스스로 불황으로부터 탈출하기가 어려울 때는 정부가 이러한 적자재정 정책을 써야 한다는 것이 바로 케인스Keynes 학파의 주장이다.[22]

정부 실패의 원인과 사례

시장 실패를 근거로 정부가 시장에 개입한다고 해서 정부가 항상 소기의 목적을 달성하는 것은 아니며 때로는 문제를 더 악화시킬 수도 있다. 이른바 '정부 실패'government failure다. 정부 실패에는 여러 가지 원인이 있지만 여기서는 먼저 정부의 직접적인 시장 개입을 대표하는 가격 통제의 부작용을 살펴본 후 간접적인 개입방식의 문제점을 살펴보기로 한다.

---

22. 하지만 정부의 적자재정 정책에도 불구하고 어떤 이유로 소기의 성과를 거두지 못하게 되면 정부부채만 늘어나는 결과가 초래된다. 그 대표적인 사례가 일본의 '잃어버린 20년'이다. 1990년대 초에 부동산 거품이 폭발한 이래 일본 정부는 강력하고 지속적인 적자재정 정책을 펼쳐왔고 최근에는 '아베노믹스'라는 양적완화 정책까지 강력하게 펼쳤음에도 불구하고 일본 경제는 여전히 가시적인 회복세를 보여주지 못하고 있는 상태다.

정부의 가격 통제

시장 실패에 민감하거나 정부의 능력을 과신하는 정부, 국민의 호감을 사고자 하거나 사회적 약자의 보호자로 자처하는 정부일수록 시장가격을 직접 통제하려는 성향이 강하다. 정부가 가격을 직접 통제하는 방법에는 두 가지가 있다. 하나는 정부가 어떤 상품의 시장가격이 일정 수준 이하로는 내려가지 못하도록 가격 하한선price floor을 설정하는 최저가격제이고, 다른 하나는 시장가격이 일정 수준 이상을 넘을 수 없도록 가격 상한선price ceiling을 설정하는 최고가격제다. 각각 사례를 들어 살펴보자.

먼저, 가격 하한선의 설정부터 살펴보자. 그 대표적인 사례는 '최저임금제'다. 만약 정부가 현재 노동시장에서 결정되는 임금수준이 너무 낮아 노동자들이 인간다운 생활을 하기 어렵다고 판단하거나 또는 저임 근로자들의 요구를 받아들여 일정 수준의 임금보다 낮은 근로 계약을 금지하기로 했다고 하자. 그렇다면 노동시장에 어떤 결과가 초래될 것인가.

이러한 임금의 가격 하한제가 실효성을 갖기 위해서는 가격 하한선이 현재 노동시장에서 노동력의 수급 상황에 의해 형성된 균형임금보다 더 높은 수준에 설정되어야 한다는 것은 쉽게 알 수 있다. 이 경우 [그림 9]가 보여주듯이, 균형임금 수준보다 높게 설정된 최저임금 수준($p_1 > \bar{p}$)에서는 균형임금 수준에 비해 노동 공급(구직자)은 늘어나고 수요(일자리)는 줄어들어 공급초과($q_1 < q_2$) 현상이 나타난다. 즉 일자리를 찾는 사람의 수가 기업이 제공하는 일자리의 수보다 더 많아지는 것이다. 이처럼 노동시장의 초과공급은 바로 실업자[23]의 발생이며, 이 때 실업자의 수는 공급초과의 크기와 같다.

---

23. 실업자의 정의는 경제활동인구 중에서 일자리를 찾고 있지만 아직 일자리를 구하지 못한 사람을 말한다. 말하자면 구직 활동을 단념하면 아예 경제활동인구에서 빠져버리기

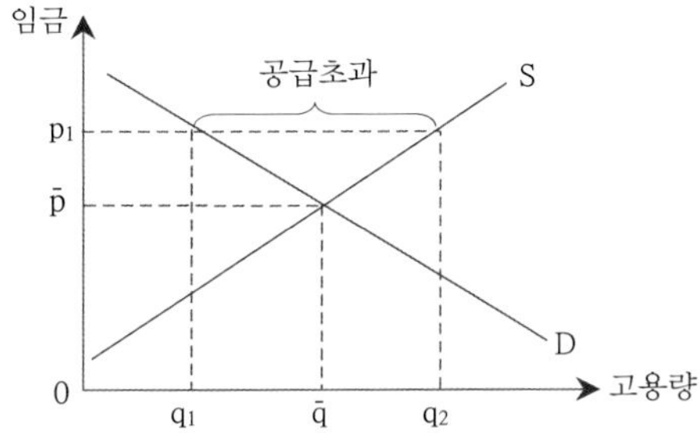

[그림 9] 최저임금제의 효과

이러한 실업자의 발생이야말로 자유시장경제론자들이 최저임금제에 반대하는 최강의 논리다. 왜냐하면 노동력의 가격인 임금수준을 정부가 직접 통제하는 것은 실업자만 양산하는 결과를 낳기 때문이다. 그럼에도 많은 나라들에서 최저임금제가 시행되고 있는 것 또한 현실이 아닌가. 이러한 상황을 어떻게 이해해야 할까?

사실 노동시장이라고 하지만 현실의 노동시장은 동질적인 노동력(즉 상품)이 거래되는 단일한 시장이 아니다. 현실의 노동시장은 여러 개의 하위 노동시장으로 분할되어 있다[24]. 대부분의 하위 노동시장에서 형성되는 임

때문에 실업자로 간주되지 않는다. 우리나라도 채택하고 있는 국제노동기구(ILO)의 실업 판정 기준에 따르면, 실업이란 일주일에 유급 노동을 1시간도 못한 상태를 말한다. 다시 말해서 1주일에 1시간 이상의 유급노동을 한 사람은 취업자로 판정된다. 이 규정에 따르면 실업자란 사실상 일주일에 근로소득이 한 푼도 없는 사람이라 할 수 있다. 이러한 ILO의 실업 규정이 일반상식에 크게 어긋난다고 생각할지도 모르겠다. 그런데 법정 노동시간이 주당 40시간이라면 20시간 미만의 유급근로자를 실업자라 해야 할까? 아니면 10시간? 곰곰 생각해보면 애매해서 적절한 기준을 정하기가 쉽지 않다. 그래서 유급근로를 전혀 하지 못한 사람만 식별해내기 위해 만든 것이 주당 1시간 기준이다. 실업 판정 기준이 여하하건 동일한 기준이 여러 나라에서 지속적으로 적용된다면 각국의 실업률 추이를 살펴보거나 실업률의 국제 비교를 하는 데는 큰 애로가 없을 것이다.

금수준은 최저임금보다 높기 때문에 최저임금제가 영향을 주지 못한다. 하지만 예컨대 학생 아르바이트 시장처럼 공급초과 현상이 발생하기 쉬워 저임금이 고착될 수 있는 노동시장의 경우에는 최저임금제가 나름의 존재이유를 가질 수 있다. 왜냐하면 어차피 일정수의 실업자가 존재할 수밖에 없다면 그러한 일자리를 가진 사람만이라도 최소한의 소득을 확보할 수 있도록 만드는 것이 무의미한 일은 아니기 때문이다.

그리고 최저임금제의 시행은 노동력이란 상품을 일반 상품과 동일하게 취급해서는 안 된다는 암묵적인 사회적 합의를 바탕에 깔고 있다. 일자리와 임금은 다른 대체소득을 갖지 못한 근로자의 생계와 직결되므로 어떤 일자리건 적어도 최소한의 인간다운 생활을 영위할 수 있는 수준의 임금(예컨대 최저생계비, 생존임금, 생활임금 등)을 제공해야 한다는 것이다. 최저임금을 받고 일할 의사가 있는데도 일자리 공급이 모자라 실업자가 발생한다면 이들에 대해서는 사회가 다른 방법으로 도와주어야 한다. 사실 최저임금제의 시행 유무와 관계없이 많은 나라들에서 실업수당 등 보조금의 제공, 무상 재교육, 전직 알선, 장애인 고용 지원 등 다양한 방법으로 실업 대책을 강구하고 있는 것은 바로 이 때문이다.

다음, 가격 상한선이 설정되는 대표적인 사례는 임대주택 시장이다. 예컨대 정부가 집 없는 사람들의 서러움에 귀를 기울여 일정액 이상의 월세를 받지 못하도록 임대주택 시장에 임대료(즉 임대주택 서비스의 가격) 상한제를 실시한다고 하자. 이 제도가 실효성을 가지기 위해서는 당연히 임대료 상한선이 시장의 균형가격보다 낮은 수준에 설정되어야 한다.

24. 이를 '분절된 노동시장'이라 한다. 예컨대 정규직과 비정규직, 사무직과 생산직, 숙련공과 비숙련공, 남성과 여성, 경력직과 비경력직 등이 그러하다.

임대료 상한제의 시행으로 임대료가 균형수준보다 낮아지게 되면($p_1 < \bar{p}$) 임대주택의 수요는 늘어나고 공급은 줄어들어 공급부족 상태가 조성될 것이다([그림 10] 참조). 임대주택 소유자는 공급부족($q_1 < q_2$) 상태임에도 불구하고 임대료를 상한선(p_1) 이상으로 인상할 수는 없다. 하지만 임차인을 얼마든지 구할 수 있기 때문에 임대주택의 관리에 소홀해질 가능성이 높다. 이처럼 임대료 상한제는 저소득 무주택자들의 집세 부담을 덜어주는 대신 이들이 질 낮은 불량주택에 살 수밖에 없도록 만드는 결과를 초래할 수 있다. 더욱이 임대료가 하락한 만큼 공급곡선을 따라 임대주택의 공급물량이 줄어들기 때문에 임대주택에 입주하고 싶어도 입주하지 못하는 사람이 생기게 된다. 이들은 자가주택을 마련할만한 경제력이 없음에도 불구하고 무리하게 은행 빚을 내서 자가주택을 구입할 수밖에 없는 처지로 내몰릴 수 있고, 결혼한 자식이 분가할 엄두를 내지 못할 수도 있다.

이처럼 가격에 대한 직접적인 통제가 초래하는 부작용 때문에 시장론자들은 정부가 가격을 직접 통제하는 일은 없어야 한다고 주장한다. 사회적 약자, 실업자, 저소득층, 무주택자 등이 시장에서 배제될 수밖에 없어 생기는 문제는 시장경제에서는 어쩔 수 없는 일이며, 이들을 도와야 한다는 사회적 합의가 있다면 다른 방법을 사용하는 게 부작용이 적다고 생각한다. 말하자면 저소득층과 빈곤층에 대해서는 최저임금제의 시행 대신에 생계보조금을 지불하고, 무주택자에게는 임대료 상한제의 시행보다는 월세 보조금을 주는 것이 더 낫다는 것이다. 하지만 극단적인 시장 원리주의자라면 이러한 경제적 약자들을 위한 보조금 등 사회안전망을 강화하는 조치마저 반대할 지도 모른다. 시장경제에서 약자와 패자가 되는 것은 오로지 개인 탓으로 간주되기 때문이다.

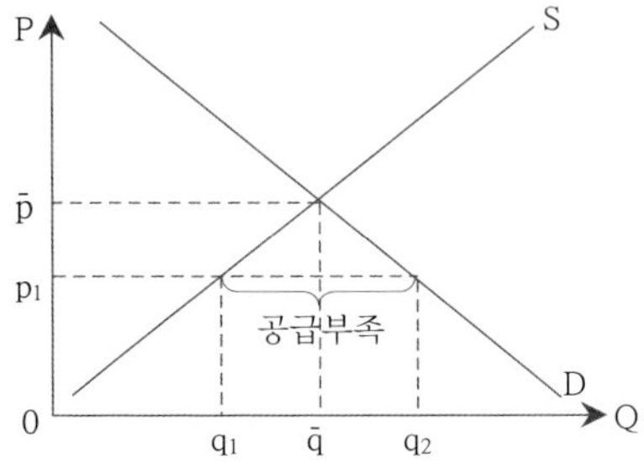

[그림 10] 임대주택시장의 임대료 상한제 효과

여타의 정부 실패

첫째, 가장 빈번하게 지적되는 것은 관료제의 폐해다. 정부란 한 국가를 통치하는 공공기관의 명칭에 지나지 않으며 정부에게 부여된 공적 과업을 실행하는 것은 관료(공무원)다. 관료는 자신의 권한 강화를 위해 규제와 인허가를 선호하는 경향이 있음은 사실이다. 그리고 국민의 공복公僕이자 공익의 수호자여야 할 공무원이 권한을 남용하여 사익을 추구하는 행태는 동서고금의 공통 현상이기도 하다. 특히 정치인이나 관료가 기업인과 한통속이 되어 공익을 희생시키고 사익을 추구하는 행태를 정경유착政經癒着이라 한다. 무능한 관료는 정책의 비일관성, 아마추어리즘, 무지와 판단 미숙으로 경제를 어려움에 빠뜨릴 수도 있다. 관료의 집단 이기주의도 문제시된다.

잘못된 정책인줄 알면서도 관료 집단의 체면상 또는 선임자의 책임을 모면시켜 줄 요량으로 후임자가 기존 정책을 그대로 추진하는 경우가 그러하다. 일반적으로 공무원은 비용 절감과 효율성 제고를 위해 적극적으로 노력하기보다는 자리보전에만 연연하는 복지부동伏地不動의 행태를 보이기 십상이다. 공기업을 운영하는 관료는 그 주인이 국민이란 엄연한 사실을 무시한 채 명확한 주인이 없다는 핑계로 방만한 운영에 빠지기 쉽다. 값싼 공공서비스의 제공이란 명분하에 손실이 나면 세금으로 보전하면 된다는 식의 안일한 사고도 문제지만 공기업의 경영진을 낙하산 인사의 대상으로 삼는 정치권의 행태도 문제시된다.

둘째, 정부 과잉의 문제다. 민주정부는 표를 의식하여 필요 이상의 과도한 공공사업을 벌이거나 과잉복지를 제공할 수 있다. 이른바 '토건정부'(토목·건축 산업의 부양에 몰두하는 정부)는 경기부양은커녕 환경 훼손만 초래하면서 정부 빚을 잔뜩 늘려놓는 결과만 초래할 수도 있다. 포퓰리즘[25]적 복지정책은 오히려 국민들의 근로의욕을 저하시키고, 이른바 '복지병'[26]을 키울지도 모른다. 더욱이 정부가 차입금으로 복지 서비스를 제공하게 되는 상황까지 이르게 되면 재정적자와 국가부채의 문제가 발생할 수도 있다. 이는 오늘날 서구의 일부 복지국가들이 실제로 처해 있는 상황이기도 하다. 유로존 나라들처럼 정부의 재정위기는 국가경제의 위기로 이어질 수 있고, 글로벌 경제를 위협하는 요인이 되기도 한다. 이미 말한 바처럼 대기업이나 은행의 도산이 경제에 미칠 악영향을 우려하여 막대한 공적자금을 투입하는 '대마불사' 정책을 남용하거나 시장 개방으로 어려워진 농민이나 상인에게 조건 없는 지원을 제공하는 조치 등은 자칫 민간주체들의 '도덕적 해이'moral hazard[27]만 부추기는 결과를 초래할 수도 있다.

---

25. 포퓰리즘populism은 대중추수주의라고 번역되는데, 민주정부가 국민의 표를 의식하여 객관적인 근거 없는 대중의 요구나 인기에 영합하는 경향을 말한다.

26. '복지병'이란 공공부조 등 정부가 제공하는 복지 혜택에만 기대어 국민이 생산적인 활동을 기피하는 증상을 말한다. 복지병은 유럽의 복지국가들에서 심각한 문제로 지적된 바 있고, 신자유주의의 득세 이후 보수정권들은 실제로 복지를 축소하는 방향으로 정책을 시행해왔다. 글로벌 금융위기의 빈발로 신자유주의에 대한 비판이 거세지고 있는 가운데 복지의 성격과 내용 및 그 적정한 수준을 둘러싼 논쟁이 일고 있다.

셋째, 정부 실패의 이론적 근거 중의 하나는 공공주체라고 해서 모든 정보를 다 가지고 있는 것은 아니며 불확실한 미래에 대해 더 정확한 예견을 하는 것도 아니라는 점이다. 때로는 정부가 잘못된 정보를 바탕으로 부적합한 정책을 펼칠 수도 있다.

이처럼 정부도 많은 곳에서 실패를 저지를 수 있다. 정부 실패를 근거로 시장주의자들은 규제 완화 또는 철폐를 핵심으로 하는 자유화 조치를 찬양하고, 공기업의 주인 찾아주기란 명목 하에 민영화를 주장하기도 한다.

이제 장을 바꾸어 마무리를 할 때가 왔다.

---

27. '도덕적 해이'는 원래 보험업계에서 나온 말로서 보험가입자들이 사고 예방을 위해 충분한 주의를 기울여야 함에도 불구하고 보험을 믿고 그렇게 행동하지 않는 경향을 지칭하는 용어였다. 오늘날에는 어느 분야 또는 누구에 대해서건 본연의 의무 이행을 태만히 하는 행태를 가리키는 것으로 그 의미가 확대 사용되고 있다. 이런 의미에서 '기강 해이'가 더 적절한 용어인지도 모른다. 경제학에서 이 용어는 사업에 실패하더라도 정부 지원을 기대하면서 방만한 경영이나 무분별한 확장을 하는 행태를 말한다.

극단주의를 넘어서

끝말

'시장 대 국가'라는 식의 양자택일식 사고는 지양되어야 한다. 시장경제로부터 기대되는 효과가 제대로 발휘될 수 있도록 하기 위해서건 혹은 시장의 실패로 인한 폐해를 사전에 예방하고 시장의 붕괴를 막기 위해서건 국가의 개입은 불가피하다. 남은 문제는 어떤 방식으로 어느 정도 개입할 것인가라는 것이다. 이것은 시장과 국가(또는 정부) 간의 관계를 재정립하는 문제이고, 여전히 해결되지 않은 인류의 숙제다. 중요한 것은 '극단주의'를 넘어서 시장경제에 대한 균형 잡힌 시각을 회복하는 것이다. 이를 위해서는 시장과 국가라는 두 개의 제도 간의 보완성을 인정하고, 이 보완성을 극대화하는 방안을 찾아내야 한다. 오랫동안 해결하지 못한 인류사회의 숙제이지만 이에 대한 현명한 해법을 찾지 못한다면 각국 경제는 물론 세계경제가 장기화되고 있는 현재의 경기침체로부터 벗어나 새로운 안정된 성장궤도로 진입하는 데 필요한 중요한 조건 하나를 갖추기는 어려울 것이다.

끝말

/

극단주의를 넘어서

지금까지 살펴본 바와 같이 자유시장경제가 장점과 단점을 동시에 가지고 있는 것과 마찬가지로 정부 개입 역시 그러하다. 더욱이 시장과 정부가 마치 양자택일의 관계에 있는 것처럼 생각하는 것은 이론적으로 오류일 뿐만 아니라 역사적으로도 사실이 아니다. 실제로 오늘날 현존하는 모든 나라는 예외 없이 혼합경제mixed economy를 운용하고 있다. 단지 나라마다 시대마다 시장과 정부의 혼합 비율이 다를 뿐이다. 결국 문제는 양자 간의 비율을 어느 정도로 하는 게 좋은지, 다시 말해서 시장과 정부 간의 역할 분담을 어떻게 할 것인지에 있다. 사실 이 문제에는 명쾌한 정답이 없고 합의된 해답도 없다. 인간의 경제에서 시장과 정부는 기본요소다. 시장 없는 경제는 효율적이지 못하며, 정부 없는 경제는 질서 있게 작동할 수 없다. 사람들은 대개 각자의 이념이나 이해관계에 따라 자유시장경제를 신봉하거나 정부 개입을 지지한다. 사람들은 경제체제라는 거창한 주제를 놓고 사활을 건 사상투쟁을 하기도 하고, 경제의 개별 사안이나 소소한 정책을 두고 갑론을박하기도 한다.

이렇게 볼 때 진정 문제가 되는 것은 어느 한 쪽의 극단으로 치우친 주장이나 이념이다. 한쪽 극단에 정부에 의한 '통제경제'가 있다면, 다른 한쪽 극단에 '시장 근본주의(지상주의 또는 만능주의)'가 있다. 전자의 전형이 사회주의나 국가 자본주의라면, 후자의 전형은 앵글로-색슨식 자본주의나 신자유주의라 할 수 있다. 국가 자본주의의 대표적인 형태의 하나였던 '파시즘'은 제2차 세계대전을 일으켜 파국을 맞았고, 현실 사회주의는 한때 자본주의의 대안으로 떠올랐던 적이 있지만 결국 체제 붕괴라는 비극으로 끝났다.[1]

현존했던 사회주의 경제체제의 붕괴 이후 득세한 것이 바로 그 정반대 쪽의 '극단'이라 할 수 있는 '신자유주의적 자본주의 시장경제'다. 신자유주의는 1990년 경 소비에트 사회주의 국제체제의 붕괴를 계기로 현대사회를 지배하는 이데올로기이자 글로벌 스탠더드global standard로 떠올랐다. 하지만 신자유주의적 경제 질서 하에서 경제적 불안정이 심화됨과 동시에 소득 불평등과 부의 양극화가 급속하게 진행되어왔고, 그 결과 사회적 및 정치적 불안정도 심화되어 왔다. 금융 자유화 및 세계화가 진행될수록 외환위기나 금융위기가 빈발하는 등 글로벌 금융 시스템은 항상적인 불안정을 노정하고 있다. 1997년의 아시아 외환위기와 2007년 미국의 서브프라임 금융위기는 그 대표적인 사례에 지나지 않는다. 크고 작은 금융위기와 경제위기가 반복해서 발생되어 왔고, 그 여파는 일국적 차원에서 글로벌 차원으로 확대되어 왔다. 이처럼 글로벌 차원의 시스템 위기가 더 이상 '강 건너 불'이 아니게 되자 신자유주의 진영 내부에서조차 철저한 반성과 대책 마련을 요구하는 목소리가 커지고 있다.

신자유주의의 근간을 이루는 시장 근본주의는 말 그대로 시장이 모든

1. 에릭 홉스봄은 1914년 제1차 세계대전에서 1991년 소비에트 붕괴에 이르는 기간을 『극단의 시대』라 명명했다.

경제 문제를 해결할 수 있으므로 모든 것을 시장에 맡겨야 한다는 신앙 같은 믿음을 가지고 있다. 예컨대 시장 실패의 원인이 되는 외부효과는 소유권의 규정이 없거나 미비해서 그렇다고 보고 주인이 없는 모든 것에 주인을 정해주면 해결될 수 있다[2]고 주장한다. 그래서 시장의 외부에 있는, 특히 정부의 시장 개입에 대해서는 단호하게 반대하며, '최소정부'(행정, 치안, 국방만 전담하는 가장 작은 정부)를 주창한다. 이처럼 민영화, 자유화(규제 철폐), 시장개방은 신자유주의의 3대 금과옥조金科玉條라 할 수 있다.

이보다 더 심각한 것은 시장 만능주의자들이 순수한 경제 문제만이 아니라 비경제적인 문제들에까지 시장원리를 적용해야 한다고 주장하는 데 있다. 이정우 교수는 "경제는 물론이고 교육, 의료에 이르기까지 뭐든지 시장원리를 적용하기만 하면 해결된다는 편협한 시장 만능주의의 폐해가 심각하다"(〈이코노미 인사이트〉, 창간호)고 인식하고, 참여연대 시민경제교실 강의에서 한국의 경우 지난 'IMF 외환위기'를 계기로 신자유주의가 급속도로 도입되었지만 관치경제의 잔존 하에 시장화가 진전됨으로써 양자가 혼재되어 정신분열증적 경제 현상을 드러내고 있다고 진단했다.

한때 시장 원리주의자로 자처했던 곽인찬 파이낸셜 타임스 논설실장은 미국발 세계금융위기 이후 시장 만능주의를 효율적 시장 가설에 기반을 둔 "시장의 무오류성에 대한 종교적 믿음"으로 단정하기에 이르렀다. 1971년 신자유주의를 전 세계로 전파하기 위해 글로벌 기업인들을 끌어들여 다보스포럼(세계경제포럼의 별칭)을 창설했던 슈바브 회장은 2012년 연례총회 기간에 "나는 자유시장제도의 신봉자이지만 시장은 사회를 위해 기능해야 한

---

2. 이를 '코즈의 정리'라 한다. 이에 대한 자세한 사항은 각종 경제학원론을 살펴보거나 이용범(2010: 229-237)을 읽어보라.

다. 자본주의 체제는 너무 과잉이 많고, 포용성은 부족하다. 현 상황은 자본주의란 말로는 설명이 안 된다"고 언론에 고백했다. 자본주의를 지탱해 온 자본가들이 자본주의를 부정하기 시작했다고나 할까.

그럼에도 시장과 시장경제는 우리 인간들이 영위하는 경제의 근간이 될 수밖에 없다는 사실을 부정할 수는 없다[3]. 하지만 적어도 비생산적이고 시스템의 불안정을 조장하는 투기 거래는 일정 정도 통제되어야 하고, 시장경제의 약자와 패자를 위한 사회안전망은 제대로 갖추어져야 한다. 이것은 더 이상 이데올로기의 문제가 아니다. 시장경제의 창달을 위해서라도 불가결한 전제조건이기 때문이다.[4] 아파트 분양 시장에서 전형적으로 실감할 수 있듯이 투기로 인해 급등한 아파트 가격으로 실수요가 위축되는 일이나 부동산 경기의 위축으로 시작된 미국의 서브프라임 대출 부실화가 금융위기를 넘어 글로벌 실물경제마저 침체에 빠뜨리는 것과 같은 일이 더 이상 반복되어서는 안 된다. 시장경제는 불가결하지만 '고삐 풀린 시장'이 되어서는 안 된다는 것이다. 외환이나 주식 등 금융자산은 물론 지하자원, 식량 등에 대한 투기 거래도 적절히 통제되어야 한다. 금융은 실물경제를 위한

---

3. 유시민(2002: 45)은 말한다. "고도 분업사회에 어울리는 경제적 기본질서는 '분권적 계획경제'인 시장경제밖에 없다. 시장경제가 숱한 결함을 안고 있는 질서임에는 분명하지만 지금 그보다 더 나은 체제를 찾을 수 없다는 의미에서 그것은 선택할 수 있는 유일한 경제적 기본질서다."

4. 이것은 한국의 대표적인 시장주의자인 전성철 IGM 회장의 말이다. 그는 "시장은 잔인한 곳 아닌 자애로운 곳"(«한국경제», 2011.5.31)이란 칼럼에서 "사회안전망이 있어 일자리를 새로 구할 때까지 기본 생활이 보장될 수 있다고 한다면 시장이야말로 엄청나게 은혜로운 것"이며, "시장주의자들이 종종 비난을 받는 가장 큰 이유는 바로 ... 안전망 구축에 소홀하기 때문이다. 시장을 정말 제대로 지키기 원한다면 사회안전망 구축은 필수다"라고 단언했다. 물론 그가 생각하는 사회안전망이 포괄해야 할 범위가 어디까지인지는 의문이 든다.

서비스 산업으로서의 원래 역할을 회복해야 한다.

끝으로, '시장 대 국가'라는 식의 양자택일식 사고는 지양되어야 한다. 시장경제로부터 기대되는 효과가 제대로 발휘될 수 있도록 하기 위해서건 혹은 시장의 실패로 인한 폐해를 사전에 예방하고 시장의 붕괴를 막기 위해서건 국가의 개입은 불가피하다. 남은 문제는 어떤 방식으로 어느 정도 개입할 것인가라는 것이다. 이것은 시장과 국가(또는 정부) 간의 관계를 재정립하는 문제이고, 여전히 해결되지 않은 인류의 숙제다. 중요한 것은 '극단주의'를 넘어서 시장경제에 대한 균형 잡힌 시각을 회복하는 것이다. 이를 위해서는 시장과 국가라는 두 개의 제도 간의 보완성을 인정하고, 이 보완성을 극대화하는 방안을 찾아내야 한다. 오랫동안 해결하지 못한 인류사회의 숙제이지만 이에 대한 현명한 해법을 찾지 못한다면 각국 경제는 물론 세계경제가 장기화되고 있는 현재의 경기침체로부터 벗어나 새로운 안정된 성장궤도로 진입하는 데 필요한 중요한 조건 하나를 갖추기는 어려울 것이다. 물론 이 조건의 충족으로 충분한 것은 아니다. 각국 경제들과 글로벌 경제 간의 상호 조화를 보장하면서 오늘날 인류가 달성한 미증유의 경제력에 걸맞는 거시경제적 성장 메커니즘을 찾아내야 할 것이다.

장별 복습문제

1-1 경제적 공간의 개방성과 폐쇄성에 대해 생각해보자. 개방된 국민경제와 폐쇄된 세계경제의 성격과 작동방식은 동일할까? 이 경우 어떤 구성의 오류가 있을 수 있을까?

1-2 인류사의 3대혁명은 무엇이며, 각각의 특징은 무엇일까?

1-3 경제적 변동이 정치적 변동이나 사회적 변동과 무관하지 않다면, 예컨대 시장경제의 발전과 민주주의의 발전은 어떤 관계가 있을까? 만약 시장의 확대가 인구 증가나 가계 수의 증가와 무관하지 않다면, 향후 수요의 증가를 가져다줄 요인에는 어떤 것이 있을까?

1-4 물물교환은 화폐란 아이디어의 도입으로 화폐적 교환으로 바뀌었다. 여기서 화폐란 아이디어가 무얼 의미하는지 생각해보자.

1-5 여러분은 고교 졸업 시 취업을 하지 않고 대학진학을 선택했다. 이 선택에 따르는 기회비용은 얼마일까를 생각해보자.

2-1 시장경제가 상품경제이자 화폐경제일 수밖에 없는 이유를 요약 정리하라.

2-2 자신의 미래 직업을 설정한 후 그것이 사회적 분업 체계 속에서 갖는 성격과 역할에 대해 논해보라.

2-3 완전경쟁시장이 성립하기 위해 필요한 조건을 망라해보자.

3-1 경제의 순환 모형 3가지를 그림으로 그리고, 각각에 대해 주요 사항을 요약 기술하라.

3-2 경제순환 모형들에 대해 자신의 논평을 가해 보라.

4-1 가치와 가격의 관계에 관해 요약하고 자신의 생각을 기술하라.

4-2 자신이 어떤 사설 박물관의 관장이라고 가정하자. 현재 입장료가 성인 기준 2,000원인데 입장료 수입 극대화를 위해 입장료 인상을 고려하고 있다. 인상 여부와 인상폭을 결정함에 있어 무엇을 고려하고 어떤 절차를 거칠 것인지를 기술하라.

4-3 어떤 상품에 대한 수요의 가격 탄력성의 값이 구체적으로 얼마인지를 어떻게 알 수 있는가?

5-1 올 여름엔 태풍도 장마도 없어 단감농사가 대풍년일 것으로 기대된다. 이것이 금년 단감시장에 어떤 변화를 초래할 것으로 예상되는지 그래프를 활용하여 설명해보라.

5-2 곡선상의 이동과 곡선의 이동의 차이점에 대해 기술하라.

6-1 현재 시행중인 아파트 분양가 상한제는 아파트 과열투기 방지와 부동산 시장 안정은 물론 서민들의 내 집 마련에 도움을 준다는 목적으로 채택되었다. 최근 정치권에서는 이 제도의 폐지를 검토 중이다. 이에 대해 여러분은 어떻게 생각하는가?

6-2 경상남도 도립진주의료원이 금년에 무수한 반대에도 불구하고 도지사의 밀어붙이기에 의해 결국 폐쇄되었다. 공공의료 이슈를 둘러싼 그동안의 논란을 알아보고 경제적 쟁점들을 중심으로 정리해보라.

6-3 신자유주의neoliberalism와 고전적 자유주의classic liberalism는 어떻게 다른가를 알아보라.

6-4 구성의 오류는 개별 차원에서 타당한 명제를 전체에 대해서도 타당한 것으로 추론하는 잘못을 말한다. 경제학에서는 '저축의 역설'을 대표적인 사례로 다루고 있는데, 각자 구성의 오류에 해당된다고 생각되는 것을 최대한 많이 찾아서 기술하라.

참고 문헌

김승욱·김재익·조용래·유원근, 『시장인가? 정부인가?』, 부키, 2004.

김위찬·르네 마보안, 『레드오션 전략』, 교보문고, 2005.

린드블롬, 찰스, 『시장체제』, 후마니타스, 2009.

서익진, 『원조, 경제발전의 전제조건인가』, 리아미디어, 2010a.

______, 『1960년대, '개발국가'와 '차입·수출경제'』, 리아미디어, 2010b.

______, 『디지털경제론 강의노트』, 2010, mimeo.

______, 『1970년대, 유신체제와 중화학공업화』, 리아미디어, 2011.

슈먼, 마이클, 『더 미러클-부를 찾아 떠난 아시아 국가들의 대서사시』, (사)한국방송통신대학교출판부, 2010).

스미스, 아담(김수행 역), 『국부론』, 비봉출판사, 2007.

유시민, 『부자의 경제학 빈민의 경제학: 인물로 보는 경제사상사』, 푸른나무, 1992.

______, 『유시민의 경제학카페』, 돌베게, 2002.

유정호, 『관치 청산: 시장경제만이 살 길이다』, 책세상, 2004.

이용범, 『시장의 신화』, 생각의 나무, 2010.

이정우, 《이코노미 인사이트》, 창간호.

이준구 외, 『경제학원론』, 박영사.

이준구, "무상급식은 사회복지가 아니라 '가치재'", 《오마이뉴스》, 2010.3.13.

장하준, 『사다리 걷어차기』, 부키, 2004.

전성철, “시장은 잔인한 곳 아닌 자애로운 곳”, 《한국경제》, 2011. 5. 31. 다산칼럼.

차현진, 『숫자 없는 경제학-인물·철학·열정이 만든 금융의 역사』, 인물과사상사, 2011.

폴라니 칼, 『거대한 변환-우리 시대의 정치경제적 기원』, 민음사, 1997.

한국은행, “아르헨티나의 Dollarization 도입 논의와 전망”, 《주간해외경제》 99-5호.

네이버 백과사전, 국립어학원 표준국어대사전, 위키백과사전, 매경 경제용어사전

주요 용어

ㄱ

가격價格, price
- 시장가격市場價格, market price
- 시장청산가격市場清算價格, market liquidating price
- 균형가격均衡價格, equilibrium price
- 가격상한제價格上限制, price ceiling
- 가격설정자價格設定者, price setter
- 가격수용자價格受容者, price taker
- 가격하한제價格下限制, price floor

가계家計, household

가정假定, assumption
- 가설假說, hypothesis
- 조건條件, condition

가치價値, value
- 가치의 이율배반價値의 二律背反, antinomy of value
- 가치척도價値尺度, measure of value
- 교환가치交換價値, value of exchange
- 부가가치附加價値, value added
- 명목가치名目價値, nominal value
- 사용가치使用價値, value of use
- 실질가치實質價値, real value
- 소재가치素材價値, material value
- 스미스의 역설逆說, Smith's paradox

개방경제開放經濟, open economy

거래/매매去來/賣買, transaction
- 구매購買, buying, purchase
  - 구매량購買量, quantity of purchase
  - 구매력購買力, purchasing power
- 판매販賣,selling, sales
  - 판매량販賣量, quantity of sales

경기변동變動, business cycle
- 공황恐慌, depression
- 대공황大恐慌, Great Depression
- 불황不況, regression
- 위기危機, crisis
- 장기침체長期沈滯, long stagnation
- 경기침체景氣沈滯, stagnation

활황活況, boom

호황好況, prosperity

경쟁競爭, competition

불완전경쟁不完全競爭, imperfect competition

완전경쟁完全競爭, perfect competition

경제經濟, economy

개방경제開放經濟, open economy

계획경제計劃經濟, planned economy

규모의 경제規模의 經濟, economies of scale

농업경제農業經濟, agricultural economy

마찰 없는 경제經濟, frictionless economy

명령경제命令經濟, command economy

범위의 경제範圍의 經濟, economies of scope

산업경제産業經濟, industrial economy

서비스경제서비스經濟, service economy

시장경제市場經濟, market economy

외부경제外部經濟, external economy

외부불경제外部不經濟, external diseconomy

자유시장경제自由市場經濟, liberal market economy

통제경제統制經濟, controlled economy

폐쇄경제閉鎖經濟, closed economy

혼합경제混合經濟, mixed economy

경제인經濟人, Homo Oeconomicus

경제성장經濟成長, economic growth

경제성장률經濟成長率, rate of economic growth

성장잠재력成長潛在力, economic growth potentiality

잠재성장률潛在成長率, potential growth rate

경제순환經濟循環, economic circulation

폐쇄민간시장경제의 순환 閉鎖民間市場經濟의 循環, circulation of a closed private market economy

개방혼합경제의 순환 開放混合經濟의 循環 circulation of an open mixed economy

생태적 경제순환生態的 經濟循環 ecological economic circulation

경제위기經濟危機, economic crisis

경제정책經濟政策, economic policy

정책환경政策環境, policy environment

경제 주체經濟 主體, economic subject

경제학經濟學, economics

거시경제학巨視經濟學, macro economics

미시경제학微視經濟學, micro economics

정치경제학政治經濟學, political economy

후생경제학厚生經濟學, welfare economics

경합성/소진성競合性 /消盡性, rivality/exhaustion

계급階級, calss

계급투쟁階級鬪爭, calss struggle

계급사회階級社會, calss society

고용雇傭, employment

고용 없는 성장雇用 없는 成長, growth without employment

공급供給, supply

공급의 법칙供給의 法則, law of supply

개별공급個別供給, individual supply

공급곡선供給曲線, supply curve
공급량供給量, quantity of supply
시장공급市場供給, market supply
총공급總供給, aggregated supply
공공부문公共部門, public sector
공업工業, industry
공장제 수공업工場制 手工業, manufacture
공장제 기계공업工場制 機械工業, mechanical industry
공업화工業化, industrialization
수입대체 공업화輸入代替 工業化, import substitution industrialization
수출주도 공업화輸出主導 工業化 export-led industrialization
관료官僚, bureaucrat
복지부동伏地不動
정경유착政經癒着
관세 및 무역에 관한 일반협정 關稅 및 貿易에 관한 一般協定 General Agreement on Tariffs and Trade(GATT)
교환交換, exchange
교환의 비율交換의 比率, rate of exchange
교환의 이득交換의 利得, gain of exchange
화폐적 교환貨幣的 交換, monetary exchange
구성의 오류構成의 誤謬, fallacy of composition
국가國家, State
복지국가福祉國家, welfare State
최소국가最小國家, minimal State
국내총생산國內總生産, Gross Domestic Product(GDP)
GDP 갭, Gross Domestic Product gap
국민경제國民經濟, national economy
국민총생산國民總生産, Gross National Product(GNP)
국제경제國際經濟, international economy
규범規範, norms
규제規制, regulation
균형均衡, equilibrium
균형점均衡點, equilibrium point
균형가격均衡價格, equilibrium price
균형거래량去來量, equilibrium quantity of exchange
일반균형一般均衡, general equilibrium
그레셤law of Gresham
그레셤 법칙法則, law of T. Gresham
글로벌 스탠더드global standard
금金, gold
금본위제金本位制, gold standard
금리金利, rate of interest
금융金融, finance
간접금융間接金融, indirect finance
관치금융官治金融, government-controlled finance
시장금융市場金融, market finance
중개금융仲介金融, intermediating finance
직접금융直接金融, direct finance
극단주의極端主義, extremism
금리金利, rate of interest
기준금리基準金利, base rate
콜금리콜金利, call rate
기계機械, machines

기업企業, enterprise
　공기업公企業, public enterprise
　기업 거버넌스企業, enterprise governance
　민간기업民間企業, private enterprise

ㄴ

내국인 대우內國人 待遇, national treatment
내부화內部化, internalization
노동勞動, labour
　노동력勞動力, labour power
　인력人力, manpower
농업農業, agriculture
　농업혁명農業革命, agricultural revolution

ㄷ

다른 변수變數들이 일정一定하다면 ceteris paribus
대마불사大馬不死, too bog to fail
대수의 법칙大數의 法則, large number's law
대차貸借, loan and borrowing
　대출貸出, loan
　　가계대출家計貸出, household loan
　　기업대출企業貸出, business loan
　　신용대출信用貸出, credit loan
　차입借入, borrowing
대체효과代替效果, substitution effect
도구道具, tools
도덕적 해이道德的 解弛, moral hazard
도매상都賣商, wholesaler
디노미네이션denomination
디플레이션deflation

ㄹ

레드오션red ocean
리스트F. List
리카르도D. Ricardo

ㅁ

모방효과/유행효과模倣效果/流行效果 demonstration effect, band-wagon effect
목축牧畜, stock farming
무역貿易, trade
　공정무역公正貿易, fair trade
　무역수지貿易收支, balance of trade
문어발 경영經營
문화文化, culture
물가物價, prices
　물가상승률物價上昇率, inflation rate
민간부문民間部門, private sector

ㅂ

배당配當, dividend
배제성排除性, excludability
변수變數, variable
　유량변수流量變數, flow variable
　저량변수貯量變數, stock variable

보이는 주먹visible fist

보이지 않는 손invisible hand

보험保險, insurance

복지福祉, welfare

복지병福祉病, welfare disease

부의 효과副의 效果, wealth effect

부익부 빈익빈富益富 貧益貧

분배分配, distribution

분업分業, division of labour

국제분업國際, international division of labour

기술적 분업技術的 分業, technical division of labour

분업의 이득分業의 利得, gain of division of labour

분업의 패턴分業의 패턴, pattern of division of labour

사회적 분업社會的 分業, social division of labour

불확실성不確實性, uncertainty

블루오션blue ocean

비용費用, cost

거래비용去來費用, transation cost

기회비용機會費用, opportunity cost

물류비용物流費用, logistic cost

유통비용流通費用, distribution cost

회계비용會計費用, accounting cost

비용-편익 분석費用-便益 分析, cost-benefit analysis

ㅅ

사내유보社內留保, retained earnings, internal reserve

사회안전망社會安全網, social safety net

사회주의社會主義, socialism

산업産業, industry

1차산업1次産業, primary industry

2차산업2次産業, second industry

3차산업3次産業, third industry

유치산업幼稚産業, infant industry

유치산업 보호론幼稚産業 保護論 theory of industry

상관관계相關關係, correlation

인과관계因果關係, cuasal relation, causality

함수관계函數關係, function relation

상업商業, commerce

상업마진商業, commercial margin

상품商品, commodities

메이커maker

브랜드brand

생산生産, production

대량생산大量生産, mass production

생산관계生産關係, relation of production

생산력生産力, power of production

생산물生産物, product

생산비生産費, cost of production

상대생산비相對生産費, relative production

절대생산비絶對生産費, absolute production

평균생산비平均生産費, average

생산성生産性, productivity

생산성 이득利得, gain of productivity

생산수단生産手段, means of productivity

생산요소生産要素, factors of productivity

우회생산迂廻, roundabout productivity

생산자生産者, producer

생산자 잉여剩餘, producer's surplus

생존生存, survival

생활生活, living, life

서비스services

석기石器, stone tool (implement)

마제석기磨製石器, polished stone tool

타제석기打製石器, chipped stone tool

석유파동石油波動, oil shock

세계경제世界經濟, global economy

세계무역기구世界貿易機構, WTO: World Trade Organization

세계화世界化, golbalization

셰일가스shale gas

소득所得, income

근로소득勤勞所得, earned income

명목소득名目所得, nominal income

요소소득要素所得, factor income

실질소득實質所得, real income

재산소득財産所得, property income

처분가능소득處分可能所得, disposable income

소득분배所得分配, income distribution

소득효과所得效果, income effect

소매상小賣商, retailer

소비消費, consumption

대량소비大量消費, mass consumption

소비자消費者, consumer

소비자 잉여消費者 剩餘, consumer's surplus

속물효과俗物效果, snob effect

수렵狩獵, hunting

수요需要, demand

개별수요個別需要, individual demand

수요곡선需要曲線, demand curve

수요량需要量, quantity of demand

수요의 법칙需要의 法則, law of demand

시장수요市場需要, market demand

유효수요有效需要, effective demand

총수요總需要, aggregated demand

수익률收益率, rate of return, yield

기대수익률期待收益率, expected yield

수입輸入, import

수입쿼터輸入쿼터, import quota

수출輸出,export

순사회편익純社會便益, net social benefit

스모그smog

스미스A. Smith

스태그플레이션stagflation

시뇨리지seignorage

시스템 위기시스템 危機, systemic crisis

시장市場, market

과점시장寡占市場, olygopole market

금융시장金融市場, financial market

독점시장獨占市場, monopoly market

독점경쟁시장獨占競爭市場, monopolistic competitive market

상품시장商品市場, commodity market

생산요소시장生産要素市場, factors of production market

시장경제市場經濟, market economy

시장경제 체제市場經濟 體制, market system

시장 근본주의市場 根本主義, market fundamentalism

시장실패市場失敗, market failure

완전경쟁시장完全競爭市場, perfect competitive market

자본시장資本市場, capital market

신용信用, credit

신용등급信用等級, credit rating

신자유주의新自由主義, neo–liberalism

실업失業, unemployment

ㅇ

양극화兩極化, polarization

오염배출권 거래제汚染排出權 去來制, trad able permit system

역선택逆選擇, adverse selection

연구개발硏究開發, R&D research and development

예정조화설豫定調和設, theory of pre–established harmony

욕구欲求, need, desire, want

우위優位, advantage

경쟁우위競爭優位, competitive advantage

비교우위比較優位, comparative advantage

절대우위絶代優位, absolute advantage

유통流通, distribution

유통비용流通費用, cost of distribution

위험危險, risk

시스템 위험시스템 危險, systemic risk

은행銀行, bank

국책은행國策銀行, policy bank

수신受信, receiving

예금預金, deposit

시중은행市中銀行, commercial bank

여신與信, credit

어음할인어음割引, bill discounting

대출貸出, loan, lending

예대금리차預貸金利差

은행 파산銀行 破産, bank run

이윤利潤, profit

경제적 이윤經濟的 利潤, economic profit

정상이윤正常利潤, normal profit

초과이윤超過利潤, excess profit

이자利子, interest

이자율利子率, rate of interest

인플레이션inflation

개발/성장 인플레이션 development/growth–induced inflation

초超인플레이션hyper–inflation

일자리job
임금賃金, wages

ㅈ

자급자족自給自足, autarky
자본資本, capital
  금융자본金融資本, financial capital
  물적자본物的資本, physical capital
  인적자본人的資本, human capital
  자본이득資本利得, capital gain
  자본재資本財, capital goods
    고정자본재固定資本財, fixed capital
    유동자본재流動資本財, variable capital
  자본형성資本形成, capital formation
자본주의資本主義, capitalism
  대륙유럽식 자본주의 大陸유럽式 資本主義, Continental European capitalism
  영미식 자본주의英美式 資本主義, Anglo-Saxon capital
  이해관계자 자본주의 利害關係者 資本主義, stakeholder capitalism
  주주 자본주의株主 資本主義, stockholder capitalism
자연自然, nature
자원資源, resource
  공유자원公有資源, common resource
  자원배분資源配分, resource allocation
  자원고갈資源枯渴, resource exhaustion
자유무역협정自由貿易協定, FTA; Free Trade Agreement
자중손실自重損失, deadweight loss
재財/재화財貨, goods
  가치재價値財, value goods
  공공재公共財, public goods
  대체재代替財, substitute goods
  독립재獨立財, independent goods
  보완재補完財, complementary goods
  사치재奢侈財, luxury goods
  생산재生産財, producer goods
  소비재消費財, consumer goods
  연관재聯關財, related goods
  자본재資本財, capital goods
  중간재中間財, intermediate goods
  클럽재클럽財, club goods
  투자재投資財, investment goods
재산財産, properties
  동산動産, movable asset
  부동산不動産, real estates
  사유재산私有財産, private properties
  지적재산권知的財産權, right of intellectual properties
  재테크財+tech
재배栽培, cultivation
재정財政, finance
  균형재정均衡財政, balanced finance
  세입稅入, revenue
  세출歲出, expenditure
  적자재정赤字財政, deficit finance

저축貯蓄, saving

저축의 역설貯蓄의 逆說, saving's paradox

정보情報, information

완전정보完全情報, perfect information

정보의 비대칭情報의 非對稱, asymmetric information

정부政府, government

정부실패失敗, government failure

최소정부最小政府, minimal government

제도制度, institution

제품製品, product

제품 차별화差別化, product differentiation

주식株式, stock

주가株價, stock price

준비금準備金, reserves

법정준비금法定準備金, legal reserves

법정준비율法定準備率, legal reserves requirements

중개업자仲介業者, broker

중상주의重商主義, mercantilism

신중상주의新重商主義, neo mercantilism

중앙은행中央銀行, central mercantilism

증권證券,securities

지대地代, rent

지불수단支拂手段, means of payment

지불용의支佛用意, payment intention

지속 가능한 발전持續 可能한 發展, sustainable development

진입장벽進入障壁, entry barrier

ㅊ

채무債務, debt

채무의 덫debt trap

채무상환 불이행 상태 債務償還 不履行 狀態, default

채무 상환불능 선포債務 償還不能 宣布, moratorium

채취採取/채집採集, gathering

최저임금제最低賃金制, minimum wage system

최종대부자最終貸付者, lender of last resort

ㅋ

케네F. Quesnay

코즈의 정리定理, Coase's theorem

ㅌ

탄력성彈力性, elasticity

공급의 가격 탄력성供給의 價格 彈力性 price elasticity of supply

수요의 가격 탄력성需要의 價格 彈力性, price elasticity of demand

토지土地, land

통섭統攝, consilience

통화通貨, currency, money

국제통화國際通貨, international money

기축통화基軸通貨, key money

예금통화預金通貨, deposit money

본원통화本源通貨, base money , reserve money

통화량通貨量, quantity of money

통화발행通貨發行, issuance of money
통화창조通貨創造, creation of money
파생통화派生通貨, derivative money
투기投機, speculation
투자投資, investment
외국인투자外國人投資, foreign investment
해외투자海外投資, oversea investment
특화/전문화特化/專門化, specialization

ㅍ

편익便益, benefit
포드주의fordism
포퓰리즘populism
폴라니K. Polanyi
필요必要, necessity
필수품必需品, necessities

ㅎ

하우스 푸어house poor
합리성合理性, rationality
해밀턴A. Hamilton
해외부문海外部門, foreign sector
혁명革命, revolution
기술혁명技術革命, technological revolution
농업혁명農業革命, agricultural revolution
산업혁명産業革命, industrial revolution
정보혁명情報革命, informational revolution
혁신革新, innovation
기술혁신技術革新, technological innovation
협업協業, co-operation
효용效用, utility
한계효용限界效用, marginal utility
한계효용 체감의 법칙
限界效用 遞減의 法則,
law of diminishing of marginal utility
환율換率, rate of exchange
후생厚生, welfare
생산자 후생生産者 厚生,
producers' welfare
소비자 후생消費者 厚生,
consumers' welfare
후생 삼각형厚生 三角形, welfare triangle
화폐貨幣, money
금속화폐金屬貨幣, metal money
물품화폐物品貨幣, commodity money
법화法貨, legal tender
전자화폐電子貨幣, electronic money
지폐紙幣, paper money
불환지폐不換紙幣, inconvertible money
태환지폐兌換紙幣, convertible money
화폐단위貨幣單位, unit of money
화폐형태貨幣形態, form of money